Vit. Bader

Ullmer-Schulz · Bürokaufleute

OStR Dipl.-Hdl. Edith Ullmer-Schulz

Bürokaufleute

Betriebswirtschaft in Frage und Antwort

8., überarbeitete Auflage

GABLER

CIP-Titelaufnahme der Deutschen Bibliothek

Ullmer-Schulz, Edith:
Bürokaufleute: Betriebswirtschaft in Frage und Antwort /
Edith Ullmer-Schulz. – 8. überarb. Aufl. – Wiesbaden:
Gabler, 1991
(Gabler-Schulbuch)
ISBN 3-409-81122-2

1. Auflage 1967
2. Auflage 1974
3. Auflage 1976
4. Auflage 1978
5. Auflage 1984
6. Auflage 1986
7. Auflage 1988
8. Auflage 1991

Der Gabler Verlag ist ein Unternehmen der Verlagsgruppe Bertelsmann International.

Lektorat: Brigitte Stolz-Dacol

Umschlaggestaltung: Schrimpf und Partner, Wiesbaden
Satz: Satzstudio RESchulz, Dreieich-Buchschlag
Druck: Lengericher Handelsdruckerei, Lengerich / Westf.

Printed in Germany

ISBN 3-409-81122-2

Vorwort zur 1. Auflage

Der Lehrberuf „Bürokaufmann" wurde im März 1962 durch Erlaß des Bundesministers für Wirtschaft staatlich anerkannt.
Merkmal des Bürokaufmannes ist, daß seine Tätigkeit keine streng abgegrenzte Fachbezogenheit aufweist. Bei dem Beruf des Bürokaufmannes handelt es sich um einen Querschnittsberuf, dessen Schwergewicht auf der Organisation und der Durchführung der kaufmännischen Verwaltung liegt. Seine Tätigkeit erstreckt sich in erster Linie auf die Personalverwaltung, die Material- und Kassenverwaltung sowie das Rechnungswesen. Über die Verwaltungskenntnisse hinausgehendes allgemein-betriebswirtschaftliches Wissen muß jedoch auch der Bürokaufmann besitzen, wenn er die erforderlichen innerbetrieblichen Entscheidungen richtig treffen will.
Der Bürokaufmann hat seinen Platz in allen Bereichen der gewerblichen Wirtschaft, wenn er auch bislang überwiegend im Einzelhandel (Warenhäuser, Filialunternehmen, Versandhandel), im Großhandel, in der Industrie und in Versicherungsunternehmungen zu finden ist.
Dieses Buch soll eine Unterstützung bei der Ausbildung des Nachwuchses bieten. Es wendet sich in erster Linie an diejenigen, die über ihre Kenntnisse als Bürokaufmann eine Prüfung abzulegen haben oder ihr fachliches Wissen für sich persönlich überprüfen wollen. Auch denen, die ihr berufliches Rüstzeug vervollständigen wollen, kann das Buch eine nützliche Hilfe sein. Das Buch ist aber nicht nur für den Lernenden bestimmt. Den Ausbildenden, Personalleitern, Ausbildern und Mitarbeitern in den Prüfungsausschüssen kann es als Hilfsmittel dienen, sich über den Wissensstand der Auszubildenden bzw. Jungkaufleute zu orientieren.
Das Inhaltsverzeichnis zu diesem Buch läßt erkennen, daß die einzelnen Sachgebiete der allgemeinen Betriebswirtschaftslehre unter Einschluß der bürotechnischen Arbeitsverfahren und Arbeitsmittel in systematischer Reihenfolge behandelt worden sind. Die Form der Frage und Antwort wurde gewählt, um dem Leser ein Arbeitsbuch in die Hand zu geben, das ihm das Selbststudium erleichtert. Die Antwort sollte erst gelesen werden, nachdem der Leser sich darum bemüht hat, die gestellte Frage selbst zu beantworten.
Trägt dieses Buch dazu bei, das Sachwissen des kaufmännischen Nachwuchses dieses Berufszweiges zu ordnen, zu vertiefen und zu erweitern, so hat es seinen Zweck erfüllt.
Allen, die mit Auskünften und Ratschlägen die Arbeit an diesem Buch unterstützt haben, sei aufrichtig gedankt.

E. Ullmer-Schulz

Vorwort zur 8., überarbeiteten Auflage

Die 8., überarbeitete Auflage dieses Buches basiert auf den Inhalten zur Neuordnung der bürowirtschaftlichen Ausbildungsberufe.
In dieser Neuordnung haben die modernen Informations- und Kommunikationstechniken einen zentralen Stellenwert, weshalb vornehmlich der Abschnitt über die elektronische Datenverarbeitung mit zusätzlichen Fragen versehen worden ist.
Alle übrigen Abschnitte wurden überprüft und auf den neuesten Stand gebracht.

E. Ullmer-Schulz

Inhaltsverzeichnis

Seite

I. Wirtschaftliche Grundbegriffe 11

II. Die Unternehmung 15

1. Die Gründung der Unternehmung 15
2. Die Rechtsform der Unternehmung 18
3. Die Unternehmungszusammenschlüsse 32
4. Die Auflösung der Unternehmung 34

III. Die persönlichen Leistungskräfte der Unternehmung 38

1. Der Unternehmer 38
2. Die Mitarbeiter 40
3. Ordnung und Rechtsschutz der betrieblichen Arbeit 46
4. Die Sozialversicherung 50
5. Die Aufgaben der Personalabteilung 55

IV. Die verwaltungsorientierte Tätigkeit im kaufmännischen Betrieb . 59

1. Die Organisation des Betriebes 59
2. Die Organisationsmittel 62
   a) Die rationelle Gestaltung des Arbeitsplatzes 62
   b) Die Normung des Schriftgutes 63
   c) Die Einrichtung von Karteien 67
   d) Die Registratur 68
   e) Der Einsatz mechanischer, elektromechanischer und elektronischer Büromaschinen 71
   f) Die elektronische Datenverarbeitung 74
3. Das Rechnungswesen des Betriebes 79
   a) Die Buchführung 79
   b) Die Kostenrechnung 86
   c) Die Betriebsstatistik 89
   d) Die betriebliche Planung 92
   e) Die Kennzahlenrechnung 93
4. Die Kassenverwaltung 95
5. Die Terminplanung und Terminüberwachung 97

V. Die umsatzorientierte Tätigkeit im kaufmännischen Betrieb 99

1. Marktfunktionen des Betriebes 99
2. Das Wesen des Vertrages 100
3. Der Kaufvertrag 102
   a) Abschluß und Erfüllung des Kaufvertrages 102
   b) Störungen bei der Erfüllung des Kaufvertrages 106
   c) Die Verjährung 111
4. Die Lagerhaltung 113
5. Die Handelsmittler 118
   a) Der Handelsvertreter 118
   b) Der Kommissionär 120
   c) Der Handelsmakler 122
6. Der Nachrichtenverkehr 123
7. Der Güterverkehr 130
   a) Die Eisenbahn 132
   b) Der Kraftverkehr 141
   c) Die Binnenschiffahrt 143
   d) Die Seeschiffahrt 145
   e) Die Luftfahrt 151
   f) Der Paketpostdienst 155
8. Die Dienstleistungen des Spediteurs und des Lagerhalters 156
9. Der Zahlungsverkehr 160

VI. Die Finanzierung der Unternehmung 175

VII. Die Individualversicherung 185

1. Die Personenversicherung 187
2. Die Sachversicherung 189
3. Die Vermögensversicherung 193

VIII. Die Steuern des Kaufmannes 196

1. Die Einkommen-, Lohn- und Körperschaftsteuer 198
2. Die Vermögensteuer 203
3. Die Gewerbesteuer 205
4. Die Umsatzsteuer (Mehrwertsteuer) 208

Stichwortverzeichnis 213

I. Wirtschaftliche Grundbegriffe

Welche Tätigkeit wird als „Wirtschaften" bezeichnet?

Wirtschaften ist jeder planmäßige Einsatz von knappen Gütern für die menschliche Bedürfnisbefriedigung. Alles Wirtschaften hat zum Ziel, die naturgegebene Knappheit der Güter zu überwinden.

In welche Gruppen lassen sich die Bedürfnisse des Menschen unterteilen?

Die Bedürfnisse lassen sich unterteilen in:

1. Elementarbedürfnisse, deren Befriedigung lebenswichtig ist, z.B. das Bedürfnis nach Nahrung, Wohnung und Kleidung;
2. Kulturbedürfnisse, deren Befriedigung für die geistige Existenz des Menschen Bedeutung hat, z.B. das Bedürfnis nach Kunstgenuß, Reisen;
3. Luxusbedürfnisse, deren Befriedigung nicht lebenswichtig ist, z.B. das Bedürfnis nach Schmuck oder nach einem Sportflugzeug.

Inwiefern unterscheiden sich Bedürfnisse und Bedarf?

Die Bedürfnisse bestehen in dem Verlangen des Menschen nach Gütern, ohne Rücksicht darauf, ob diese Güter gekauft werden können oder nicht. Der Bedarf hingegen umfaßt nur diejenigen Bedürfnisse, die Gegenstand einer kaufkräftigen Nachfrage sein können.

Wodurch unterscheiden sich freie und wirtschaftliche Güter?

Freie Güter stehen dem Menschen unter normalen Umständen unbeschränkt zur freien Verfügung (Luft, Wasser). Wirtschaftliche Güter stehen dem Menschen nur in beschränktem Umfange zur Verfügung. Wirtschaftliche Güter sind knapp.

In welche Gruppen können die wirtschaftlichen Güter unterteilt werden?

Die wirtschaftlichen Güter werden eingeteilt in:

1. Sachgüter, z.B. Nahrungsmittel, Bekleidung, Haushaltsgegenstände, Maschinen, Werkzeuge;
2. Dienstleistungen, z.B. Transportleistungen, Vermietungen, Kreditgewährungen;
3. Rechtsgüter, z.B. Patente, Gebrauchs- und Geschmacksmuster, Warenzeichen.

In welche Bereiche kann die Wirtschaft eingeteilt werden?

Die Wirtschaft kann eingeteilt werden in:

1. den Bereich der Rohstoffgewinnung (Landwirtschaft, Forstwirtschaft, Fischerei, Bergbau, Energiewirtschaft);
2. den Bereich der Güterherstellung (Industrie, Handwerk);
3. den Bereich der Güterverteilung (Binnengroßhandel, Außenhandel, Einzelhandel);
4. den Bereich der Dienstleistungen (Transportwesen, Geld- und Kreditwesen, Versicherungswesen u.a.);
5. den Bereich des Verbrauchs (private und öffentliche Haushalte).

Welche Stellung nehmen die Betriebe innerhalb der Gesamtwirtschaft ein?

Die Betriebe sind die selbständigen Einzelwirtschaften innerhalb der Gesamtwirtschaft. In ihnen vollzieht sich das Wirtschaften. Die Einzelwirtschaften (Betriebe) sind entweder Produktionswirtschaften (erzeugende Betriebe) oder Konsumwirtschaften (verbrauchende Betriebe = Haushalte).

Worin äußert sich das Rationalprinzip beim wirtschaftlichen Handeln?

Das Rationalprinzip des wirtschaftlichen Handelns kann sich darin äußern, daß:

1. mit gegebenen Mitteln der größtmögliche Nutzen angestrebt wird (Optimumprinzip);
2. ein bestimmter Nutzen mit möglichst geringen Mitteln erreicht wird (Sparprinzip);
3. das Verhältnis zwischen Aufwand und Ertrag so gestaltet wird, daß der Aufwand einen möglichst kleinen Anteil des Ertrages ausmacht (Prinzip der Wirtschaftlichkeit).

Welche Formen der Arbeitsteilung lassen sich unterscheiden?

Es lassen sich unterscheiden:

1. die gesellschaftliche Arbeitsteilung, die zum Entstehen selbständiger Berufe führt, z.B. Landwirt, Handwerker, Kaufmann;
2. die marktwirtschaftlichen Grundvorstellungen überwiegen, vor allem in Hinblick auf Privateigentum, Konsumfreiheit, Tarifautonomie, freie Märkte;

3. die technische Arbeitsteilung, die auf der Zerlegung des Arbeitsganges in einzelne verschiedenartige Teilverrichtungen beruht.

Welche wirtschaftlichen Vorteile bietet die technische Arbeitsteilung?

Mit der technischen Arbeitsteilung kann erreicht werden, daß:

1. der Arbeiter seine engumgrenzte Tätigkeit durch die ständige Wiederholung immer schneller und besser ausübt;
2. die einzelnen Verrichtungen den körperlichen und geistigen Anlagen und Fähigkeiten der Arbeiter besser angepaßt werden;
3. dem Arbeiter die dauernde Umstellung auf neue Arbeitsverrichtungen erspart bleibt und dadurch Zeitverluste vermieden werden;
4. der Arbeitsplatz sich besser der auszuführenden Arbeit entsprechend einrichten läßt;
5. bei Aufteilung der ganzheitlichen Arbeit in Teilverrichtungen der Einsatz von Maschinen möglich wird.

In welchen Ordnungen (Wirtschaftssystemen) kann sich das wirtschaftliche Geschehen innerhalb einer Volkswirtschaft abspielen?

Es können folgende Wirtschaftssysteme unterschieden werden:

1. die freie Marktwirtschaft (Verkehrswirtschaft);
2. die Zentralverwaltungswirtschaft (Planwirtschaft);
3. die soziale Marktwirtschaft.

Wodurch ist die freie Marktwirtschaft gekennzeichnet?

Die freie Marktwirtschaft ist durch folgende Merkmale gekennzeichnet:

1. freies Unternehmertum, keine Staatseingriffe, garantiertes Privateigentum;
2. völlige Gewerbefreiheit, Konsumfreiheit;
3. freie Märkte, auf denen sich die Preise nach Angebot und Nachfrage bilden können;
4. uneingeschränkter Wettbewerb, keine Subventionen;
5. Autonomie der Tarifpartner;
6. Gewinnmaximierungsprinzip als Anreiz für die unternehmerische Tätigkeit.

Welche Vorstellung bildet die geistige Grundlage der freien Marktwirtschaft?

Grundlage der freien Marktwirtschaft ist die Vorstellung, daß alle Dinge in der Wirtschaft sich ohne Eingriff des Staates in Harmonie befinden und sich von selbst zum größten Nutzen aller Menschen auswirken werden (Harmonieargument).

Wodurch ist die Zentralverwaltungswirtschaft gekennzeichnet?

Die Zentralverwaltungswirtschaft ist durch folgende Merkmale gekennzeichnet:

1. staatliche Planung und Organisation der Produktion, der Verteilung und des Verbrauchs;
2. Verstaatlichung entweder aller Betriebe oder nur der Produktionsmittelindustrie;
3. staatliche Festsetzung von Preisen und Löhnen;
4. das Fehlen freier Märkte, freien Wettbewerbs, der Gewerbefreiheit, evtl. auch der Konsumwahl;
5. theoretisches Ziel der Zentralverwaltungswirtschaft ist nicht die Gewinnerzielung, sondern die Bedarfsdeckung.

Welche Vorstellung bildet die geistige Grundlage der Zentralverwaltungswirtschaft?

Grundlage der Zentralverwaltungswirtschaft ist die Ablehnung des liberalistischen Harmoniearguments. An die Stelle der automatischen Harmonie tritt die Vorstellung, daß der Mensch mit seinem Verstand eine bessere Planung und Organisation der Wirtschaft im Interesse des Gemeinwohls bewirken könne.

Wodurch ist die soziale Marktwirtschaft gekennzeichnet?

Bedeutsame Merkmale der sozialen Marktwirtschaft sind:

1. Die soziale Marktwirtschaft hat sowohl Merkmale der Zentralverwaltungswirtschaft als auch der freien Marktwirtschaft;
2. die marktwirtschaftlichen Grundvorstellungen überwiegen, vor allem in Hinblick auf Privateigentum, Konsumfreiheit, Tarifautonomie, freie Märkte;
3. Staatseingriffe sind nur dann erlaubt, wenn die sozialen Belange einer Gruppe oder eines Wirtschaftsbereiches in Gefahr sind;

4. Staatseingriffe sollen nach Möglichkeit marktkonform sein, d.h., sie sollen die Selbstheilungskräfte der Wirtschaft stärken.

Welche Vorstellung bildet die geistige Grundlage der sozialen Marktwirtschaft?

Grundlage der sozialen Marktwirtschaft ist die Vorstellung, daß zwar im Prinzip der freie Markt sich selbst reguliert, jedoch zeitweilig die Voraussetzungen für das reibungslose Funktionieren fehlen (z.B. freier Wettbewerb, gleiche Startbedingungen), oder der Staat eine soziale Verpflichtung gegenüber den wirtschaftlich Schwachen hat.

II. Die Unternehmung

1. Die Gründung der Unternehmung

Welche wirtschaftlichen Überlegungen sind vor der Gründung einer Unternehmung anzustellen?

Es sind Überlegungen anzustellen über:

1. die Wahl des Geschäftszweiges;
2. die Wahl des Standortes;
3. die Höhe des Kapitalbedarfes;
4. die Kapitalbeschaffung;
5. die Wahl der Unternehmungsform.

Bei welchen Stellen ist die Unternehmung anzumelden?

Die Anmeldung muß vorgenommen werden:

1. bei der zuständigen Ortsbehörde, die den Empfang der Anmeldung bescheinigt (Gewerbeanmeldeschein);
2. beim Amtsgericht zur Eintragung in das Handelsregister (nur für Vollkaufleute);
3. beim zuständigen Finanzamt;
4. bei der zuständigen Berufsgenossenschaft und bei der Krankenkasse, sofern Arbeitnehmer beschäftigt werden;
5. bei der Industrie- und Handelskammer.

Was ist gemäß HGB unter einer Firma zu verstehen?

Die Firma eines Kaufmannes ist der Name, unter dem er im Handel seine Geschäfte betreibt und die Unterschrift abgibt. Ein Kaufmann kann unter seiner Firma klagen und verklagt werden.

Unter welchem Namen muß der Einzelkaufmann sein Unternehmen führen?

Ein Einzelkaufmann kann sein Unternehmen nur unter seinem bürgerlichen Namen führen. Die Firma muß aus mindestens einem ausgeschriebenen Vornamen und dem Zunamen bestehen.

Welche Grundsätze sind bei der Wahl der Firma zu beachten?

Der Kaufmann muß beachten:

1. den Grundsatz der Firmenwahrheit und Firmenklarheit;
2. den Grundsatz der Firmenausschließlichkeit.

Was besagt der Grundsatz der Firmenbeständigkeit?

Bei Eigentumsübergang durch Verkauf, Schenkung oder Erbschaft kann das Handelsgeschäft unter der gleichen Firma mit oder ohne Beifügung eines das Nachfolgeverhältnis andeutenden Zusatzes fortgeführt werden, wenn der bisherige Geschäftsinhaber oder dessen Erben ausdrücklich einwilligen.

Welche wirtschaftlichen Gründe sprechen für den Grundsatz der Firmenbeständigkeit?

Für die Firmenbeständigkeit sprechen die folgenden Gründe:

1. Die Unternehmung ist unter ihrem bisherigen Namen im Markt bekannt geworden. Der Firmenwert (Goodwill), der dadurch entstanden ist, soll erhalten bleiben;
2. die Geschäftsverbindungen zu Lieferanten und Kunden sollen durch den Wechsel des Geschäftsinhabers nicht nachteilig berührt werden;
3. die Kontinuität im Geschäftsgebaren soll nach außen hin zum Ausdruck gebracht werden.

Was stellt das Handelsregister dar?

Das Handelsregister ist das vom Amtsgericht geführte amtliche Verzeichnis aller Vollkaufleute eines bestimmten Bezirkes.

Welche Tatsachen sind von dem Geschäftsinhaber zur Eintragung in das Handelsregister anzumelden?

Eintragungspflichtige Tatsachen sind: Firma, Vor- und Zuname des Inhabers bzw. der Gesellschafter oder der Geschäftsführer, Namen der Vorstandsmitglieder einer Aktiengesellschaft, Ort der Niederlassung, Art des Geschäftes, Höhe des Kapitals (nur bei Kapitalgesellschaften), Prokuraerteilung. Vergleich, Konkurseröffnung, Liquidation.

Die Änderung eingetragener Tatsachen ist zum Handelsregister anzumelden. Die Unterschriften zeichnungsberechtigter Personen (Inhaber, Geschäftsführer, Vorstandsmitglieder, Prokuristen) werden beim Amtsgericht hinterlegt.

In welche Abteilungen ist das Handelsregister gegliedert?

Das Handelsregister besteht aus zwei Teilen. Die Abteilung A enthält die Einzelunternehmungen und Personengesellschaften, die Abteilung B die Kapitalgesellschaften.

Welche Eintragungen in das Handelsregister haben eine rechtsbekundende Wirkung?

Eine rechtsbekundende Wirkung haben alle Eintragungen, die lediglich einer amtlichen Bekanntmachung gleichkommen. Der Rechtsvorgang selbst ist auch ohne Eintragung rechtswirksam, z.B. die Gründung einer OHG, der Eintritt und das Ausscheiden eines Gesellschafters, die Erteilung und der Widerruf einer Prokura.

Wann haben Eintragungen in das Handelsregister eine rechtsbegründende Wirkung?

Eine rechtsbegründende Wirkung liegt vor, wenn der Rechtsvorgang erst mit der Eintragung in das Handelsregister rechtswirksam wird. So entstehen z.B. Aktiengesellschaften erst mit der Eintragung in das Handelsregister. Ein Soll- oder Kannkaufmann erhält erst mit der Eintragung in das Handelsregister die Kaufmannseigenschaft.

Welche Bedeutung hat das Handelsregister?

Die Bedeutung des Handelsregisters liegt darin, daß:

1. die Öffentlichkeit über wichtige Tatbestände und Rechtsverhältnisse unterrichtet wird;
2. das Registergericht die Einhaltung des Grundsatzes der Firmenwahrheit und Firmenklarheit prüft, den eingetragenen Unternehmungen also das Firmenmonopol gewährt;
3. es öffentlichen Glauben genießt, d.h. eingetragene und veröffentlichte Tatsachen jedermann gegenüber geltend gemacht werden können.

2. Die Rechtsform der Unternehmung

Welche Unternehmungsformen gibt es hinsichtlich der Anzahl der Inhaber?

Hinsichtlich der Anzahl der Inhaber werden die Unternehmungsformen eingeteilt in Einzelunternehmungen und Gesellschaftsunternehmungen.

Wodurch ist die Einzelunternehmung gekennzeichnet?

Die Einzelunternehmung wird durch eine einzelne Person gegründet und geleitet. Der Unternehmer bringt das Kapital allein auf, trägt aber auch das volle Risiko.

Welche Vorteile bietet die Einzelunternehmung?

Der Unternehmer kann frei und schnell entscheiden, es gibt keine Meinungsverschiedenheiten, der Gewinn braucht nicht geteilt zu werden.

Welche Gründe können einen Einzelunternehmer veranlassen, einen Teilhaber aufzunehmen?

Die Gründe, einen Teilhaber aufzunehmen, können sein:

1. Ausweitung der Kapitaldecke;
2. Verstärkung der Arbeitskraft;
3. Gewinnung einer bewährten Fachkraft;
4. Bindung eines bewährten Mitarbeiters an die Unternehmung;
5. Teilung des Risikos;
6. Erhöhung der Kreditwürdigkeit;
7. Gründung einer Zweigniederlassung.

Über welche Gesellschaftsunternehmungen sind im HGB Vorschriften enthalten?

Im HGB sind speziell die Offene Handelsgesellschaft, die Kommanditgesellschaft und die stille Gesellschaft geregelt. Im dritten Buch des HGB sind Vorschriften enthalten, die für alle Kaufleute und ergänzend für Kapitalgesellschaften (AG, KGaA, GmbH) und eingetragene Genossenschaften gelten.

Welche Rechtsvorschriften gelten speziell für die AG, KGaA, GmbH und eingetragene Genossenschaft?

Es gelten neben den im dritten Buch des HGB enthaltenen Vorschriften speziell die folgenden Rechtsvorschriften:

1. für die AG und KGaA das Aktiengesetz;
2. für die GmbH das GmbH-Gesetz;
3. für die eingetragene Genossenschaft das Genossenschaftsgesetz.

Welches sind die typischen Merkmale

Bei den Personengesellschaften steht die Person im Vordergrund. Mindestens ein Gesellschafter hat so-

der Personengesellschaften?

wohl die Geschäftsführung als auch die Geschäftsvertretung zu übernehmen. Für die Gesellschaftsschulden haftet mindestens ein Gesellschafter persönlich mit seinem ganzen Vermögen.

Welches sind die typischen Merkmale der Kapitalgesellschaften?

Bei den Kapitalgesellschaften steht das Kapital im Vordergrund. Eine Beteiligung ohne Kapitaleinlage ist ausgeschlossen. Die Gesellschafter sind nicht ohne weiteres zur Geschäftsführung und Geschäftsvertretung befugt. Sie haften nur mit ihrem Kapitalanteil.

Worin liegt das Wesen einer Offenen Handelsgesellschaft begründet?

Die Offene Handelsgesellschaft (OHG) ist ein Unternehmen, das von mindestens zwei Gesellschaftern unter gemeinsamer Firma betrieben wird und bei dem alle Gesellschafter mit ihrem gesamten Vermögen persönlich haften.

Wie muß eine OHG firmieren?

Die Firma einer OHG muß eine Personenfirma sein. Sie hat den Namen wenigstens eines der Gesellschafter mit einem das Gesellschaftsverhältnis andeutenden Zusatz oder die Namen aller Gesellschafter zu enthalten, z.B. Werner & Co., Gebr. Hansen, Mahlmann & Schröder.

Wem steht bei einer OHG die Geschäftsführung und Geschäftsvertretung zu?

Nach dem HGB ist jeder Gesellschafter zur Geschäftsführung und Geschäftsvertretung berechtigt und verpflichtet. Durch Gesellschaftsvertrag kann die Geschäftsführung und Geschäftsvertretung aber auch nur einem oder einem Teil der Gesellschafter übertragen werden.

Wie weit erstreckt sich die Haftung der einzelnen Gesellschafter einer OHG gegenüber den Gläubigern der Gesellschaft?

Jeder Gesellschafter haftet den Gläubigern der Gesellschaft:

1. unbeschränkt, d.h. sowohl mit seiner Kapitaleinlage als auch mit seinem Privatvermögen;
2. unmittelbar, d.h., jeder Gläubiger kann sich direkt an jeden beliebigen Gesellschafter wenden;
3. solidarisch, d.h., jeder Gesellschafter haftet für die gesamten Schulden der Gesellschaft.

Wie ist die Gewinn- und Verlustverteilung in einer OHG gesetzlich geregelt?

Jeder Gesellschafter erhält vom Jahresgewinn zunächst 4 % seines Kapitalanteils. Der Rest wird nach Köpfen verteilt. Reicht der Jahresgewinn für eine vierprozentige Verzinsung nicht aus, so wird ein entsprechend niedriger Satz zugrunde gelegt.

Der Verlust eines Geschäftsjahres wird unter die Gesellschafter nach Köpfen verteilt.

Worauf erstreckt sich das Wettbewerbsverbot für die Gesellschafter einer OHG?

Ein Gesellschafter darf weder in dem Handelszweig der Gesellschaft Geschäfte auf eigene Rechnung tätigen noch an einer anderen gleichartigen Handelsgesellschaft als persönlich haftender Gesellschafter teilnehmen, es sei denn, es ist ihm von den übrigen Gesellschaftern ausdrücklich oder stillschweigend zugestanden worden.

Welche grundsätzlichen Erwägungen haben zu dem Wettbewerbsverbot für die Gesellschafter einer OHG geführt?

Mit dem Wettbewerbsverbot weist der Gesetzgeber ausdrücklich auf die Treuepflicht hin. Es soll insbesondere die Gefahr vermieden werden, daß die Gesellschafter ihre Kenntnisse, die sie auf Grund ihrer Tätigkeit in einer OHG erlangen, für sich persönlich und eigennützig verwerten. Jeder Gesellschafter soll mit seiner ganzen Kraft dem Gesellschaftszweck dienen.

Worin liegt das Wesen einer Kommanditgesellschaft begründet?

Die Kommanditgesellschaft (KG) ist ein Unternehmen, das von mindestens zwei Gesellschaftern unter gemeinsamer Firma betrieben wird, wobei wenigstens ein Gesellschafter unbeschränkt und wenigstens ein Gesellschafter beschränkt den Gläubigern gegenüber haftet.

Wie heißen die Gesellschafter einer KG?

Der Vollhafter heißt Komplementär, der Teilhafter Kommanditist.

Wie muß eine KG firmieren?

Die Firma einer KG muß eine Personenfirma sein. Sie hat den Namen wenigstens eines persönlich haftenden Gesellschafters mit einem das Gesellschaftsverhältnis andeutenden Zusatz zu enthalten, z.B. Horn KG, Bramst & Co., Seifert & Cie.

Wem steht bei einer KG die Geschäftsführung und Geschäftsvertretung zu?

Die Geschäftsführung und Geschäftsvertretung steht nur dem Vollhafter zu, der Teilhafter ist hiervon gesetzlich ausgeschlossen.

In welchem Umfang haften der Komplementär und der Kommanditist den Gläubigern der Gesellschaft?

Der Komplementär haftet den Gläubigern der Gesellschaft wie ein Gesellschafter einer OHG, der Kommanditist dagegen nur mit seiner Kapitaleinlage.

Wie ist die Gewinn- und Verlustverteilung in einer KG gesetzlich geregelt?

Jeder Gesellschafter erhält zunächst einen Gewinnanteil bis zu 4 % des Kapitalanteils, der Rest ist in angemessenem Verhältnis zu verteilen. Der Verlust wird in angemessenem Verhältnis verteilt.

Inwieweit ist der Kommanditist durch das Wettbewerbsverbot gebunden?

Der Kommanditist ist dem Wettbewerbsverbot nicht unterworfen. Er kann im Handelszweig der Gesellschaft Geschäfte auf eigene Rechnung tätigen und sich an anderen Gesellschaften als Vollhafter beteiligen.

Wann begründet ein Gesellschaftsverhältnis eine stille Gesellschaft?

Eine stille Gesellschaft liegt vor, wenn eine Person sich an einer Unternehmung mit einer Kapitaleinlage beteiligt, ohne daß sie nach außen als Gesellschafter in Erscheinung tritt.

In welchem Umfang haftet der stille Gesellschafter für die Gesellschaftsschulden?

Im Außenverhältnis, also den Gläubigern gegenüber, haftet der stille Gesellschafter nicht.
Im Innenverhältnis ist er entsprechend seiner Kapitaleinlage an den Geschäftsverlusten beteiligt. Die Verlustbeteiligung kann jedoch vertraglich ausgeschlossen werden.

Welche Rechtsstellung nimmt der stille Gesellschafter im Konkursfall ein?

Im Konkursfall kann der stille Gesellschafter als Konkursgläubiger seine Einlage geltend machen, wenn er nicht am Verlust beteiligt ist. Bei einer Verlustbeteiligung meldet er den Betrag seiner Einlage als Konkursforderung an, der seinen Anteil am Verlust übersteigt.

Wodurch unterscheidet sich der stille Gesellschafter von einem Darlehensgeber?

Der Darlehensgeber kann volle Kapitalrückzahlung und in der Regel einen festen Zins für sein Darlehen verlangen. Er hat kein Kontrollrecht. Der stille Gesellschafter erhält keine Zinsen, sondern nimmt am Gewinn und u.U. auch am Verlust teil. Er kann den Anspruch auf Kapitalrückzahlung verlieren, wenn eine Verlustbeteiligung vereinbart worden ist. Der stille Gesellschafter ist berechtigt, eine Abschrift der Bilanz zu verlangen und ihre Richtigkeit unter Einsicht der Bücher und Papiere zu prüfen.

Worin besteht das Wesen einer Gesellschaft bürgerlichen Rechts?

Das Wesen der Gesellschaft bürgerlichen Rechts besteht darin, daß die Gesellschafter sich gegenseitig verpflichten, die Erreichung eines gemeinsamen Zweckes in der durch den Vertrag bestimmten Weise zu fördern, insbesondere die vereinbarten Beiträge zu leisten.

Welche wirtschaftliche Bedeutung hat die Gesellschaft bürgerlichen Rechts?

Die Bedeutung dieser Gesellschaftsform liegt darin, daß sich natürliche oder juristische Personen zu einem bestimmten Geschäft zusammenschließen, um eine verstärkte Kapitalkraft, eine größere Marktmacht oder eine Risikostreuung zu erzielen. So können sich beispielsweise mehrere Unternehmen für ein bestimmtes Einkaufs- oder Verkaufsgeschäft zusammenschließen. Auch der unter dem Begriff des Konsortiums bekannte Zusammenschluß hat die Form einer Gesellschaft bürgerlichen Rechts.

Worin liegt das Wesen der Aktiengesellschaft begründet?

Die Aktiengesellschaft (AG) ist eine Gesellschaft mit eigener Rechtspersönlichkeit (juristische Person). Die Gesellschafter sind mit Einlagen auf das in Aktien zerlegte Grundkapital beteiligt, ohne persönlich für die Verbindlichkeiten der Gesellschaft zu haften.

Wie muß eine AG firmieren?

Die Firma der AG soll eine Sachfirma sein. Sie muß die Bezeichnung „Aktiengesellschaft" tragen.

Wodurch ist das Grundkapital einer AG gekennzeichnet?

Das Grundkapital ist die Summe der Nennbeträge aller Aktien. Das Grundkapital ist in seiner Höhe fest bestimmt. Eine Kapitalerhöhung oder Kapitalherabsetzung ist nur durch Beschluß der Hauptversammlung möglich.

Wie hoch muß der Mindestnennbetrag des Grundkapitals und der Aktien sein?

Der Mindestnennbetrag des Grundkapitals ist 100 000 DM, der Mindestnennbetrag der Aktien 50 DM. Höhere Aktienbeträge sollen auf volle 100 DM lauten.

Welcher Unterschied besteht zwischen Inhaberaktien und Namensaktien?

Die Inhaberaktien lauten auf den Inhaber und werden formlos übertragen. Die Namensaktien sind auf den Namen des Aktionärs ausgestellt und werden durch Indossament übertragen. Der Name des Aktionärs, sein Wohnort und sein Stand sind jeweils in das Aktienbuch der Gesellschaft einzutragen.

Welche Rechte sind mit der Aktie verbunden?

Jede Aktie gewährt:

1. das Stimmrecht in der Hauptversammlung;
2. das Recht auf Gewinnanteil (Dividende);
3. das Bezugsrecht bei Ausgabe neuer Aktien;
4. das Recht auf Anteil am Liquidationserlös;
5. das Recht auf Auskunftserteilung seitens des Vorstandes. Der Vorstand darf die Auskunft verweigern, wenn die Erteilung der Auskunft geeignet ist, der Gesellschaft objektiv einen nicht unerheblichen Nachteil zuzufügen. Auch Fragen, welche sich auf steuerliche Wertansätze, die Höhe einzelner Steuern oder auf Einzelheiten der Bewertungs- oder Abschreibungsmethoden beziehen, brauchen nicht beantwortet zu werden.

Welche Vorrechte können Vorzugsaktien gewähren?

Vorzugsaktien (Prioritätsaktien) können Vorrechte bei der Gewinnverteilung und der Verteilung des Liquidationserlöses gewähren. Mehrstimmrechtsaktien sind grundsätzlich nicht zulässig. Sie können nur ausgegeben werden, wenn es zur Wahrung überwiegender gesamtwirtschaftlicher Belange erforderlich erscheint.

Welche Organe hat die AG?

Die AG hat drei Organe:

1. den Vorstand, der unter eigener Verantwortung die Gesellschaft leitet und sie gerichtlich und außergerichtlich vertritt;
2. den Aufsichtsrat, der aus Vertretern der Aktionäre und der Arbeitnehmer besteht und als Kontrollorgan die Geschäftsführung des Vorstandes überwacht;

3. die Hauptversammlung, in der die Aktionäre ihre Rechte durch Ausübung des Stimmrechtes wahrnehmen.

Welche Pflichten hat der Vorstand einer AG?

Die Mitglieder des Vorstandes der AG haben:

1. die Sorgfaltspflicht eines ordentlichen und gewissenhaften Geschäftsleiters;
2. die Haftpflicht, die sich auf Schäden erstreckt, die durch Verschulden des Vorstandes entstanden sind;
3. die Pflicht, sich an das Wettbewerbsverbot zu halten;
4. die Pflicht, dem Aufsichtsrat regelmäßig zu berichten über die beabsichtigte Geschäftspolitik, die Rentabilität der Gesellschaft und die Geschäftslage;
5. die Pflicht, innerhalb von drei Monaten nach Abschluß des Geschäftsjahres den Jahresabschluß und den Lagebericht aufzustellen und den Abschlußprüfern (sofern es sich nicht um eine kleine Gesellschaft gemäß HGB handelt) vorzulegen;
6. die Pflicht, die Hauptversammlung einzuberufen;
7. die Pflicht, bei Zahlungsunfähigkeit das Konkurs- oder Vergleichsverfahren zu beantragen.

Aus wieviel Personen besteht der Vorstand?

Der Vorstand kann aus einer oder mehreren Personen bestehen. Bei Gesellschaften mit einem Grundkapital von mehr als drei Millionen DM hat er aus mindestens zwei Personen zu bestehen, sofern die Satzung nichts anderes bestimmt. Unternehmen, die Mitbestimmungsgesetzen unterliegen, müssen als gleichberechtigtes Vorstandsmitglied einen Arbeitsdirektor haben.

Von wem wird der Vorstand bestellt?

Der Vorstand wird vom Aufsichtsrat bestellt auf höchstens fünf Jahre. Eine wiederholte Bestellung für jeweils höchstens fünf Jahre ist zulässig. Werden mehrere Personen zu Vorstandsmitgliedern bestellt, so kann der Aufsichtsrat ein Mitglied zum Vorsitzenden des Vorstands ernennen.

Welche Aufgaben gehören in den Zuständigkeitsbereich des Aufsichtsrates?

Der Aufsichtsrat hat als Kontrollorgan die Geschäftsführung zu überwachen. Der Aufsichtsrat kann die Bücher der Gesellschaft einsehen und prüfen. Er hat die Hauptversammlung einzuberufen, wenn das Wohl der Gesellschaft es fordert. Die Satzung oder der Aufsichtsrat kann bestimmen, daß bestimmte Arten von Geschäften nur mit seiner Zustimmung vorgenommen werden dürfen.

Aus wieviel Mitgliedern besteht der Aufsichtsrat gemäß Aktiengesetz?

Der Aufsichtsrat besteht gemäß Aktiengesetz aus drei Mitgliedern. Die Satzung kann eine bestimmte höhere Zahl festsetzen; sie muß durch drei teilbar sein. Die Höchstzahl der Mitglieder beträgt bei Gesellschaften mit einem Grundkapital bis zu drei Millionen DM neun, von mehr als drei Millionen DM fünfzehn, von mehr als zwanzig Millionen DM einundzwanzig. Vorrangig zu berücksichtigen sind jedoch die Regelungen des Mitbestimmungsrechts.

Wie setzt sich der Aufsichtsrat unter Berücksichtigung des Mitbestimmungsrechts zusammen?

Der Aufsichtsrat setzt sich zusammen:

1. Bei Gesellschaften mit i.d.R. mehr als 500 und weniger als 2000 Arbeitnehmern, für die das Betriebsverfassungsgesetz gilt, zu zwei Drittel aus Vertretern der Anteilseigner und zu einem Drittel aus Vertetern der Arbeitnehmer.

2. Bei Gesellschaften mit i.d.R. mehr als 2000 Arbeitnehmern, für die das Mitbestimmungsgesetz gilt, paritätisch aus Vertretern der Anteilseigner und der Arbeitnehmer, und zwar

   a) aus je sechs Mitgliedern bei Gesellschaften mit i.d.R. nicht mehr als 1000 Arbeitnehmern,

   b) aus je acht Mitgliedern bei Gesellschaften mit i.d.R. mehr als 10000, jedoch nicht mehr als 20000 Arbeitnehmern,

   c) aus je zehn Mitgliedern bei Gesellschaften mit i.d.R. mehr als 20000 Arbeitnehmern.

   Unter den Aufsichtsratsmitgliedern der Arbeitnehmer müssen sich im Fall a) und b) jeweils zwei Vertreter von Gewerkschaften, im Fall c) drei Vertreter von Gewerkschaften befinden.

3. Bei Gesellschaften des Bergbaus und der Eisen und Stahl erzeugenden Industrie, für die das Montan-Mitbestimmungsgesetz gilt, aus gewöhnlich elf Mitgliedern, von denen je fünf Vertreter der Anteilseigner und der Arbeitnehmer sein müssen. Das elfte unabhängige Mitglied wird von den zehn gewählten Aufsichtsratsmitgliedern vorgeschlagen.
4. Bei Aktiengesellschaften und Kommanditgesellschaften auf Aktien mit i.d.R. nicht mehr als 500 Arbeitnehmern nur aus Aufsichtsratsmitgliedern der Anteilseigner.

Wie werden der Aufsichtsratsvorsitzende und sein Stellvertreter gemäß Mitbestimmungsgesetz gewählt?

Der Aufsichtsrat wählt mit einer Mehrheit von zwei Dritteln der Mitglieder, aus denen er insgesamt zu bestehen hat, aus seiner Mitte einen Aufsichtsratsvorsitzenden und einen Stellvertreter.

Wird bei der Wahl des Aufsichtsratsvorsitzenden oder seines Stellvertreters die Zwei-Drittel-Mehrheit nicht erreicht, so findet für die Wahl des Vorsitzenden und seines Stellvertreters ein zweiter Wahlgang statt. In diesem Wahlgang wählen die Aufsichtsratsmitglieder der Anteilseigner den Aufsichtsratsvorsitzenden und die Aufsichtsratsmitglieder der Arbeitnehmer den Stellvertreter jeweils mit der Mehrheit der abgegebenen Stimmen.

Welche besondere Bedeutung kommt der Stellung des Aufsichtsratsvorsitzenden bei Abstimmungen im Aufsichtsrat nach dem Mitbestimmungsgesetz zu?

Ergibt eine Abstimmung im Aufsichtsrat Stimmengleichheit, so hat bei erneuter Abstimmung über denselben Gegenstand, wenn auch sie Stimmengleichheit ergibt, der Aufsichtsratsvorsitzende zwei Stimmen. Durch diese Regelung wird das Prinzip der paritätischen Zusammensetzung des Aufsichtsrats durchbrochen und den Anteilseignern im Aufsichtsrat ein Übergewicht verschafft.

Welche Aufgaben hat die Hauptversammlung zu erfüllen?

Die Hauptversammlung hat folgende Aufgaben zu erfüllen:

1. die Bestellung des Aufsichtsrats, soweit Vertreter der Aktionäre zu wählen sind;

2. die Beschlußfassung über die Gewinnverteilung;
3. die Entlastung des Vorstands und des Aufsichtsrats;
4. die Bestellung der Abschlußprüfer;
5. die Beschlußfassung über Satzungsänderungen;
6. die Beschlußfassung über die Auflösung der Unternehmung.

Über Fragen der Geschäftsführung kann die Hauptversammlung nur entscheiden, wenn der Vorstand es verlangt.

Welche Reihenfolge bestimmt das Aktiengesetz für die Aufteilung des Gewinnes?

Der Gewinn ist in der folgenden Reihenfolge zu verwenden für:

1. die Bildung der gesetzlichen Rücklage in Höhe von mindestens 5 %, bis diese 10 % oder den in der Satzung bestimmten höheren Teil des Grundkapitals erreicht hat;
2. die Bildung freier Rücklagen;
3. den Gewinnanteil des Vorstands;
4. die Vordividende für die Aktionäre von 4 % der geleisteten Einlagen;
5. den Gewinnanteil des Aufsichtsrats;
6. die Mehrdividende an die Aktionäre;
7. den Gewinnvortrag.

Auf welche Weise ist der Jahresabschluß der AG bekanntzumachen?

Der Vorstand muß den Jahresabschluß mit Bestätigungsvermerk, den Lagebericht und den Bericht des Aufsichtsrats zum Handelsregister einreichen. Der Jahresabschluß ist ferner in den Gesellschaftsblättern und im Bundesanzeiger bekanntzugeben.

Worin liegt das Wesen einer Gesellschaft mit beschränkter Haftung begründet?

Die Gesellschaft mit beschränkter Haftung (GmbH) ist eine Handelsgesellschaft mit eigener Rechtspersönlichkeit. Die Gesellschafter sind an dem Stammkapital mit ihrer Einlage beteiligt, auf die sich ihre Haftung beschränkt.

Wie muß eine GmbH firmieren?

Die Firma einer GmbH kann eine Personenfirma, Sachfirma oder gemischte Firma sein. Sie muß den Zusatz „mit beschränkter Haftung“ enthalten.

Wieviel DM müssen das Stammkapital und die Stammeinlage mindestens betragen?

Das Stammkapital der GmbH muß mindestens 50000,— DM, die Stammeinlage jedes Gesellschafters muß mindestens 500 DM betragen. Der Betrag der Stammeinlage (Geschäftsanteil) kann für die einzelnen Gesellschafter verschieden bestimmt werden. Er muß in Deutscher Mark durch hundert teilbar sein. Der Gesamtbetrag der Stammeinlagen muß mit dem Stammkapital übereinstimmen.

Im Gesellschaftsvertrag kann bestimmt werden, daß die Gesellschafter über den Betrag der Stammeinlage hinaus weitere Einzahlungen (Nachschüsse) zu leisten haben. Welche Formen der Nachschußpflicht kennt das GmbH-Gesetz?

Gemäß GmbH-Gesetz kann im Gesellschaftsvertrag bestimmt werden, daß die Nachschußpflicht auf einen bestimmten, nach Verhältnis der Geschäftsanteile festzusetzenden Betrag beschränkt werden oder unbeschränkt sein soll. Das GmbH-Gesetz kennt also die beschränkte und die unbeschränkte Nachschußpflicht.

Welche Möglichkeit besteht für eine GmbH, wenn ein Gesellschafter seiner Einzahlungspflicht nicht nachkommt?

Wenn ein Gesellschafter mit seiner Einzahlung der Stammeinlage bzw. des Nachschusses im Verzuge ist, kann das Kaduzierungsverfahren angewendet werden (Kaduzierung = Verfallserklärung). Mit dem Kaduzierverfahren wird ein säumiger Gesellschafter ausgeschlossen und sein Geschäftsanteil verkauft. Für einen Mindererlös haftet der ausgeschlossene Gesellschafter.

Welches Recht besitzt ein Gesellschafter einer GmbH, wenn er sich von seiner unbeschränkten Nachschußpflicht befreien will?

Einem Gesellschafter steht in diesem Fall das Abandonrecht zu (Abandon = Verzicht). Er stellt der Gesellschaft seinen Geschäftsanteil zur Verfügung, die ihn für Rechnung des Gesellschafters öffentlich versteigern lassen kann. Ein nach Deckung der Verkaufskosten und des rückständigen Nachschusses verbleibender Überschuß gebührt dem Gesellschafter. Ist die

Befriedigung der Gesellschaft durch den Verkauf nicht zu erlangen, so fällt der Geschäftsanteil der Gesellschaft zu. Sie ist befugt, den Anteil für eigene Rechnung zu veräußern.

Die Organe der GmbH sind einer oder mehrere Geschäftsführer und die Gesellschafterversammlung. Welche Aufgaben gehören in den Zuständigkeitsbereich der Geschäftsführer?

Die Geschäftsführer haben gemäß dem Gesetz und den Weisungen der Gesellschafter mit der Sorgfalt eines ordenlichen Geschäftsmannes die Gesellschaft zu leiten, sie gerichtlich und außergerichtlich zu vertreten.

Die Geschäftsführer haben ferner die Pflicht:

1. jedem Gesellschafter auf Verlangen unverzüglich Auskunft über die Angelegenheiten der Gesellschaft zu geben und die Einsicht der Bücher und Schriften zu gestatten. Die Geschäftsführer dürfen die Auskunft und die Einsicht verweigern, wenn befürchtet wird, daß der Gesellschafter sie zu gesellschaftsfremden Zwecken und deshalb zum Schaden der Gesellschaft verwendet.
2. für die ordnungsmäßige Buchführung der Gesellschaft zu sorgen;
3. in den ersten drei Monaten des Geschäftsjahres den Jahresabschluß und den Lagebericht aufzustellen;
4. die Versammlung der Gesellschafter in den im Gesellschaftsvertrag bestimmten Fällen sowie dann zu berufen, wenn es im Interesse der Gesellschaft erforderlich erscheint;
5. alljährlich im Januar eine Liste der Gesellschafter zum Handelsregister einzureichen.

Welche Aufgaben gehören in den Zuständigkeitsbereich der Gesellschafterversammlung?

Die Aufgaben der Gesellschafterversammlung als dem obersten Organ der GmbH sind im wesentlichen:

1. die Feststellung des Jahresabschlusses und die Verteilung des Reingewinns;
2. die Bestellung und Abberufung von Geschäftsführern sowie deren Entlastung;

3. die Prüfung und Überwachung der Geschäftsführung;
4. die Bestellung von Prokuristen und Handlungsbevollmächtigten zum gesamten Geschäftsbetrieb.

In welchen Fällen ist für die GmbH ein Aufsichtsrat zu bestellen?

Ein Aufsichtsrat ist zu bestellen, wenn

1. der Gesellschaftsvertrag einen Aufsichtsrat vorsieht;
2. die Vorschriften des Betriebsverfassungsgesetzes, des Mitbestimmungsgesetzes bzw. des Montan-Mitbestimmungsgesetzes zu berücksichtigen sind.

Ist ein Aufsichtsrat zu bestellen, sind die im Aktiengesetz über den Aufsichtsrat enthaltenen Vorschriften entsprechend anzuwenden.

Auf welche Weise entsteht eine Einmann-GmbH?

Eine Einmann-GmbH entsteht durch:

1. Gründung einer Einmann-GmbH, wobei der Einmann-Gesellschafter allein die erforderliche Stammeinlage zu leisten hat;
2. Umwandlung einer Einzelunternehmung in eine Einmann-GmbH, bei der der Einzelkaufmann sein Geschäftsvermögen auf die GmbH überträgt;
3. Vereinigung aller Geschäftsanteile einer bestehenden GmbH in der Hand eines Gesellschafters.

Aus welchen Gründen kann die Rechtsform der GmbH der Rechtsform der AG vorgezogen werden?

Die folgenden Gründe können zur Bevorzugung der Rechtsform der GmbH führen:

1. Die GmbH kann mit weniger Kapital, einfacher und rascher gegründet werden.
2. Die innere Organisation sowie die Rechte und Pflichten der Gesellschafter und Geschäftsführer können den betrieblichen Belangen entsprechend gestaltet werden.
3. Für Gesellschaften bis zu 500 Arbeitnehmern ist ein Aufsichtsrat nicht allgemein vorgeschrieben.
4. Eine GmbH, die zu den kleinen Kapitalgesellschaften zählt, braucht den Jahresabschluß und den Lagebericht nicht durch einen Abschlußprüfer prüfen zu lassen und sie nicht zu veröffentlichen.

Was bedeutet die Firmenbezeichnung „GmbH & Co. KG"?

Hier handelt es sich um eine KG, bei der eine GmbH, also eine juristische Person, als Komplementär auftritt; andere Gesellschaften oder auch natürliche Personen übernehmen die Kommandit-Anteile.

Welcher Vorteil ist mit der Gründung einer GmbH & Co. KG verbunden?

Der Vorteil der GmbH & Co. KG liegt in der Haftungsbeschränkung innerhalb einer Personengesellschaft. Die Haftung des Komplementärs, also der GmbH, ist auf das GmbH-Stammkapital beschränkt.
Die Geschäftsführung kann von Dritten ausgeübt werden, die weder Gesellschafter der GmbH noch Gesellschafter der KG sind.

Worin besteht das Wesen einer Kommanditgesellschaft auf Aktien (KGaA)?

Die KGaA besteht aus mindestens einem Komplementär und aus Kommanditaktionären, die in Form von Aktien an der Gesellschaft beteiligt sind. Die rechtliche Stellung der beiden Gesellschaftergruppen richtet sich sinngemäß nach den Vorschriften über die KG und die AG.

Wodurch ist die eingetragene Genossenschaft gekennzeichnet?

Die Genossenschaften sind Gesellschaften mit nicht geschlossener Mitgliederzahl, die den Zweck verfolgen, ihre Mitglieder durch einen gemeinschaftlichen Geschäftsbetrieb wirtschaftlich zu fördern. Die Genossenschaften besitzen eine eigene Rechtspersönlichkeit.

Welche Stellung nimmt die eingetragene Genossenschaft in handelsrechtlicher Hinsicht ein?

Die eingetragene Genossenschaft betreibt kein Handelsgewerbe, gilt aber als Kaufmann kraft Rechtsform. Einige Vorschriften des HGB sind ausgeschlossen, so kann die Genossenschaft z.B. keine Prokura erteilen.

Welche Arten der Genossenschaften gibt es hinsichtlich ihrer wirtschaftlichen Aufgaben?

Die Genossenschaften lassen sich in vier Hauptgruppen zusammenfassen:

1. die gewerblichen Genossenschaften;
2. die landwirtschaftlichen Genossenschaften;
3. die Konsumgenossenschaften;
4. die Baugenossenschaften.

3. Die Unternehmungszusammenschlüsse

Aus welchen Gründen werden Unternehmungszusammenschlüsse vorgenommen?

Mit dem Zusammenschluß von Unternehmungen wird angestrebt:

1. die für die Unternehmungen negativen Folgen des freien Wettbewerbs einzuschränken bzw. auszuschalten;
2. Überproduktion, Preisschleuderei und Fehlinvestitionen zu vermeiden;
3. durch gemeinsame Rationalisierungsmaßnahmen und technische Neuerungen die Kosten für die Erzeugnisse zu senken;
4. langfristige und kostspielige Entwicklungs- sowie Forschungsarbeiten zu finanzieren.

Welche wirtschaftlichen Nachteile können sich aus Unternehmungszusammenschlüssen ergeben?

Als wirtschaftliche Nachteile können angesehen werden:

1. die Preise werden willkürlich festgesetzt, weil der freie Wettbewerb fehlt;
2. durch den fehlenden Wettbewerb werden die Betriebe nicht genügend rationalisiert;
3. Mammutunternehmen sind unübersichtlich, Verlustquellen werden vielfach nicht oder zu spät aufgedeckt.

Welche besonderen Formen von Unternehmungszusammenschlüssen sind zu unterscheiden?

Je nachdem, in welchem Umfange die einzelnen Unternehmer ihre wirtschaftliche und rechtliche Selbständigkeit verlieren, sind die Unternehmungszusammenschlüsse einzuteilen in Kartelle, Konzerne und Trusts.

Worin besteht der wesentliche Unterschied zwischen Kartellen und Konzernen?

Kartelle sind horizontale Zusammenschlüsse wirtschaftlich und rechtlich selbständiger Unternehmungen, die Vereinbarungen über ein bestimmtes Marktverhalten oder ein einheitliches Vorgehen in der Produktion treffen.

Konzerne sind entweder horizontale oder vertikale Unternehmungszusammenschlüsse unter einheitlicher Leitung. Die rechtliche Selbständigkeit der einzelnen Unternehmungen bleibt erhalten, während in wirtschaftlicher Hinsicht mehr oder minder starke Abhängigkeit von der Konzernleitung besteht.

Das Gesetz gegen Wettbewerbsbeschränkungen (Kartellgesetz) verbietet grundsätzlich die Kartelle. Für welche Arten von Kartellen bestehen Ausnahmen?

Folgende Kartelle bedürfen zu ihrer Wirksamkeit nur der Anmeldung bei der zuständigen Kartellbehörde: Konditionenkartelle, Rabattkartelle, Normenkartelle, reine Exportkartelle. Auf Antrag kann die Kartellbehörde folgende Kartelle genehmigen: Krisenkartelle, Rationalisierungskartelle, Importkartelle.

Welche Stellen sind für die Anmeldung bzw. Genehmigung von Kartellabsprachen zuständig?

Für den innerdeutschen Wirtschaftsverkehr ist das Bundeskartellamt in Berlin, wenn es sich um örtlich begrenzte Kartelle handelt, die jeweilige Landeskartellbehörde zuständig.
Für den Wirtschaftsverkehr innerhalb der Europäischen Wirtschaftsgemeinschaft genehmigt die Generaldirektion Wettbewerb der EG-Kommission in Brüssel Kartelle, soweit sie auf Grund des Art. 85 des EWG-Vertrages und der dazu ergangenen Verordnungen des Rates der EG erlaubt werden können.

Wodurch ist der Trust gekennzeichnet?

Der Trust ist ein horizontaler oder vertikaler Zusammenschluß von Unternehmungen unter einer gemeinsamen Gesellschaft. Die wirtschaftliche und rechtliche Selbständigkeit der einzelnen Unternehmungen geht in der Regel verloren.

Worin bestehen die Wesensmerkmale einer Holding-Company?

Eine Holding-Company ist eine Gesellschaft, die Kapitalanteile, vor allem Aktien anderer Unternehmungen, erwirbt und treuhänderisch verwaltet. Sie besitzt keinen eigenen Produktions- oder Handelsbetrieb. Ihr Zweck ist die Beherrschung der angeschlossenen Unternehmungen.

4. Die Auflösung der Unternehmung

Welche Arten der Auflösung der Unternehmung sind zu unterscheiden?

Es sind zu unterscheiden:

1. die freiwillige Auflösung (Liquidation);
2. die zwangsweise Auflösung (Konkurs).

Welche Gründe können zu einer Liquidation der Unternehmung führen?

Eine Liquidation wird durch persönliche oder wirtschaftliche Gründe veranlaßt, z.B. Alter, Krankheit, Tod des Inhabers, Ablauf des Gesellschaftsvertrages, Verlust der Konkurrenzfähigkeit, Kapitalmangel.

Worin besteht die Liquidation einer Unternehmung?

Die Liquidation besteht in einer möglichst wirtschaftlichen Veräußerung der vorhandenen Vermögenswerte, der Befriedigung der Gläubiger und der Übernahme der verbleibenden flüssigen Mittel in das Privatvermögen des Inhabers bzw. der Inhaber.

Wann liegt ein Konkurs vor?

Konkurs liegt vor, wenn eine zwangsweise gerichtliche Auflösung einer Unternehmung wegen Zahlungsunfähigkeit oder auch – bei juristischen Personen – wegen Überschuldung erfolgt.

Wer kann das Konkursverfahren beim zuständigen Amtsgericht beantragen?

Die Eröffnung des Konkursverfahrens kann vom Geschäftsinhaber als Konkursschuldner (Gemeinschuldner) oder irgendeinem Gläubiger der Unternehmung beantragt werden.

Welche Wirkungen hat die Eröffnung des Konkurses für die Personen des Gemeinschuldners?

1. Mit der Konkurseröffnung verliert der Gemeinschuldner das Verwaltungs- und Verfügungsrecht über das zur Konkursmasse gehörende Vermögen.
2. Vom Gemeinschuldner erteilte Vollmachten erlöschen.
3. Ohne Erlaubnis des Gerichtes darf er seinen Wohnort nicht verlassen.
4. Der Gemeinschuldner hat dem Konkursverwalter über alle das Konkursverfahren betreffenden Verhältnisse Auskunft zu geben.
5. Ehrenämter ruhen während der Dauer des Konkursverfahrens.

Wer erhält das Verfügungs- und Verwaltungsrecht über das Vermögen des Gemeinschuldners während der Konkursabwicklung?

Das Verfügungs- und Verwaltungsrecht geht auf den vom Gericht bestellten bzw. von der Gläubigerversammlung gewählten Konkursverwalter über. Seine Aufgabe besteht darin, die Konkursmasse festzustellen, zu verwalten, zu verwerten und zu verteilen.

Welche Vermögenswerte gehören zur Konkursmasse, welche sind auszusondern bzw. abzusondern?

Zur Konkursmasse gehört das ganze pfändbare Vermögen des Gemeinschuldners im Zeitpunkt der Konkurseröffnung. Auszusondern sind die Vermögenswerte, an denen dem Gemeinschuldner ein Eigentumsrecht nicht zusteht, z.B. alle gemieteten, geliehenen, in Aufbewahrung genommenen und unter Eigentumsvorbehalt gekauften Sachen. Abgesondert werden die Vermögenswerte, die an Dritte verpfändet, zur Sicherheit übereignet oder hypothekarisch belastet sind.

In welcher gesetzlichen Reihenfolge wird die verbleibende Konkursmasse verteilt?

Aus der Konkursmasse sind in zwingender Reihenfolge zu befriedigen:

1. die Masseschulden (Aufwendungen im Zusammenhang mit der Konkursabwicklung, z.B. Mietzahlungen für die Dauer des Konkursverfahrens);
2. die Massekosten (Kosten des Konkursverfahrens, z.B. Gerichtskosten, Honorar für den Konkursverwalter);
3. die bevorrechtigten Forderungen (Löhne und Gehälter, Steuern, öffentliche Gebühren, Forderungen der Ärzte, Apotheker, Krankenpfleger und Forderungen der Kinder und Mündel auf ihr Vermögen, das bisher vom Gemeinschuldner verwaltet wurde);
4. die gewöhnlichen Forderungen; auf sie wird die Restmasse prozentual verteilt (Konkursdividende).

Wann wird vom Gericht die Aufhebung des Konkursverfahrens beschlossen?

Nachdem auf der letzten Gläubigerversammlung die Schlußrechnung des Konkursverwalters abgenommen, die Konkursdividende festgestellt und über nicht verwertbare Vermögensstücke Beschluß gefaßt worden ist, wird vom Gericht die Aufhebung des Konkursverfahrens beschlossen. Diese Aufhebung wird öffentlich bekanntgemacht.

Wie lange haftet der Gemeinschuldner nach Aufhebung des Konkursverfahrens für die nicht befriedigten Forderungen?

Nach Aufhebung des Konkursverfahrens können die nicht befriedigten Konkursgläubiger ihre Forderungen noch 30 Jahre lang unbeschränkt geltend machen. Sie können Zwangsvollstreckungen vornehmen lassen, sobald sie annehmen, daß der Schuldner wieder zahlungsfähig geworden ist.

Welche Arten des Vergleichs werden unterschieden?

Man unterscheidet den außergerichtlichen Vergleich (Akkord), den gerichtlichen Vergleich und den Zwangsvergleich.

Wie wird der außergerichtliche Vergleich durchgeführt?

Der Schuldner wendet sich je nach Situation an alle Gläubiger oder nur an die Hauptgläubiger und bittet um Stundung (Moratorium), Ratenzahlung oder Forderungsnachlaß. Die Gläubiger werden zustimmen, wenn durch den Vergleich das Unternehmen und damit ein wichtiger Geschäftspartner gerettet werden kann.

Was soll durch das gerichtliche Vergleichsverfahren erreicht werden?

1. Durch den gerichtlichen Vergleich soll unter Einschaltung des zuständigen Amtsgerichts ein drohender Konkurs und damit das Ende des Unternehmens abgewendet werden.
2. Durch gleichmäßigen Forderungsnachlaß aller Gläubiger soll das Schuldnerunternehmen so saniert werden, daß es gewinnbringend weitergeführt werden kann.
3. Durch die Abwicklung des Verfahrens nach der Vergleichsordnung soll die gerechte Behandlung aller Gläubiger gesichert werden.

Wann wird ein Anschlußkonkursverfahren eröffnet?

Lehnt das Vergleichsgericht die Eröffnung eines Vergleichsverfahrens ab (z.B. wenn sich bei der Prüfung des Antrages und der Unterlagen ergibt, daß die gewöhnlichen Gläubiger nicht mit mindestens 35 % ihrer Forderungen befriedigt werden können) oder lehnen die Gläubiger den Vergleichsvorschlag in der vom Gericht einberufenen Gläubigerversammlung ab, so wird der Anschlußkonkurs eröffnet.

Wann kommt es zum Zwangsvergleich?

Zum Zwangsvergleich kommt es innerhalb eines Konkursverfahrens, wenn die bevorrechtigten Gläubiger völlig und die gewöhnlichen Gläubiger mit mindestens 20 % befriedigt werden können. Die nicht bevorrechtigten (gewöhnlichen) Gläubiger müssen diesem vom Gemeinschuldner ausgehenden Vorschlag mit mindestens 75 % aller Forderungen zustimmen.

III. Die persönlichen Leistungskräfte der Unternehmung

1. Der Unternehmer

Welche Funktionen übernimmt der Unternehmer in der Marktwirtschaft?

Der Unternehmer übernimmt die folgenden Funktionen:

1. die Bedarfsermittlung;
2. die Aufstellung des Wirtschaftsplanes der Unternehmung;
3. die zweckmäßige Kombination der Produktionsfaktoren;
4. die Leitung und Kontrolle des Produktionsganges;
5. den Absatz der Produkte.

Welche Unternehmertypen können unterschieden werden?

Die folgenden Unternehmertypen können unterschieden werden:

1. der Fachmann, der von der genauen Kenntnis der Fabrikationsmethoden seines Wirtschaftszweiges ausgeht;
2. der Kaufmann, der vom Marktbedürfnis ausgeht und seine Aufgabe in erster Linie darin sieht, mit seinen Mitteln neue Bedürfnisse zu wecken;
3. der Finanzmann, der vom Kapitalbedürfnis ausgeht; seine Stärke liegt im Aufbau von Unternehmungen durch Kapitalbeschaffung und Kapitalzusammenfügung.

Nach welchen Gesichtspunkten können die Risiken unterteilt werden, die der Unternehmer durch seine wirtschaftliche Tätigkeit eingeht?

Die Risiken können unterteilt werden:

1. nach der Entstehung des Risikos in Beschaffungsrisiko, Produktionsrisiko, Vertriebsrisiko;
2. nach der Verursachung des Risikos in Risiko durch Naturereignisse, Risiko durch rechtliche Bestimmungen, Risiko durch den wirtschaftenden Menschen, Risiko durch das bewirtschaftete Objekt;

3. nach der Wirkung des Risikos in Risiko durch Kapitalvernichtung, Risiko fehlender oder zu geringer Kapitalverzinsung.

Durch welche Maßnahmen kann das Risiko gemindert werden?

Der Unternehmer kann das Risiko mindern, indem er:

1. einen Teil der Risikolast auf seinen Geschäftspartner abwälzt, z.B. Minderung des Abnahmerisikos durch Vorauszahlung;
2. das Risiko verteilt, z.B. durch Ausweitung des Warensortimentes, Ausdehnung des Absatzmarktes auf verschiedene Länder;
3. das Risiko auf Versicherungsunternehmungen überwälzt, z.B. das Transportrisiko, das Kreditrisiko;
4. Rücklagen bildet (Selbstversicherung).

Wer erfüllt die rechtlichen Voraussetzungen, die Kaufmannseigenschaft zu erwerben?

Die rechtlichen Voraussetzungen für den Erwerb der Kaufmannseigenschaft erfüllen:

1. alle natürlichen Personen;
2. die juristischen Personen des Privatrechts, z.B. AG, GmbH;
3. die juristischen Personen des öffentlichen Rechts, soweit sie ein Handelsgewerbe betreiben, z.B. städtische Wasserwerke, Sparkassen.

Das HGB teilt die Kaufleute in verschiedene Gruppen ein. Welche Arten von Kaufleuten sind hinsichtlich der Entstehung der Kaufmannseigenschaft zu unterscheiden?

Nach der Entstehung der Kaufmannseigenschaft sind zu unterscheiden:

1. Kaufleute kraft Gewerbebetriebs (Mußkaufleute); ihr Gewerbebetrieb hat eines der im HGB genannten Grundhandelsgeschäfte zum Gegenstand;
2. Kaufleute kraft Eintragung (Soll- und Kannkaufleute); bei ihnen entsteht die Kaufmannseigenschaft erst durch die Eintragung in das Handelsregister;
3. Kaufleute kraft Rechtsform (Formkaufleute); bei ihnen wird die Kaufmannseigenschaft dadurch begründet, daß ihr Unternehmen in einer bestimmten Rechtsform betrieben wird.

Wer ist im Sinne des HGB Vollkaufmann und wer Minderkaufmann?

Der Voll- bzw. der Minderkaufmann wird nicht von der Art seiner Tätigkeit, sondern von der Art seiner Betriebseinrichtung her bestimmt. Im Unterschied zu dem Minderkaufmann ist bei dem Vollkaufmann ein Unternehmen vorausgesetzt, das nach Art und Umfang einen kaufmännischen Geschäftsbetrieb erfordert.

Welche Vorschriften des HGB finden auf den Minderkaufmann keine Anwendung?

Für den Minderkaufmann gelten nicht die Vorschriften über die Firma, die Handelsbücher und die Prokura. Ferner fallen die für den Vollkaufmann bestehenden Sondervorschriften über Bürgschaft, Vertragsstrafe und Schuldanerkenntnis fort.

2. Die Mitarbeiter

Welche Arten der menschlichen Arbeit können unterschieden werden?

Die Arbeit kann unterschieden werden:

1. nach der Art der Tätigkeit in körperliche und geistige Arbeit;
2. nach der Stellung des Arbeitnehmers im Betrieb in leitende und ausführende Arbeit;
3. nach der beruflichen Vorbildung des Arbeitnehmers in gelernte und ungelernte Arbeit.

Welche Faktoren haben einen entscheidenden Anteil an einer optimalen Wirksamkeit der menschlichen Arbeit im Betrieb?

Der Grad der ökonomischen Wirksamkeit der Arbeit hängt ab:

1. von der erforderlichen Eignung (Begabung, Vorbildung, Alter, Erfahrung, Verantwortungsbewußtsein);
2. von der erforderlichen Neigung;
3. von der Höhe der Entlohnung;
4. vom Betriebsklima;
5. vom Stand der technischen Ausrüstung des Betriebes.

Durch welche Rechtsgrundlagen wird der Dienstvertrag zwischen einem kaufmännischen Angestellten und einem Kaufmann bestimmt?

Die grundlegenden Vorschriften über den Dienstvertrag sind im BGB aufgezeichnet. Hinzu kommen für die kaufmännischen Angestellten (Handlungsgehilfen) die Sonderbestimmungen des HGB. Außerdem finden die unabdingbaren Bestimmungen der Tarifverträge sowie die Arbeitsschutzgesetze (Unfallschutz, Arbeitszeitschutz, Kündigungsschutz, Mutterschutz, Jugendarbeitsschutz, Behindertenschutz) Anwendung.

Welche Pflichten obliegen dem kaufmännischen Angestellten aus dem Dienstvertrag?

Die Pflichten des Angestellten bestehen in:

1. der Dienstleistungspflicht;
2. der Schweige- und Treuepflicht;
3. der Beachtung des Wettbewerbsverbotes.

Welche Rechte kann der Arbeitgeber geltend machen, wenn der kaufmännische Angestellte gegen das gesetzliche Wettbewerbsverbot verstößt?

Nach dem gesetzlichen Wettbewerbsverbot darf der Angestellte ohne Einwilligung des Arbeitgebers weder ein Handelsgewerbe betreiben noch in dem Geschäftszweig des Arbeitgebers für eigene oder fremde Rechnung Geschäfte tätigen. Der Arbeitgeber hat bei Verletzung dieser Verpflichtung das Recht auf Selbsteintritt, das Recht auf Schadenersatz oder das Recht zur fristlosen Kündigung.

Worin besteht das Wesen der vertraglichen Wettbewerbsabrede (Konkurrenzklausel)?

In der vertraglichen Wettbewerbsabrede verpflichtet sich der Angestellte, auch nach Beendigung des bestehenden Arbeitsverhältnisses dem Arbeitgeber keine Konkurrenz zu machen.

Worin besteht der wesentliche Inhalt eines Vertrages über das Wettbewerbsverbot?

Der wesentliche Inhalt der Wettbewerbsabrede ist durch folgende Punkte gekennzeichnet:

1. Die Vertragsdauer darf zwei Jahre nach Beendigung des Dienstverhältnisses nicht überschreiten.
2. Der Unternehmer ist verpflichtet, dem Vertragspartner für die Dauer des Wettbewerbsverbotes eine Entschädigung in Höhe von mindestens der Hälfte des letzten Gehaltes zu zahlen.

In welchen Fällen ist eine vertragliche Wettbewerbsabrede nichtig?

Vertragliche Wettbewerbsabreden sind nichtig, wenn:

1. die vorgeschriebene Schriftform nicht beachtet wird;

2. der kaufmännische Angestellte minderjährig ist;
3. das Jahreseinkommen des kaufmännischen Angestellten unter dem Jahresbetrag von 1 500,— DM multipliziert mit dem jeweiligen Lebenshaltungskostenindex liegt.

Welche Rechte stehen dem kaufmännischen Angestellten aus dem Dienstvertrag zu?

Der kaufmännische Angestellte kann beanspruchen:

1. ein Gehalt, das zum Ende eines Monats zu zahlen ist;
2. die Fürsorge des Arbeitgebers zur Erhaltung der Gesundheit und Wahrung der guten Sitten und des Anstandes;
3. ein Zeugnis bei Beendigung des Dienstverhältnisses, das mindestens Auskunft über die Art und Dauer der Beschäftigung geben muß.

Wann endet das Arbeitsverhältnis eines kaufmännischen Angestellten?

Das Arbeitsverhältnis endet:

1. mit Ablauf einer im Dienstvertrag festgesetzten Frist;
2. durch Kündigung;
3. durch Tod des Arbeitnehmers;
4. durch einverständliche Lösung des Dienstvertrages.

Welche Kündigungsfristen können für den kaufmännischen Angestellten nach dem BGB in Betracht kommen?

Bei den Kündigungsfristen sind zu unterscheiden:

1. die gesetzliche Kündigungsfrist, sie beträgt sechs Wochen (42 Tage) für den Schluß eines Kalendervierteljahres;
2. die vertragliche Kündigungsfrist, sie muß mindestens einen Monat betragen und für beide Teile gleich sein; das gilt auch für eine Anstellung auf Probe;
3. die fristlose Kündigung, sie kann von jedem Teil ohne Einhaltung einer Frist vorgenommen werden, wenn ein wichtiger Grund vorliegt, z.B. anhaltende Krankheit des Arbeitnehmers, Diebstahl von Betriebseigentum, Nichtzahlung des Gehaltes.

Welche Pflichten obliegen dem Auszubildenden?

Der Auszubildende ist verpflichtet:

1. die ihm im Rahmen seiner Berufsausbildung aufgetragenen Verrichtungen sorgfältig auszuführen;
2. an Ausbildungsmaßnahmen teilzunehmen, für die er vom Ausbildenden freigestellt wird;
3. den Weisungen zu folgen, die ihm im Rahmen der Berufsausbildung vom Ausbildenden, vom Ausbilder oder von anderen weisungsberechtigten Personen erteilt werden;
4. die für die Ausbildungsstätte geltende Ordnung zu beachten;
5. über Betriebs- und Geschäftsgeheimnisse Stillschweigen zu wahren.

Welche Pflichten übernimmt der Ausbildende gegenüber dem Auszubildenden?

Der Ausbildende übernimmt:

1. die Ausbildungspflicht;
2. die Fürsorgepflicht, u.a. Beachtung der Vorschriften des Jugendarbeitsschutzgesetzes;
3. die Beachtung der Berufsschulpflicht;
4. die Zeugnispflicht.

Worin besteht das Wesen einer Vollmacht?

Die Vollmacht ist das Recht, im Namen eines anderen zu handeln, für ihn Willenserklärungen abzugeben, durch die der Vertretene berechtigt und verpflichtet wird.

Welche Arten der Vollmacht sind nach dem HGB ihrem Umfang nach zu unterscheiden?

Zu unterscheiden sind:

1. die Prokura, die zu allen Arten von Geschäften und Rechtshandlungen ermächtigt, die der Betrieb irgendeines Handelsgewerbes mit sich bringen kann;
2. die Generalvollmacht, die sich auf alle Geschäfte und Rechtshandlungen erstreckt, die der Betrieb des Vollmachtgebers gewöhnlich mit sich bringt;
3. die Artvollmacht, die sich auf bestimmte Arten von Geschäften erstreckt;
4. die Einzelvollmacht, die zur Vornahme eines einzelnen Rechtsgeschäftes berechtigt.

Wer kann Prokura erteilen, und in welcher Form ist sie zu erklären?

Die Prokura kann nur von Vollkaufleuten erteilt werden. Sie muß schriftlich oder mündlich ausdrücklich erklärt und zur Eintragung in das Handelsregister angemeldet werden.

Welche Handlungen sind dem Prokuristen im Rahmen seiner Prokura gesetzlich untersagt?

Dem Prokuristen ist es untersagt:

1. das Geschäft zu veräußern oder den Betrieb einzustellen;
2. Prokura zu erteilen;
3. Inventar, Bilanz und Steuererklärungen zu unterschreiben;
4. Handelsregistereintragungen anzumelden;
5. Konkurs anzumelden oder einen Vergleichsantrag zu stellen;
6. Grundstücke ohne besondere Vollmacht zu belasten oder zu veräußern.

Welche Arten der Prokura können unterschieden werden?

Es ist zu unterscheiden zwischen:

1. der Einzelprokura, bei der ein Prokurist allein die Vollmacht ausübt;
2. der Gesamt- oder Kollektivprokura, bei der zwei Prokuristen oder ein Prokurist und ein Handlungsbevollmächtigter bei der Ausübung der Vollmacht zusammenwirken und unterschreiben;
3. der Filialprokura, die auf den Geschäftsbetrieb einer Filiale beschränkt ist.

Welche Gründe können einen Firmeninhaber veranlassen, Gesamtprokura zu erteilen?

Die Gesamtprokura bietet dem Geschäftsinhaber durch die gegenseitige Kontrolle und Abstimmung der Gesamtbevollmächtigten eine erhöhte Sicherheit bei Abschluß von Rechtsgeschäften.

Wie zeichnen der Prokurist und der Handlungsbevollmächtigte?

Der Prokurist hat der Firma seinen Namen mit dem Zusatz „ppa" (per procura) beizufügen.

Der Handlungsbevollmächtigte zeichnet mit einem das Vollmachtsverhältnis ausdrückenden Zusatz (i.V., i.A., für).

Worin liegt das Wesen des Lohnes?

Für den Arbeitnehmer ist der Lohn das Entgelt für die geleistete Arbeit und zugleich in den meisten Fällen die einzige Einkommensquelle, um die wirtschaftliche Sicherung und die soziale Stellung für sich und seine Familie zu gewährleisten.

Für den Arbeitgeber ist der Lohn ein Kostenfaktor, dessen Bedeutung sich nach der Kostenstruktur des Betriebes richtet.

Mit zunehmender Rationalisierung und Technisierung wird die Bedeutung des Lohnes als Kostenfaktor vermindert.

Nach welchen Merkmalen kann der Lohn unterteilt werden?

Der Lohn kann unterteilt werden:

1. nach der Form der Lohnzahlung in Geldlohn und Naturallohn (Deputatlohn);
2. nach den vom Arbeitnehmer zu tragenden Abzügen in Bruttolohn und Nettolohn;
3. nach der Kaufkraft in Nominallohn und Reallohn;
4. nach den Bestimmungsgrößen für die Lohnhöhe in Akkordlohn, Zeitlohn, Prämienlohn, Soziallohn und Ergebnislohn (Gewinnbeteiligung).

Welche Entlohnungsformen können innerhalb des Akkordlohnes unterschieden werden?

Innerhalb des Akkordlohnes kann unterschieden werden zwischen:

1. dem reinen Akkordlohn;
2. dem Akkordlohn mit garantiertem Mindestlohn.

Die Akkordlohnberechnung kann entweder auf der Basis des Zeitakkords oder des Stückgeldakkords erfolgen.

Wie erfolgt die Berechnung des Zeitakkords und des Stückgeldakkords?

Beim Zeitakkord (Stückzeitlohn) wird für die Ausführung einer Arbeit eine bestimmte Vergütungszeit festgelegt. Der Stückzeitlohn ergibt sich aus der Multiplikation der Vorgabezeit mit der Stückzahl. Dieses Produkt wird multipliziert mit dem sogenannten Minutenfaktor, der angibt, wieviel Lohn auf eine Minute Arbeitszeit entfällt.

Beim Stückgeldakkord ergibt sich der Lohn aus der Multiplikation von Stückzahl und Akkordsatz.

In welchen Fällen ist es für den Betrieb zweckmäßig, den Zeitlohn zu zahlen?

Der Zeitlohn findet insbesondere dann Anwendung, wenn Präzisionsarbeit geleistet werden muß, wenn das Arbeitstempo von Maschinen bestimmt wird und bei schöpferischer Arbeit.

Von den Betrieben wird ein erheblicher Teil der Lohnkosten als „Lohnnebenkosten" aufgewendet. Welche Kosten rechnen zu den Lohnnebenkosten?

Zu den Lohnnebenkosten zählen: Feiertagsbezahlung, Urlaubsbezahlung und Urlaubsgeld, Entgeltfortzahlung bei Krankheit, Weihnachtsgratifikation, Zukunftssicherung als Direktversicherung oder Pensionszusage, Arbeitgeberanteile zur Sozialversicherung, Berufsgenossenschaftsbeitrag, Aufwand für Erholungsheime, Sportanlagen, Werksküchen u.a.

3. Ordnung und Rechtsschutz der betrieblichen Arbeit

Das Arbeitsrecht regelt die Beziehungen zwischen den Arbeitgebern und Arbeitnehmern. Welche wichtigsten Gebiete umfaßt das Arbeitsrecht?

Die wichtigsten Gebiete des Arbeitsrechtes sind:

1. das Arbeitsvertragsrecht;
2. das Tarifvertragsrecht;
3. das Betriebsverfassungsrecht;
4. das Arbeitsschutzrecht;
5. die Arbeitsgerichtsbarkeit.

Was stellen die Berufsverbände dar?

Die Berufsverbände (Sozialpartner) sind die zur Wahrung und Förderung der Arbeits- und Wirtschaftsbedingungen bestehenden Zusammenschlüsse der Arbeitgeber (Arbeitgeberverbände) und der Arbeitnehmer (Gewerkschaften).

Worin äußert sich die arbeitsrechtliche Vorzugsstellung der Berufsverbände?

Die arbeitsrechtliche Vorzugsstellung der Berufsverbände äußert sich darin, daß sie:

1. tariffähig und damit auch schlichtungsfähig sind;
2. vor den Arbeitsgerichten stets aktiv und passiv parteifähig sind;

3. ein Vorschlagsrecht bei der Besetzung bestimmter Behörden und öffentlich-rechtlicher Körperschaften, z.B. Arbeitsgerichte, Schlichtungsbehörden, besitzen.

Wer sind die Parteien des Tarifvertrages?

Auf der Arbeitnehmerseite kann der Tarifvertrag nur von den Gewerkschaften, auf der Arbeitgeberseite von Arbeitgeberverbänden (Verbandstarif) oder von einzelnen Arbeitgebern (Haustarif) abgeschlossen werden.

Welche Vertragspunkte sind im allgemeinen in einem Tarifvertrag geregelt?

Der Rahmentarif enthält Bestimmungen über allgemeine Arbeitsbedingungen, z.B. Arbeitszeit, Mehrarbeit, Nacht- und Sonntagsarbeit, Urlaub, Arbeitsausfall, Kündigung.

Der Lohntarif setzt Lohnsätze und Zuschläge für einzelne nach Ausbildung und Tätigkeit getrennte Gruppen fest, die nach Lebensjahren und Ortsklassen gestaffelt sind.

Wie kommt die Betriebsverfassung einer Unternehmung zustande?

Wie jede organisierte Vereinigung bedarf auch die Unternehmung als personenrechtliche Gemeinschaft einer Verfassung. Die Betriebsverfassung wird verwirklicht durch den Arbeitgeber und den Betriebsrat (als Organ der Arbeitnehmerschaft) sowie durch die Betriebsvereinbarungen, die als selbständige Satzung (Betriebssatzung) zwischen dem Arbeitgeber und dem Betriebsrat abgeschlossen werden.

In welchen Betrieben soll nach dem Betriebsverfassungsgesetz ein Betriebsrat gewählt werden?

Nach dem Betriebsverfassungsgesetz soll in Betrieben mit mindestens fünf wahlberechtigten Arbeitnehmern ein Betriebsrat in geheimer und direkter Wahl gewählt werden.

Unter welchen Voraussetzungen haben die Arbeitnehmer das aktive und passive Wahlrecht für die Betriebswahlen?

Das aktive Wahlrecht besitzen alle Arbeitnehmer, die das 18. Lebensjahr vollendet haben.

Das passive Wahlrecht besitzen alle Wahlberechtigten, die sechs Monate dem Betrieb angehören. Nicht wählbar ist, wem infolge Richterspruches die Wählbarkeit oder die Fähigkeit, öffentliche Ämter zu bekleiden, aberkannt worden ist.

Welche Aufgaben hat der Betriebsrat zu erfüllen?

Der Betriebsrat hat ein Mitwirkungs- und Mitbestimmungsrecht in sozialen, personellen und wirtschaftlichen Angelegenheiten. Dazu gehören u.a. Regelung der Arbeitszeit im Betrieb, Verwaltung von betrieblichen Wohlfahrtseinrichtungen, Mitbestimmung bei Einstellung, Eingruppierung und Versetzung von Arbeitnehmern, Beteiligung der Arbeitnehmer am Aufsichtsrat.

In welchen Betrieben wird ein Wirtschaftsausschuß gebildet, und worin besteht seine Aufgabe?

In Betrieben mit mehr als 100 ständigen Arbeitnehmern wird neben dem Betriebsrat ein Wirtschaftsausschuß von 3 bis 7 Mitgliedern gebildet, die dem Unternehmen angehören müssen (darunter mindestens ein Betriebsratsmitglied). Der Wirtschaftsausschuß hat ein Mitwirkungsrecht bei wirtschaftlichen Angelegenheiten, insbesondere hinsichtlich der Fabrikations- und Arbeitsmethoden sowie des Produktionsprogramms.

Welche Gruppen von Arbeitnehmern genießen einen besonderen Kündigungsschutz?

Einen besonderen Kündigungsschutz genießen:

1. Angestellte, die nach vollendetem 25. Lebensjahr länger als 5 Jahre einem Unternehmen angehören;
2. alle Arbeitnehmer, die länger als 6 Monate ohne Unterbrechung in einem Unternehmen beschäftigt waren und das 18. Lebensjahr vollendet haben, im Falle sozial ungerechtfertigter Kündigung, sofern dieses Unternehmen regelmäßig mehr als 5 Mitarbeiter ausschließlich der Auszubildenden beschäftigt;
3. Betriebsratsmitglieder;
4. Schwerbeschädigte;
5. werdende Mütter;
6. Wehrpflichtige;
7. ältere Arbeitnehmer.

Was ist unter einer „sozial ungerechtfertigten Kündigung“ zu verstehen?

Eine „sozial ungerechtfertigte Kündigung“ liegt vor, wenn einem Arbeitnehmer, der länger als 6 Monate im Betrieb tätig war, aus einem Grunde gekündigt wird, der nicht in der Person und im Verhalten des Arbeitnehmers oder in dringenden betrieblichen Erfordernissen liegt.

Welche Höchstarbeitszeiten sind für Jugendliche festgelegt?

Das Jugendarbeitsschutzgesetz setzt die Arbeitszeit wie folgt fest:

1. Jugendliche unter 15 Jahren dürfen nur beschäftigt werden, wenn sie nicht mehr der Vollzeitschulpflicht unterliegen, und auch dann nur
   a) im Berufsausbildungsverhältnis,
   b) andernfalls nur bis 7 Stunden täglich und 35 Stunden wöchentlich mit leichten Arbeiten.
2. Jugendliche von 15 bis 18 Jahren höchstens 8 Stunden täglich und 40 Stunden wöchentlich.

Wie sind die Arbeitspausen im Jugendarbeitsschutzgesetz geregelt?

Die Arbeitspausen müssen betragen:

1. bei einer Beschäftigung von 4 1/2 bis 6 Stunden Dauer 30 Minuten;
2. bei einer Beschäftigung, die 6 Stunden überschreitet, 60 Minuten;
3. zwischen zwei Arbeitstagen 12 Stunden.

Die Beschäftigung von Jugendlichen in der Zeit zwischen 20.00 und 7.00 Uhr ist verboten.

Welche Verbote bestehen hinsichtlich der Beschäftigung von Jugendlichen?

Jugendliche dürfen nicht mit Akkordarbeit oder mit Arbeiten am Fließband beschäftigt werden.
Ferner sind Arbeiten verboten, die den Jugendlichen körperlich oder sittlich gefährden. Ausnahmegenehmigungen für bestimmte Arbeiten können auf Antrag erteilt werden.

Wieviel Werktage beträgt der Jahresurlaub für Jugendliche?

Nach mindestens sechsmonatiger Beschäftigung im Betrieb haben Jugendliche folgenden Urlaubsanspruch:

1. unter 16 Jahre: mindestens 30 Werktage,
2. unter 17 Jahre: mindestens 27 Werktage,
3. unter 18 Jahre: mindestens 25 Werktage.

Welche Rechtsstreitigkeiten werden durch die Arbeitsgerichte geklärt?

Durch die Arbeitsgerichte werden geklärt:

1. Streitigkeiten zwischen einzelnen Arbeitgebern und Arbeitnehmern aus dem Arbeits- bzw. Ausbildungsvertrag sowie aus unerlaubten Handlungen, soweit sie mit Arbeits- bzw. Ausbildungsverträgen zusammenhängen (z.B. Zulässigkeit von Kündigungen);
2. Streitigkeiten zwischen Arbeitnehmern aus gemeinsamer Arbeit und wegen unerlaubter Handlung, soweit sie mit dem Arbeitsverhältnis zusammenhängen (z.B. Fragen zum Gruppenakkord).

4. Die Sozialversicherung

Welche Versicherungsarten umfaßt die Sozialversicherung?

Die Sozialversicherung umfaßt:

1. die Krankenversicherung;
2. die Unfallversicherung;
3. die Rentenversicherung der Arbeiter und Angestellten;
4. die Arbeitslosenversicherung.

Welche Personenkreise unterliegen der Versicherungspflicht bei der gesetzlichen Krankenversicherung?

Der Versicherungspflicht unterliegen:

1. Arbeiter ohne Rücksicht auf die Höhe ihres Einkommens, und zwar Gesellen, Gehilfen, Auszubildende, Hausgehilfen;
2. Angestellte, wenn ihr regelmäßiger Jahresarbeitsverdienst eine bestimmte Grenze nicht übersteigt;
3. Rentner der gesetzlichen Rentenversicherung;
4. Hausgewerbetreibende, selbständige Lehrer, Musiker u.a., die keine Angestellten beschäftigen, sofern ihr regelmäßiger Jahresarbeitsverdienst einen bestimmten Betrag nicht übersteigt; alle Landwirte; selbständige Künstler und Publizisten;
5. Wehrpflichtige, die im Zeitpunkt der Einberufung versicherungspflichtig waren;

6. Arbeitslose, die Arbeitslosengeld oder Arbeitslosenhilfe beziehen;
7. Studenten der staatlichen und staatlich anerkannten Hochschulen;
8. Behinderte und Übergangsgeldbezieher, die an berufsfördernden Maßnahmen teilnehmen.

Worin bestehen die Leistungen, die von der gesetzlichen Krankenversicherung den Versicherten gewährt werden?

Die Leistungen der gesetzlichen Krankenversicherung bestehen in:

1. der Krankenhilfe (Krankenpflege, Krankengeld, Krankenhauspflege, Hausgeld);
2. der Mutterschaftshilfe (Übernahme der Entbindungskosten, Gewährung von Mutterschaftsgeld);
3. der Zahlung von Sterbegeld;
4. der Familienhilfe (Familienkrankenpflege, Familienwochenhilfe, Familiensterbegeld).

Wie hoch sind die Beiträge zur gesetzlichen Krankenversicherung, und wer zahlt sie?

Die Beitragshöhe richtet sich nach der Kassensatzung der einzelnen Krankenkassen (etwa 13 % des Grundlohnes).

Den Beitrag für Auszubildende und Beschäftigte mit einem Einkommen von nicht mehr als 10 % der monatlichen Beitragsbemessungsgrenze der Rentenversicherung trägt der Ausbildende bzw. Arbeitgeber allein. Im übrigen zahlen der Arbeitgeber und der Arbeitnehmer je die Hälfte.

Die pflichtversicherten Rentner erhalten zu ihren Beiträgen einen Zuschuß vom Rentenversicherungsträger. Pflichtversicherte Selbständige und Studenten tragen ihre Beiträge selbst. Für Arbeitslose zahlt die Bundesanstalt für Arbeit, für Wehrpflichtige der Bund, für Übergangsgeldbezieher und Behinderte die Träger der Rehabilitation, für selbständige Künstler und Publizisten die Künstlersozialkasse.

Welche Pflichten entstehen dem Arbeitgeber im Rahmen der gesetzlichen Krankenversicherung?

Der Arbeitgeber ist verpflichtet:

1. die Versicherungspflichtigen mit Meldevordruck binnen bestimmter Fristen an- bzw. abzumelden. Fristen: Anmeldung 14 Tage, Abmeldung 6 Wochen.
2. Beitragsanteile der Versicherten zu errechnen, vom Lohn abzuziehen und mit dem eigenen Beitragsanteil an den festgesetzten Zahltagen zu überweisen;
3. das dem Arbeitsunfähigen von der Kasse ausgehändigte Verdienstbescheinigungsformular sorgfältig auszufüllen;
4. bei Revision durch Prüfer der Kasse die Vorlage aller notwendigen Unterlagen zu gewähren.

Wer hat die Beiträge für die gesetzliche Unfallversicherung zu leisten?

Die Beiträge zur gesetzlichen Unfallversicherung, in die alle Arbeitnehmer (Arbeiter, Angestellte, Auszubildende, Heimarbeiter) eines Betriebes einbezogen sind, hat der Arbeitgeber zu tragen und an die jeweilige Berufsgenossenschaft abzuführen.

Wie weit reicht der Versicherungsschutz aus der gesetzlichen Unfallversicherung?

Versichert sind alle Unfälle auf dem Weg zur Arbeitsstätte und zur Berufsschule, im Betrieb, beim Betriebssport und auf dem Heimweg. Versichert sind außerdem die Berufskrankheiten.

Welche Pflichten obliegen dem Arbeitgeber im Rahmen der Unfallversicherung?

Der Arbeitgeber ist verpflichtet:

1. Beginn und Veränderung eines Betriebes innerhalb einer Woche der Berufsgenossenschaft zu melden;
2. binnen sechs Wochen nach Ablauf des Geschäftsjahres der Berufsgenossenschaft einen Lohnnachweis vorzulegen;

3. für strengste Befolgung der Unfall- und Krankheitsverhütungsvorschriften zu sorgen;
4. einen Unfall mit tödlichem Ausgang oder Verletzungen, die eine mehr als dreitägige Arbeitsunfähigkeit bedingen, innerhalb drei Tagen auf vorgeschriebenem Vordruck der Berufsgenossenschaft zu melden. Bei einem Todesfall ist auch Meldung an das Gewerbeaufsichtsamt und die Ortspolizeibehörde erforderlich.
5. jeden Unfallverletzten unverzüglich dem D-Arzt (Facharzt) zuzuführen. (Sämtliche Chefärzte der Unfall-Krankenhäuser sind D-Ärzte.)

Werden diese Pflichten vorsätzlich oder fahrlässig verletzt, so können Ordnungsstrafen bis zu 20 000,— DM verhängt werden.

Worin bestehen die Leistungen der Rentenversicherung?

Der Versicherte hat bei Eintreten des Versicherungsfalles Anspruch auf:

1. Heilbehandlung, insbesondere Behandlung in Kur- und Badeorten;
2. Berufsförderung, wie Umschulung und Stellenvermittlung;
3. soziale Betreuung durch Gewährung von Übergangsgeld;
4. Gewährung von Renten, z.B. Altersrente, Berufsunfähigkeitsrente, Erwerbsunfähigkeitsrente, Witwenrente, Waisenrente.

Wonach richtet sich die Höhe des Altersruhegeldes aus der Rentenversicherung?

Die Höhe des Altersruhegeldes hängt ab:

1. vom Verdienst des Versicherten während der Versicherungszeit;
2. von der allgemeinen Verdiensthöhe zur Zeit der Rentenfestsetzung;

3. von der Dauer der anrechnungsfähigen Versicherungszeiten;
4. von der Höhe und dem Zeitpunkt geleisteter Zusatzbeiträge.

Welche Pflichten hat der Arbeitgeber im Rahmen der Rentenversicherung zu erfüllen?

Der Arbeitgeber ist verpflichtet:

1. die Beiträge an die zuständige Krankenkasse abzuführen;
2. bis zum 31. März des Folgejahres den Versicherungsnachweis über den Jahresarbeitsverdienst auszufüllen;
3. Betriebsunterlagen zur Kontrolle durch Krankenkassen, LVA oder BfA bereitzuhalten.

Worin bestehen die Leistungen der Arbeitslosenversicherung?

Die Leistungen der Arbeitslosenversicherung bestehen in:

1. der Zahlung von Arbeitslosengeld;
2. der Zahlung von Arbeitslosenhilfe;
3. der Zahlung von Krankenversicherungsbeiträgen für die Arbeitslosen;
4. der Zahlung von Kurzarbeitergeld, Schlechtwettergeld;
5. der Finanzierung von Berufsfortbildung und Umschulung, Ausbildungsbeihilfen u.ä.

Wer hat Anspruch auf die Zahlung des Kurzarbeitergeldes aus der Arbeitslosenversicherung?

Anspruch auf das Kurzarbeitergeld haben Versicherte, deren Arbeitszeit infolge eines auf wirtschaftlichen Ursachen beruhenden unvermeidbaren Arbeitsausfalls um mehr als 10 % bei mindestens einem Drittel der Arbeitnehmer in 4 Wochen gekürzt ist.

Welche Gerichte der Sozialgerichtsbarkeit gibt es, und welche Streitigkeiten werden dort entschieden?

Die Gerichte sind eingeteilt in:

1. die Sozialgerichte;
2. die Landessozialgerichte;
3. das Bundessozialgericht.

Die Sozialgerichte sind für alle Streitfragen aus der Sozialversicherung und der Kriegsopferversorgung zuständig.

5. Aufgaben der Personalabteilung

Welche Arbeiten gehören in den Tätigkeitsbereich der Personalabteilung?

Zum Tätigkeitsbereich der Personalabteilung gehören:

1. die Arbeitsplatzbewertung und die Erstellung einer Gehalts- und Lohnordnung;
2. die Arbeitsplatzbesetzung, also Einstellung, Versetzung und Entlassung von Arbeitnehmern;
3. die rechtliche Gestaltung der Arbeitsverhältnisse auf der Grundlage des Arbeitsrechtes und die Bearbeitung von Rechtsstreitigkeiten aus Arbeitsverhältnissen;
4. die Überwachung des Betriebsschutzes (Unfallverhütungsmaßnahmen) und des Arbeitsschutzes (Arbeitszeit und -pausen, Urlaub, Jugendarbeitsschutz);
5. die Führung und Aufbewahrung der Personalkarten;
6. die Errechnung und Auszahlung der Löhne und Gehälter;
7. die Ausbildung und Fortbildung der Arbeitnehmer durch Kurse, Einrichtung von Werksschulen;
8. die soziale Betreuung durch inner- und außerbetriebliche Fürsorge in Form von Werksküchen, Sporteinrichtungen, Ausbildungsunterstützungen, Altersversorgung, Betriebsfeiern, Zuwendungen zu Jubiläen usw.

Was ist unter einer Arbeitsplatzbewertung zu verstehen?

Die Arbeitsplatzbewertung besteht aus einer gesonderten Analyse und Bewertung jedes einzelnen Arbeitsplatzes. Die Voraussetzung dafür ist eine genaue, vollständige Beschreibung der erforderlichen körperlichen, geistigen und sozialen Tätigkeiten an einem bestimmten Arbeitsplatz. Die Vorteile einer Arbeitsplatzbewertung sind: gerechte Verteilung der Arbeit, Abstimmung der einzelnen Arbeitsgebiete, gerechte Entlohnung, Unterstützung der Personalabteilung bei der Stellenbesetzung.

Welche Bedeutung haben der Organisationsplan und der Stellenplan im Rahmen der Personalverwaltung?

Der Organisationsplan enthält die Aufgabengliederung der einzelnen Abteilungen, Gruppen und Arbeitsplätze im Betrieb. Mit dem Organisationsplan können die einzelnen Verantwortungsbereiche festgelegt und der Arbeitsablauf überwacht werden.

Der Stellenplan baut auf dem Organisationsplan auf und bezeichnet die Anzahl der Arbeitskräfte für die einzelnen Abteilungen und ihre Aufgaben. Aus ihm ist zu erkennen, ob die Stellen besetzt und welche Plätze unbesetzt sind.

Welche Möglichkeiten stehen der Personalabteilung zur Verfügung, Bewerber für freie Arbeitsplätze zu finden?

Die Personalabteilung hat die Möglichkeit:

1. Zeitungsinserate aufzugeben;
2. sich an Arbeitsämter zu wenden;
3. Kontakt zu Tagesschulen, Berufsschulen, Fachschulen, Fachhochschulen, Universitäten aufzunehmen;
4. Ausschreibungen im Betrieb vorzunehmen;
5. sich der Vermittlung von Mitarbeitern des Betriebes zu bedienen;
6. Auszubildende nach beendeter Ausbildungszeit als Angestellte bzw. Arbeiter zu übernehmen.

Welche Merkmale eines Bewerbungsschreibens lassen auf die Eigenschaften des Stellenbewerbers schließen?

Für die Beurteilung des Stellenbewerbers können aus dem Bewerbungsschreiben als Merkmale herangezogen werden:

1. der Stil – bestimmt, klar; unbestimmt, weitschweifig;

2. die Rechtschreibung – sprachliches Interesse, Gründlichkeit; Ausbildungslücken, Nachlässigkeit;
3. die Schrift – klar, regelmäßig; unregelmäßig, unbeholfen;
4. die Darstellung – ordentlich, sorgfältig, methodisch; unsauber, planlos;
5. der Inhalt – vollständig; unvollständig.

Welche Punkte sollten in einem Anstellungsgespräch mit einem Stellenbewerber angeschnitten werden, um sich ein genaueres Bild über die Kenntnisse, Fähigkeiten und Denkweise des Bewerbers machen zu können?

Die persönliche Unterredung sollte sich erstrecken auf:

1. die schulische und berufliche Ausbildung;
2. die Tätigkeit nach beendeter Ausbildung;
3. die Familienverhältnisse – wobei größter Takt erforderlich ist;
4. den Gesundheitszustand, vor allem, wenn die ausgeschriebene Tätigkeit bestimmte körperliche Qualifikationen verlangt (z.B. gute Sehkraft) bzw. bestimmte körperliche Belastungen mit sich bringt (z.B. langes Stehen);
5. die Freizeitbeschäftigung;
6. die Gründe für die Bewerbung.

Worauf ist während des Anstellungsgesprächs hinsichtlich der äußeren Erscheinung des Stellenbewerbers zu achten?

Eine wertvolle Ergänzung des Persönlichkeitsbildes ist möglich durch eine bewußte Beobachtung von Gesichtsausdruck (Blick, Mimik), Hände (Form, Beweglichkeit), Händedruck, Körperhaltung, Gang, Stimme (Klang, Stärke), Sprache (Akzent, Wortschatz), Kleidung (Sauberkeit, Geschmack), Umgangsformen.

Welche Möglichkeiten bestehen außer der Auswertung von schriftlichen Bewerbungsunterlagen und der persönlichen Vorstellung, die Eignung eines Stellenbewerbers zu prüfen?

Die fachliche und körperliche Eignung des Bewerbers sowie die Fähigkeit, sich einzuordnen und anzupassen, kann über die Prüfung der Bewerbungsunterlagen und das Verstellungsgespräch hinaus untersucht werden durch Einholung von Auskünften bei früheren Arbeitgebern, psychologische Untersuchungen (Tests), graphologische Gutachten, ärztliche Einstellungsuntersuchungen, Vereinbarung einer Probezeit.

Welche Angaben enthält die Personalakte?

Die Personalakte enthält alle erforderlichen Angaben über den einzelnen Mitarbeiter, z.B. Personalien, Berufsausbildung, Wehrdienst, bisherige Tätigkeit, Gehaltsgruppe. Alle Personalakten ergeben die Personalkartei.

Worauf erstreckt sich die Einsatzüberwachung im Rahmen der betrieblichen Personalpolitik?

Die Einsatzüberwachung erstreckt sich auf die Ordnungs- und Leistungskontrolle sowie die Wertung des Leistungsstandes der einzelnen Betriebsmitglieder.

Die Ordnungskontrolle erstreckt sich z.B. auf die Anwesenheit, die Ordnung und Sauberkeit am Arbeitsplatz, die Materialverwendung, Maßnahmen zur Unfallverhütung.

Die Leistungskontrolle hat die Aufgabe, die Qualität, Quantität und zeitgerechte Erledigung der geforderten Leistung sicherzustellen. Durch die Wertung des Leistungsstandes soll die bisherige Einsatzpolitik überprüft und sollen Unterlagen für die zukünftigen Maßnahmen geschaffen werden. Die Wertung der Leistungserstellung und Leistungsfähigkeit jedes Mitarbeiters bildet nicht nur die Grundlage für die Besetzung der Stellen und die Entlohnung, sondern auch für zukünftige Maßnahmen der Einsatzförderung.

Welche Maßnahmen im Betrieb dienen der Einsatzförderung?

Die Einsatzförderung umfaßt die Schulung und Information der Betriebsangehörigen.

Welche Arten der Schulung übernimmt der Betrieb?

Der Betrieb sorgt im Rahmen der Schulung entweder für eine Grundausbildung (Berufsausbildung, Anlernung, Umschulung) oder für eine Fortbildung (Spezialausbildung, z.B. in neuzeitlicher Bürotechnik, allgemeine berufliche Weiterbildung).

Welche Wege stehen dem Betrieb zur Verfügung, die Betriebsangehörigen ausreichend zu informieren?

Möglichkeiten zur Information der Betriebsangehörigen sind:

1. Betriebsmitteilungen am Schwarzen Brett;
2. Betriebszeitung;
3. Rundschreiben;
4. Betriebsversammlungen.

IV. Die verwaltungsorientierte Tätigkeit im kaufmännischen Betrieb

1. Die Organisation des Betriebes

Welche Aufgaben hat die Betriebsorganisation zu erfüllen?

Die Aufgaben der Betriebsorganisation bestehen darin:

1. die sich aus der Betriebsaufgabe ergebenden Arbeitsabläufe zweckmäßig zu gestalten sowie sinnvoll aufeinander abzustimmen und zusammenzufügen;
2. einen festen Plan vorzulegen, aus dem hervorgeht, in welcher Weise sich die Arbeitsabläufe zeitlich (Reihenfolge), räumlich (Verteilung auf die verschiedenen Betriebsabteilungen) und personell (Verteilung auf die verschiedenen Personen) ineinanderfügen;
3. alle im Betrieb vorkommenden Arbeitsabläufe auf ihre wirtschaftliche Ergiebigkeit zu kontrollieren.

Welche Erfordernisse sind an eine gute Betriebsorganisation zu stellen?

Die Erfordernisse einer guten Betriebsorganisation sind:

1. die Organisation muß den Besonderheiten des Betriebes entsprechend gestaltet sein;
2. die Organisation muß beweglich sein, d.h., sie muß sich Wirtschaftsänderungen rasch und reibungslos anpassen;
3. die Organisation muß dauernd weiterentwickelt und verbessert werden.

Welche Organisationstypen können hinsichtlich der personellen Aufstellung der organisatorischen Aufgaben unterschieden werden?

Nach der personellen Aufteilung der organisatorischen Aufgaben können unterschieden werden:

1. das Liniensystem, bei dem die Entscheidung über alle Organisationsfragen allein in den Händen des Betriebsleiters liegt, und ein einheitlicher Befehlsweg von der obersten Instanz bis zum letzten Auftragsempfänger gewährleistet ist;

2. das Stabsystem (funktionelle Organisation), bei dem die Entscheidung über bestimmte Organisationsaufgaben durch Personen erfolgt, die Innerhalb ihres Aufgabenbereiches (z.B. Einkaufsabteilung, Lagerverwaltung, Verkaufsabteilung) unter eigener Verantwortung tätig sind;
3. das Stab-Liniensystem, bei dem der Betriebsleiter grundsätzlich das Entscheidungsrecht in allen Organisationsfragen besitzt, die meisten Organisationsaufgaben aber Sachbearbeitern überträgt;
4. das Konferenzsystem, bei dem die verschiedenen Organisationsaufgaben durch Einzelpersonen entschieden werden, nachdem sie vorher von Kollegien beraten wurden.

Welche Vor- und Nachteile bietet das Liniensystem?

Der Vorteil des Liniensystems besteht in der einheitlichen Leitung des Betriebes. Der Nachteil dieses Systems liegt in der Schwerfälligkeit der Organisation. Wegen des langen Instanzenweges müssen bei allen Entscheidungen Zeitverluste in Kauf genommen werden.

Welche Vor- und Nachteile sind mit dem Stabsystem verbunden?

Der Vorteil des Stabsystems besteht darin, daß die einzelnen verantwortlichen Personen auf ihr verhältnismäßig kleines Aufgabengebiet spezialisiert sind und Entscheidungen rasch treffen können. Der Nachteil ist die Uneinheitlichkeit der Betriebsleitung. Es besteht die Gefahr, daß die einzelnen Maßnahmen der verschiedenen Abteilungsleiter sich überschneiden.

Welche Vorteile sprechen für das Stab-Liniensystem?

Das Stab-Liniensystem vereinigt in sich die Vorteile des Liniensystems und des Stabsystems. Durch das vorherrschende Entscheidungsrecht des Betriebsleiters wird eine einheitliche Willensbildung erreicht. Gleichzeitig bietet die Aufteilung der Organisationsaufgaben auf verschiedene Abteilungsleiter die Vorteile der Spezialisierung.

Wie kann die Organisation entsprechend den Betriebsfunktionen gegliedert werden?

Die Organisation kann entsprechend den Betriebsfunktionen gegliedert werden in:

1. Organisation der Betriebsleitung;
2. Organisation der Beschaffung;

3. Organisation der Produktion;
4. Organisation des Vertriebes;
5. Organisation der Verwaltung.

Worauf erstreckt sich die Grundfunktion der Betriebsleitung?

Der Betriebsleitung obliegen die Initiative, das Planen, Anordnen und Kontrollieren.

Durch welche Aufgaben ist die Verwaltung gekennzeichnet?

Die Verwaltung ist das ausführende Organ der Betriebsleitung. Ihre Aufgabe ist es, die dem Betrieb zur Verfügung stehenden Arbeitskräfte und die Bestände an Vermögenswerten wirtschaftlich einzusetzen und für ihr harmonisches Zusammenwirken zu sorgen.

In welchen Bereichen wird die Verwaltung tätig?

Der Tätigkeitsbereich der Verwaltung erstreckt sich auf die Personalverwaltung, Materialverwaltung, Kassenverwaltung und Rechnungsführung.

Welche Überlegungen sind für eine optimale Organisation der Verwaltungsarbeit im Betrieb anzustellen?

Kernpunkte dieser Überlegungen sind:

1. die räumliche und zeitliche Abstimmung der einzelnen Arbeitsvorgänge bei der Verwaltungsarbeit;
2. die zweckmäßige Gestaltung der Arbeitsräume und die sinnvolle Anordnung der Arbeitsplätze;
3. die Realisierung des Fließprinzips (Belegfluß) bei der Bearbeitung des Schriftgutes und der Belege;
4. die Ausstattung mit geeigneten arbeitssparenden Büromaschinen;
5. die Auswahl der richtigen Mitarbeiter;
6. die sinnvolle Anordnung von Pausen, Arbeitsbeginn und Arbeitsschluß;
7. das Bemühen um gerechte Entlohnung und gerechte Behandlung der Mitarbeiter;
8. die klare Abgrenzung der Kompetenzen sowohl zwischen den Mitarbeitern als auch zwischen Vorgesetzten und Mitarbeitern.

2. Die Organisationsmittel

a) Die rationelle Gestaltung des Arbeitsplatzes

Die zweckmäßige Gestaltung des Arbeitsplatzes ist von großem Einfluß auf die menschliche Arbeitsfreude, die Qualität und Quantität der Leistung. Welche Umwelteinflüsse können die Arbeitsleistung negativ oder positiv verändern?

Die Arbeitsleistung wird verändert durch:

1. mechanische Umwelteinflüsse – negativ z.B. durch Maschinenlärm, positiv durch Musik;
2. chemische Umwelteinflüsse – negativ z.B. durch Gase, Dämpfe, Staub, positiv durch chemische Mittel zur Reinigung und Aromatisierung der Luft;
3. thermische Umwelteinflüsse – negativ z.B. durch zu hohe oder zu niedrige Raumtemperatur und Luftfeuchtigkeit, positiv durch ein angemessenes Raumklima (einwandfreie Belüftung und Heizung, Klimaanlagen);
4. optische Umwelteinflüsse – negativ z.B. durch ungünstige Farben, schlechte Beleuchtung, falsche Raumaufteilung, positiv durch arbeitspsychologisch richtige Farbgestaltung, gute Beleuchtung, zweckmäßige Raumgrößen, geeigneten Raumschmuck.

Welche Anforderungen sind an die Gestaltung der einzelnen Arbeitsplätze zu stellen?

Die Anforderungen an die einzelnen Arbeitsplätze sind:

1. Arbeitsgegenstand und Arbeitsmittel sind dem arbeitenden Menschen am Arbeitsplatz so zuzuordnen, daß sie entsprechend dem folgerichtigen Verlauf der Arbeit schnell und sicher überblickt und bequem ergriffen werden können;
2. unmittelbar am Arbeitsplatz sind nur die ständig benötigten Arbeitsmittel aufzubewahren;
3. Arbeitsgegenstand und Arbeitsmittel sind so zu kennzeichnen, daß sie auch aus einer größeren Masse heraus schnell und eindeutig erkannt und ergriffen werden können;

4. die Arbeitsplätze sind so anzulegen, daß das Licht von links oder von vorn einfällt, damit der Schatten der Hand nicht auf den zu bearbeitenden Stoff fällt.

Welche Büromöbel erfüllen die Anforderungen an einen zweckmäßigen Arbeitsplatz im Büro?

Geeignete Büromöbel sind z.B.:

Organisationsschreibtische mit wandelbarer Inneneinrichtung, mit Vorrichtungen für Maschinen, Karteien, Schriftgut und sonstige Arbeitsmittel; Bürostühle mit verstellbarem und drehbarem Sitz, elastischer Rückenstütze;

Registraturmöbel in Form von Gestellen, Anbau- bzw. Aufbauregalen, Großraumschränken mit Hängeablage, Hängerollkörbe, Tischbänder, Anstellgeräte für die Pendelablage.

b) Die Normung des Schriftgutes

Was ist unter Normung zu verstehen?

Normung bedeutet die Vereinheitlichung von Einzelteilen. Darüber hinaus legt sie Begriffe, Benennungen, Kennzeichen, Arten, Größen, Formen, Abmessungen, Stoffe, Genauigkeiten, Prüfverfahren, Sicherheitsbestimmungen u.a. fest.

Welche Normen bearbeitet der Deutsche Normenausschuß?

Der Deutsche Normenausschuß (DNA) bearbeitet folgende Normen:

1. Grundnormen, die sich auf die verschiedensten Gebiete der Technik und Wirtschaft erstrecken, z.B. die genormten Wechsel- und Scheckformulare;
2. Werkstoffnormen, die Bezeichnungen, Zusammensetzung, Eigenschaften und Lieferungsbedingungen für Werkstoffe festlegen;
3. Maßnormen, die sich auf die Abmessungen der verschiedenen Erzeugnisse beziehen, z.B. für Briefblätter DIN A 4 210 x 297 mm.

Welche Normen sind dem Geltungsbereich nach zu unterscheiden?

Dem Geltungsbereich nach sind zu unterscheiden:

1. Werknormen, die innerhalb eines einzelnen Betriebes Verwendung finden;

2. Fachnormen, die nur für eine bestimmte Industrie-Fachgruppe Bedeutung haben, z.B. Normen für die Elektro-Industrie;

3. Deutsche Industrienormen (DIN), die innerhalb der gesamten deutschen Industrie Geltung haben und vom Deutschen Normenausschuß bearbeitet werden;

4. Internationale Normen, die über die Ländergrenzen hinaus Verwendung finden, z.B. Container im internationalen Güterverkehr, Schriftgrade.

Welche Vorteile bietet die Normung?

Durch die Verringerung der Typenzahlen werden die Herstellungsserien vergrößert und damit die Herstellungskosten gesenkt. Reparaturen werden verbilligt. Die Lagerhaltung wird vereinfacht, weil nur noch wenige gängige Sorten zur Verfügung gehalten werden müssen. Die Verbraucher sind nicht mehr an bestimmte Lieferunternehmen gebunden.

Welche Vorteile bietet die Normung des Schriftgutes?

Das im Betrieb verwendete Schriftgut ist nach Format, Aufdruck und Beschriftung genormt. Die Normung des Schriftgutes ist ein wesentliches Rationalisierungsmittel. Sie ermöglicht eine schnelle und sichere Arbeit, erhöht die Übersichtlichkeit, vermeidet Irrtümer und Ungenauigkeiten, erleichtert die Ablegearbeit.

Welches ist die wichtigste Formatnormung?

Der Deutsche Normenausschuß hat für die Formatnormung eine A-, B-, C- und D-Reihe festgelegt, wovon im Geschäftsverkehr vornehmlich die Formate der A-Reihe verwendet werden. Die Reihen B, C und D gelten für von der Reihe A abhängende Größen, z.B. für Hefter, Briefumschläge.

Welche genormten Papiergrößen enthält die Reihe A nach DIN?

Die genormten Papiergrößen der Reihe A nach DIN sind:

A 0 1 m^2 z.B. für Landkarten, Plakate;

A 1 1/2 m^2 z.B. für Landkarten, Zeichnungen;

A 2 1/4 m^2 z.B. für Zeitungen, Zeichnungen;

A 3 1/8 m^2 z.B. für Statistiken;

A 4 1/16 m^2 z.B. für Briefblätter, Hefte;

A 5 1/32 m^2 z.B. für Halbbriefblätter, Hefte;

A 6 1/64 m^2 z.B. für Postkarten, Notizhefte;

A 7 1/128 m^2 z.B. für Karteikarten, Schilder.

Durch fortgesetztes Falzen des Grundformates ergeben sich die Teilformate.

Die Klassennummern bezeichnen die Anzahl der Falzungen; so ergibt sich z.B. A 4 durch viermaliges Falzen des Grundformates A 0.

Worin besteht der genormte Aufdruck des Briefblattes?

Der genormte Aufdruck des Briefblattes enthält den Briefkopf mit Angaben über das Unternehmen, die Postanschrift des Absenders und das Feld für Eingangs- und Bearbeitungsvermerke des Empfängers, ferner Leitwörter („Ihre Zeichen", „Ihre Nachricht vom", „Unsere Nachricht vom", „Unsere Zeichen"), den Betreffvermerk sowie bestimmte Marken und Striche (Faltmarke, Lochmarke, Warnzeichen).

Welche Vorteile bietet die Normung des Aufdruckes?

Der wesentliche Vorteil der Normung des Aufdruckes besteht in der Zeit- und Arbeitsersparnis, weil gleiche Angaben immer wieder an der gleichen Stelle zu finden sind. Darüber hinaus besteht die Möglichkeit, verschiedene Schriftstücke im Durchschreibeverfahren zu beschriften, z.B. Auftragsbestätigung, Rechnung, Lieferschein.

Worauf erstreckt sich die Normung der Beschriftung von Schriftstücken?

Das Normblatt DIN 5008 enthält „Regeln für Maschinenschreiben" und bezieht sich z.B. auf die Breite des Heftrandes, das Anschriftenfeld, die Anordnung des Textes in Blockform, das Schreiben von Zahlenaufstellungen, das Hervorheben durch Sperren und Unterstreichungen.

Welches sind die wichtigsten Vordrucknormen, die im Büro Verwendung finden?

Die wichtigsten Vordrucknormen für das Büro sind:

Briefblatt A 4	DIN 676
Halbbriefblatt A 5	DIN 677
Postkarte und Kleinbriefblatt A 6	DIN 679

Rechnung A 4, A 5, A 6	DIN 4991
Bestellung A 4, A 5, A 6	DIN 4992
Bestellungsannahme A 4, A 5, A 6	DIN 4993
Lieferschein A 4, A 5, A 6	DIN 4994
Blöcke und Durchschreibebücher	DIN 4999
Schecks	DIN 5003
Wechsel	DIN 5004

Welche Grundsätze sollten bei der Gestaltung innerbetrieblicher Formulare beachtet werden?

Für die Gestaltung von Formularen sollten beachtet werden:

1. verständliche Bezeichnung des Formulars;
2. alle erforderlichen Angaben in der Reihenfolge ordnen, wie sie in der Regel eingetragen oder gebraucht werden;
3. bei der Bemessung der Spaltenbreite und Zeilenhöhe die Typen und Zeilenabstände der Schreib- oder Buchungsmaschinen berücksichtigen;
4. besonders wichtige Felder oder Spalten mit fetten Linien umrahmen;
5. innerbetrieblich häufig verwendete Formulare mit bestimmten Farben versehen;
6. soweit erforderlich, einen Heftrand vorsehen und die Lochung maschinell herstellen lassen;
7. bei der Einführung neuer Formblätter Ort, Art und Dauer der Ablage festlegen;
8. von jedem Formular ein Muster in einem besonderen Ordner ablegen.

Welche Vorteile bieten sorgfältig gestaltete Formulare?

Die Vorteile von guten Formularen sind:

1. Ersparnis der Schreibarbeit;
2. übersichtliche Ordnung des Inhaltes;
3. Sicherheit, daß keine Eintragung vergessen wurde;
4. Kostenersparnis.

c) Die Einrichtung von Karteien

Wodurch ist die Kartei gekennzeichnet?

Die Kartei ist eine Sammlung von Merk- oder Buchungsstoff auf gleichförmigen Karten (oder Blättern – Blattei; oder Platten – Plattei; oder externen Speichern – Datei). Die Kartei ermöglicht eine übersichtliche Gliederung der zu erfassenden Gegenstände und Stoffe.

Wo findet die Kartei im kaufmännischen Bereich Verwendung?

Die Kartei wird z.B. verwendet bei der Loseblattbuchhaltung (Haupt- und Nebenbuchführung wie Waren-, Lieferanten-, Kunden-, Wechselkartei), auf dem Lager (Lagerkartei), in der Personalabteilung (Personalkartei).

Welche Vorteile bietet die Kartei gegenüber dem Buch?

Die Kartei gehört zu den beweglichsten Arbeitsmitteln. Ohne Schwierigkeiten läßt sich das Kartenmaterial sortieren, umsortieren, erweitern, vermindern, auswechseln. Einzelne Karten können schnell gefunden, aus der Kartei herausgenommen und zum Bearbeiten von einzelnen Vorgängen herangezogen werden.

Aus welchen Teilen besteht die Kartei?

Die Kartei besteht aus Karten, Behältern und Leitmitteln.

Welche Normgrößen werden in der Regel für die Karten verwendet?

Die verwendeten Karten haben gewöhnlich die Größen DIN A 4, A 5, A 6 und A 7.

Welche Hilfsmittel dienen der richtigen Einordnung und schnellen Auffindung der Karten?

Gruppen von Grundkarten werden durch Leitkarten geordnet. Besondere Merkmale werden auf den einzelnen Karten durch Tabe, Kerben oder Reiter verschiedener Form und Farbe kenntlich gemacht.

Welche Möglichkeiten bestehen für die Aufbewahrung der Karten?

Die Karten werden in ansetzbaren Karteikästen, feststehenden oder fahrbaren Holz- oder Metalltrögen untergebracht und in Schränken oder Schreibtischzügen aufbewahrt.

In den Behältern werden sie steil stehend (Steilkartei), hängend (Hängekartei) oder schuppenartig übereinanderliegend (Flachkartei) untergebracht.

Durch Schließstangen können die Karten vor unbefugtem Herausnehmen aus den Behältern gesichert werden.

Nach welchen Ordnungssystemen kann eine Bezugsquellenkartei gegliedert werden?

Eine Bezugsquellenkartei kann gegliedert werden nach:

1. Artikeln (Warenkartei, Artikelkartei);
2. Lieferanten (Liefererkartei);
3. Ländern, Städten;
4. verbundenen und unabhängigen Unternehmen (Eigen- und Fremdlieferer).

d) Die Registratur

Welchem Zweck dient die Registratur (Schriftgutablage)?

Die Registratur ist die Aufbewahrungsstätte des gesamten inner- und außerbetrieblichen Schriftwechsels. Sie ist die wichtigste Auskunftsstelle des Betriebes. Mit Hilfe einer übersichtlich geordneten Schriftgutablage können Schriftstücke schnell aufgefunden und der Schriftwechsel pünktlich erledigt werden. Die Registratur dient außerdem der Erfüllung der gesetzlichen Aufbewahrungsvorschriften.

Welche gesetzlichen Aufbewahrungsvorschriften sind vom kaufmännischen Betrieb zu beachten?

Es bestehen die folgenden gesetzlichen Bestimmungen für die Aufbewahrung von Schriftgut:

1. handelsrechtliche Vorschriften in den §§ 38 und 44 HGB, wonach Handelsbücher, Bilanzen, Inventare, empfangene Handelsbriefe, Wiedergaben der abgesandten Handelsbriefe und Buchungsbelege aufzubewahren sind;
2. steuerrechtliche Vorschriften in §§ 146 und 147 der Abgabenordnung (AO).

Sowohl nach dem HGB als nach der AO gelten die folgenden Aufbewahrungsfristen:

10 Jahre für Handelsbücher, Inventare und Bilanzen;

6 Jahre für das übrige Schriftgut.

Die Fristen beginnen mit dem Schluß des Kalenderjahres, in dem ein Vorgang erledigt ist.

Welcher Standort kann für die Registratur in Betracht kommen?

Welcher Standort zu wählen ist, hängt von der Eigenart des Betriebes, dem Umfang des Schriftgutes und der Häufigkeit, mit der es benötigt wird, ab. In Betracht kommen:

1. die Platzablage – das Schriftgut ist am Arbeitsplatz, am besten im Schreibtisch untergebracht;
2. die Stellenablage – das Schriftgut befindet sich im Raum des oder der betreffenden Sachbearbeiter und kann von allen Mitarbeitern einer Abteilung gemeinsam benutzt werden;
3. die Zentralablage – das gesamte Schriftgut wird an einem zentralen Ort aufbewahrt und ermöglicht einen geschlossen Überblick.

Wodurch unterscheidet sich das Archiv von der Registratur?

Während in der Registratur Schriftgut von vorübergehendem Wert aufbewahrt wird, enthält das Archiv Schriftstücke von bleibendem Wert (Wertablage). Archiviert werden z.B. Urkunden, Verträge, Patentakten, Zeichnungen.

Welche Ablageformen stehen für die Aufbewahrung des Schriftgutes zur Auswahl?

Für die Aufbewahrung des Schriftgutes stehen konventionelle Ablageformen und/oder technische Medien zur Verfügung. Bei den konventionellen Ablageformen stehen zur Auswahl:
die geheftete Ablage oder die Loseblatt-Ablage;
die Buchablage (bibliothekarische oder Ordner-Ablage);
die Vertikal-Ablage (Steilablage, Hängeablage, Pendelablage);
die Horizontal-Ablage (Flachablage).

Die Ablage mit Hilfe technischer Medien erfolgt auf Festplatten, Disketten, Magnetbändern u.ä.

Welche Ordnungssysteme finden in der Registratur Anwendung?

Die wichtigsten und gebräuchlichsten Ordnungssysteme sind:

1. die alphabetische Ordnung, sie ist anwendbar für Namen, Orte, Gebiete;
2. die numerische Ordnung, entweder mit fortlaufenden natürlichen Zahlen oder nach dem Dezimalsy-

stem; sie ist z.B. zweckmäßig bei Versicherungsgesellschaften (nach Policen-Nummern), Banken (nach Konten-Nummern);

3. die alpha-numerische Ordnung, die eine Kombination der alphabetischen mit der numerischen Ordnung darstellt;

4. die mnemotechnische Ordnung (Ordnung mit Gedächtnishilfen), die solche Buchstaben enthält, die eine Beziehung zu dem betreffenden Gebiet herstellen, z.B. G für Geschäftsleitung, E für Einkauf, W für Werbung.

Innerhalb der genannten Ordnungssysteme wird in der Regel chronologisch, d.h. nach der Zeitfolge, nach dem Datum, abgelegt.

Wofür ist die Aufstellung eines Aktenplanes erforderlich?

Mit dem Aktenplan wird das System festgelegt, nach dem das Schriftgut zu sortieren und abzulegen ist. Die Bezeichnung aus dem Aktenplan muß in Form des Aktenzeichens auf jedem zu registrierenden Schriftstück erscheinen, damit die Richtigkeit der Ablage sichergestellt ist.

Welche Hilfe bietet das Mikrofilmverfahren in der Registratur?

Mit Hilfe des Mikrofilmverfahrens können Schriftstücke auf Mikrofilme verkleinert werden. Es gewinnt zunehmend an Bedeutung wegen des geringen Raumbedarfes bei der Aufbewahrung der Filme. Der Mikrofilm ersetzt entweder das Originalschriftstück oder existiert aus Sicherheitsgründen neben der Originalablage.

Welches Schriftgut gehört in die Altablage und welches ist zu vernichten?

In regelmäßigen Abständen sollte aus der Registratur das tote Schriftgut, dessen Zeitwert unbedeutend geworden ist, heraussortiert werden. Sind gesetzlich vorgeschriebene Aufbewahrungsfristen zu beachten und noch nicht abgelaufen, gehört dieses Schriftgut in die Altablage. Nicht mehr aufbewahrungswürdiges Schriftgut, für das keine gesetzlichen Aufbewahrungsvorschriften bestehen bzw. für das die Fristen abgelaufen sind, wird vernichtet.

e) Der Einsatz mechanischer, elektromechanischer und elektronischer Büromaschinen

Nennen Sie Beispiele für mechanische, elektromechanische und elektronische Büromaschinen.

Die Funktionen der Büromaschinen werden ganz oder teilweise

1. mechanisch realisiert bei manuellen Schreibmaschinen, handbetriebenen Umdruckmaschinen;
2. elektromechanisch realisiert bei elektrischen Schreibmaschinen, durch Elektromotoren angetriebenen Druckmaschinen;
3. elektronisch realisiert bei den durch Mikroprozessoren gesteuerten Schreibmaschinen, Tischrechnern, Personal-Computern.

Erläutern Sie am Beispiel des Tischrechners die Entwicklung von der mechanischen über die elektromechanische bis zur elektronischen Büromaschine.

Bei dem mechanischen Tischrechner werden alle Funktionen durch Handbetrieb ausgeführt, z.B. durch Drehen einer Kurbel und Einstellen von Zahlenrädern.

Bei dem elektromechanischen Tischrechner wird das Rechenwerk durch einen Elektromotor angetrieben. Zahlen und Ergebnisse werden gedruckt.

Bei dem elektronischen Tischrechner werden durch Tastendruck elektrische Signale erzeugt, die von einem elektronischen Baustein (Chip) verarbeitet werden. Die Zahlen und Ergebnisse werden optisch angezeigt und/oder gedruckt. Neben den Grundrechnungsarten sind zahlreiche weitere Funktionen, z.B. Speichern, Wurzel- und Prozentrechnung sowie Rundung möglich.

Für welche Tätigkeitsbereiche können die Büromaschinen zum Einsatz kommen?

Büromaschinen kommen zum Einsatz für

1. die Schreibarbeiten – Schreibmaschinen, Diktiergeräte, Vervielfältigungsgeräte;
2. die Rechen- und Buchungsarbeiten – Registrierkassen, Geldzähl- und Sortiermaschinen, Rechenmaschinen, Buchungsmaschinen, Fakturiermaschinen;

3. die Nachrichtenübermittlung – Fernschreiber, Fernkopierer, Rohrpostanlagen;
4. die Versandarbeiten – Adressiermaschienen, Brieföffnungs- und Briefschließmaschinen, Brieffalzmaschinen, Kuvertiermaschinen, Frankiermaschinen.

Worin liegt die Wirtschaftlichkeit von Diktiergeräten begründet?

Die Wirtschaftlichkeit von Diktiergeräten liegt darin, daß:

1. das Diktiergerät zu jeder Zeit und an jedem Ort einsatzbereit ist;
2. während des Diktates die Schreibkraft für andere Tätigkeiten frei ist;
3. u.U. vom Diktiergerät schneller geschrieben werden kann als vom Stenogramm;
4. der Schreibstoff auf verschiedene Schreibkräfte verteilt werden kann (von besonderer Bedeutung bei einem zentralen Schreibbüro);
5. fremdsprachliche Diktate auch dann möglich sind, wenn die Schreibkraft in der Fremdsprache nicht stenografieren kann.

Welche Vervielfältigungsverfahren spielen in der modernen Bürotechnik eine Rolle?

An Vervielfältigungsverfahren sind zu unterscheiden:

1. das Umdruckverfahren, bei dem der Druckträger einmalig eingefärbt wird und dann durch Befeuchten mit einer Speziallösung immer einen Teil der Farbe auf das Abzugspapier überträgt;
2. das Schablonen- und Bürodruckverfahren, bei dem die Druckträger (mit einer Wachsschicht versehene Schablonen, Metallfolien, von Hand gesetzte Bleilettern, Gummiklischees) laufend eingefärbt werden und die Farbe auf das Vervielfältigungspapier übertragen.

Welche Kopierverfahren finden im Büro Verwendung?

An Kopierverfahren finden Verwendung:

1. das Fotokopierverfahren, bei dem lichtempfindliches Papier eine Ablichtung des Originals aufnimmt;

2. das Thermo- oder Wärmekopierverfahren, bei dem Infrarotstrahlen durch Wärme eine chemische Reaktion auslösen, die zu einer Wiedergabe des Originals auf Kopierpapier führt;
3. das elektrostatische Kopierverfahren, bei dem eine Übertragung des Originals ohne Flüssigkeit auf normales Papier mit Hilfe der Elektrostatik erfolgt.

Welche Dienstleistung bietet die Deutsche Bundespost mit dem Telefaxdienst an?

Mit dem Telefaxdienst stellt die DBP ein Übertragungsverfahren zur Verfügung, mit dem Diagramme, Formeln, Zeichnungen, Fotografien, Unterschriften usw. fernkopiert werden können. Das Fernkopieren läuft über das Fernsprechnetz und kostet soviel wie ein Telefongespräch gleicher Dauer über die gleiche Distanz. Auch ohne eigenen Fernkopierer kann diese Kommunikationsform über den Telebriefdienst der Post genutzt werden.

Welchem Zweck dienen Frankiermaschinen (Freistempler)?

Frankiermaschinen dienen dem Freimachen der Postsendungen und ersparen das Kaufen und Aufkleben von Briefmarken. Neben dem Stempelabdruck für die Gebühr kann zusätzlich ein Werbeabdruck gestempelt werden, dessen Text allerdings von der Post genehmigt sein muß.

Kennzeichnen Sie den Unterschied zwischen der Schreibmaschine und der Textverarbeitungsanlage.

Mit der Schreibmaschine wird jedes Schriftstück einzeln durch den manuellen Anschlag des Sachbearbeiters erstellt.

Die Textverarbeitungsanlage besteht aus:
Tastatur zur Eingabe von Texten;
Bildschirm zur Anzeige des eingegebenen Textes;
Speicher zum Speichern von beliebigen Texten;
Drucker zur Ausgabe der Schriftstücke.

Die Texteingabe wird vielfältig unterstützt, z.B. durch Korrekturmöglichkeit oder automatischen Blocksatz. Vorhandene Textbausteine oder Daten (z.B. Adressen) werden automatisch übernommen. Mit dem Drucker können automatisch Kopien und unterschiedliche Schriftarten erzeugt werden.

f) Die elektronische Datenverarbeitung

Wodurch unterscheidet sich im wesentlichen die elektronische Datenverarbeitung von der manuellen Datenverarbeitung?

Bei der elektronischen Datenverarbeitung werden Arbeits- und Denkvorgänge des Menschen weitgehend durch Maschinen (Computer) ersetzt.

Bei der manuellen Datenverarbeitung benutzt der Mensch die Maschinen nur als Werkzeug, die er selbst bedienen muß.

Welche Teilgebiete sind bei der elektronischen Datenverarbeitung zu unterscheiden?

Bei der elektronischen Datenverarbeitung werden folgende Teilgebiete unterschieden:

1. die Erfassung und Eingabe der zu verarbeitenden Daten;
2. die logische Verknüpfung von Daten;
3. die Speicherung von Daten;
4. die Ausgabe von Daten.

Aus welchen Teilen besteht eine EDV-Anlage?

Eine EDV-Anlage besteht aus:

1. Eingabegeräten, z.B. Tastatur oder Belegleser;
2. der Zentraleinheit;
3. externen Speichern, z.B. Magnetband oder Magnetplatte;
4. Ausgabegeräten, z.B. Drucker, Bildschirm.

Die Eingabe- und Ausgabegeräte und externen Speichereinheiten werden auch als Peripheriegeräte bezeichnet.

Die Datenerfassung kann „off-line“ oder „on-line“ erfolgen. Wodurch unterscheiden sich diese beiden Verfahren?

Bei der Off-line-Datenerfassung werden Eingabedaten auf Datenträgern mit Hilfe von Geräten erfaßt, die ohne Verbindung mit einer Zentraleinheit betrieben werden. Mit solchen Datenerfassungsgeräten (z.B. Magnetbandschreiber, Diskettenschreiber, Klarschriftdrucker) werden die Daten auf Magnetbändern/-platten erfaßt bzw. auf den jeweiligen Belegen gedruckt und durch Boten oder die Post transportiert. Bei der On-line-Datenerfassung stehen die Datenerfassungsgeräte über eine elektrische Leitung in Verbindung mit einer Zentraleinheit. Die Daten können direkt eingegeben bzw. eingelesen werden, z.B. über Datenendstationen (Terminals), durch optische Erfassung (Lesestift) oder mit Hilfe von Magnetband- / Magnetplattenleser.

Aus welchen Teilen setzt sich die Zentraleinheit (Central Processing Unit – CPU) zusammen, und welche Aufgaben haben diese Teile?

Die Zentraleinheit besteht aus Prozessoren mit Steuer- und Rechenfunktionen, dem Eingabe- / Ausgabewerk und dem Hauptspeicher. Der Prozessor steuert und überwacht den Gesamtablauf der Datenverarbeitung und führt algebraische und logische Rechenoperationen aus. Das Eingabe- / Ausgabewerk steuert den Datenaustausch zwischen der Zentraleinheit und den Peripheriegeräten. Der Hauptspeicher nimmt alle zur Verarbeitung benötigten Informationen auf; dazu gehören das Betriebssystem, Anwenderprogramme und Arbeitsdaten.

Welche unterschiedlichen Funktionen haben der Hauptspreicher innerhalb der Zentraleinheit und die externen Speicher?

Der Hauptspeicher hält die für eine bestimmte, aktuelle Verarbeitung erforderlichen Programme und Daten verfügbar. Der Speicherinhalt bleibt nur bei fortlaufender Stromzuführung bestehen (flüchtiger Speicher).

Die externen Speicher bewahren Datenbestände außerhalb der Zentraleinheit auf. Sie sind on-line mit der Zentraleinheit verbunden, so daß die Zentraleinheit Daten von ihnen abrufen oder an sie übertragen kann.

Welche Möglichkeiten der Datenausgabe gibt es?

Die Datenausgabe ist möglich:

1. über einen Drucker, der die Daten auf Papier ausdruckt – es gibt Schnelldrucker, die bis zu 120000 Zeilen in der Stunde schreiben können;
2. auf Speichereinheiten wie Magnetband oder Diskette;
3. über den Bildschirm oder Fernschreiber.

Eine EDV-Anlage besteht aus der sogenannten Hardware und Software. Was ist unter diesen Begriffen zu verstehen?

Hardware ist ein Sammelbegriff für die Geräte einer EDV-Anlage (Zentraleinheit, Eingabe- und Ausgabegeräte), die Verbindungskabel sowie die Datenträger (Diskette, Festplatte, Magnetband). Software ist ein Sammelbegriff für die Programme, die die Nutzung der Geräte erst möglich machen.

Bei der Software wird unterschieden zwischen Systemprogrammen und Anwenderprogrammen. Wodurch sind Systemprogramme gekennzeichnet?

Die Systemprogramme sind für den Betrieb der EDV-Anlage erforderlich. Sie bestehen aus:

1. Steuerprogrammen zum Steuern und Überwachen des Datenflusses und aller Hardwareteile;
2. Übersetzungsprogrammen zum Übersetzen der in einer Programmiersprache geschriebenen Anwenderprogramme in die Maschinensprache;
3. Dienstprogrammen, z.B. zum Formatieren von Datenträgern, Kopieren zur Datensicherung.

Die Systemprogramme werden zusammengefaßt auch als Betriebssystem bezeichnet und vom Hersteller der EDV-Geräte erstellt.

Wofür werden Anwenderprogramme benötigt?

Anwenderprogramme benötigt der Benutzer einer EDV-Anlage zur Lösung bestimmter betrieblicher Aufgaben, z.B. für die Finanzbuchhaltung, die Lohnbuchhaltung, die Fakturierung, den Zahlungsverkehr. Anwendungsprogramme gibt es als individuelle Software, die für die spezielle Nutzung in einem Unternehmen erstellt wird, und als Standard-Software, die von Software-Unternehmen einem größeren Benutzerkreis angeboten wird.

Typische Tätigkeiten im Bereich der EDV sind die des Operators, Programmierers und des Systemanalytikers. Worin bestehen jeweils die Tätigkeiten der genannten Fachkräfte?

Die Aufgaben des Operators umfassen die Bedienung und Beaufsichtigung der EDV-Anlage. Er sorgt z.B. dafür, daß das richtige Betriebssystem und die richtigen Datenbestände geladen, die Drucker funktionsfähig sind, bei Gerätemängeln der technische Dienst angefordert wird sowie die Datenbestände, die auf Bändern oder Platten gesichert sind, archiviert werden.

Die Aufgabe des Programmierers besteht darin, für bestimmte Probleme Programme zu schreiben.

Der Systemanalytiker erfaßt die betrieblichen Abläufe und arbeitet für die Lösung auf der EDV-Anlage die Programmvorgabe für den Programmierer aus.

Welche Arbeiten gehören zum Programmieren?

Zum Programmieren gehören:

1. die übersichtliche Darstellung des Problems, z.B. in einem Programmablaufplan, in dem die Aufgaben des Programms (Eingabe, Verarbeitung, Ausgabe) übersichtlich eingetragen werden;
2. die Codierung des Programms in einer Programmiersprache (die Umwandlung des Programms in eine Maschinensprache, d.h. in Befehle, die die Zentraleinheit ausführen kann, geschieht automatisch);
3. das Testen des Programms mit Testdaten, bis sicher ist, daß das Programm korrekt arbeitet.

Welche Programmiersprachen gibt es?

An Programmiersprachen gibt es:

1. die maschinenorientierte Programmiersprache, die die Funktionen der Zentraleinheit direkt anspricht;
2. die problemorientierte Programmiersprache,

   z.B. für kommerzielle Zwecke:
   - Cobol (Common Business oriented Language);
   - PL 1 (Programming Language 1);

   z.B. für wissenschaftliche Zwecke:
   - Fortran (Formula Translator);
   - Algol (Algorithmic Language).

   In der problemorientierten Programmiersprache kann der Programmierer sein Problem darstellen, ohne die Funktionen der Zentraleinheit zu kennen oder direkt anzusprechen. Das Programm in der problemorientierten Programmiersprache wird mit Hilfe eines Compiler- oder Interpreter-Programms automatisch in Maschinenbefehle übersetzt.

Wodurch sind die zentrale Datenverarbeitung und die dezentrale Datenverarbeitung gekennzeichnet?

Bei der zentralen Datenverarbeitung ist die EDV-Anlage in einem Rechenzentrum installiert. Die Belege, die an verschiedenen Stellen anfallen, werden ausschließlich von einer zentralen Stelle gesammelt, erfaßt, eingegeben und verarbeitet.

Bei der dezentralen Datenverarbeitung werden die Datenein- und Datenausgabegeräte beim Sachbearbeiter am Arbeitsplatz eingesetzt. Die Arbeitsabläufe werden durch den Dialog mit dem Computer (Dateneingabe am Bildschirm, Datenausgabe auf Bildschirm oder Drucker) bestimmt. Die Verarbeitung der Daten geschieht in einem Rechenzentrum.

Daten müssen vor Verlust, Zerstörung oder unbefugtem Zugriff geschützt werden. Welche Maßnahmen dienen der Datensicherung?

Technische und organisatorische Maßnahmen zur Datensicherung sind:

1. das Anlegen von Sicherungsdatenträgern in bestimmten Zeitabständen, z.B. am Schluß eines Arbeitstages;
2. die Archivierung der Datenträger in verschließbaren, feuerfesten Schränken oder Räumen;
3. die Verwendung von Paßwörtern, die den Zugriff zu bestimmten Daten erst möglich machen;
4. das Überkleben der Schreibschutzkerbe bei der Diskette, die Entfernung des Schreibringes bei Magnetbändern, um ein unbeabsichtigtes Löschen der Daten zu verhindern.

Das Bundesdatenschutzgesetz (BDSG) dient dem Schutz personenbezogener Daten. Welches Recht steht danach jeder Person bezüglich über ihn gespeicherter Daten zu?

Nach § 4 des Bundesdatenschutzgesetzes (BDSG) hat jeder ein Recht auf

Auskunft über die zu seiner Person gespeicherten Daten;

Berichtigung der zu seiner Person gespeicherten Daten, wenn sie unrichtig sind;

Sperrung der zu seiner Person gespeicherten Daten, wenn sich weder deren Richtigkeit noch deren Unrichtigkeit feststellen läßt oder nach Wegfall der ursprünglich erfüllten Voraussetzungen für die Speicherung;

Löschung der zu seiner Person gespeicherten Daten, wenn ihre Speicherung unzulässig war oder – wahlweise neben dem Recht auf Sperrung – nach Wegfall der ursprünglich erfüllten Voraussetzung für die Speicherung.

Inwiefern können durch den Einsatz von EDV-Anlagen betriebspolitische Entscheidungen vorbereitet oder getroffen werden?

Erst der Einsatz von größeren Rechenanlagen mit großen, gespeicherten Datenmengen, die jederzeit ansprechbar sind (Datenbank), ermöglicht es, kurzfristig aktuelle Informationen für die Unternehmensleitung zu liefern, die die Entscheidungen der Unternehmensleitung vorbereiten oder sogar vorschreiben. Die Computer werden damit zum Werkzeug der Unternehmensleitung, um betriebspolitische Entscheidungen treffen zu können.

3. Das Rechnungswesen des Betriebes

Wodurch ist das betriebliche Rechnungswesen gekennzeichnet?

Das betriebliche Rechnungswesen erfaßt das Betriebsgeschehen, soweit es Veränderungen in den Vermögens- und Kapitalverhältnissen herbeiführt. Es ermittelt Aufwendungen und Erträge, liefert Unterlagen für eine Überwachung der Wirtschaftlichkeit und schafft zahlenmäßige Grundlagen für künftige Maßnahmen.

In welche Bereiche gliedert sich das Rechnungswesen?

Das Rechnungswesen gliedert sich in die Bereiche:

1. Buchführung (Zeitraumrechnung);
2. Kostenrechnung (Mengenrechnung);
3. Statistik (Vergleichsrechnung);
4. Planung (Vorschaurechnung).

a) Die Buchführung

Was ist unter Buchführung zu verstehen?

Die Buchführung ist die systematische, lückenlose, chronologische Aufzeichnung von Vermögenswerten, Eigen- und Fremdkapital, von Geschäftsfällen, die Wertänderungen oder Wertverschiebungen verursachen, von Aufwendungen und Erträgen.

Die Buchführung bildet die Grundlage für das gesamte Rechnungswesen, denn sie schafft die erforderlichen Unterlagen für die Kostenrechnung, Statistik und Planung.

Welche Aufgabe erfüllt die Buchführung?

Die Buchführung hat die Aufgabe, die Bestände und Veränderungen an Vermögenswerten, Schulden und Kapital innerhalb eines bestimmten Zeitraumes zu erfassen, Kosten und Leistungen zu ermitteln sowie den Erfolg der wirtschaftlichen Leistung festzustellen.

In welchen Gesetzen sind Buchführungsvorschriften verankert?

Gesetzliche Buchführungsvorschriften sind im wesentlichen erhalten:

1. im Handelsgesetzbuch;
2. im Aktiengesetz, GmbH- und Genossenschaftsgesetz;
3. in der Abgabenordnung;
4. im Einkommensteuergesetz, in der Einkommensteuer-Durchführungsverordnung und den Einkommensteuer-Richtlinien.

Welcher Personenkreis ist zur Buchführung verpflichtet?

Nach dem HGB ist jeder Kaufmann verpflichtet, Bücher zu führen und einmal jährlich ein Inventar und eine Bilanz aufzustellen. Nach dem Steuerrecht sind zur Buchführung verpflichtet gewerbliche Unternehmer sowie Land- und Forstwirte mit

- einem Umsatz von mehr als 500 000 DM im Kalenderjahr oder
- Betriebsvermögen von mehr als 125 000 DM oder
- selbstbewirtschafteter land- und forstwirtschaftlicher Fläche mit einem Wirtschaftswert (§ 46 Bewertungsgesetz) von mehr als 40 000 DM oder
- Gewinn aus Gewerbebetrieb von mehr als 36 000 DM im Wirtschaftsjahr oder
- Gewinn aus Land- und Forstwirtschaft von mehr als 36 000 DM im Kalenderjahr.

Welche Anforderungen werden an die Mindestbuchführung gestellt?

Art und Umfang der Buchführung werden durch die Größe des Betriebes bestimmt. An den Kleinbetrieb, z.B. den kleinen Einzelhändler, werden Mindestanforderungen gestellt, die erfüllt werden müssen. Die Mindestbuchführung umfaßt:

1. die Führung eines Geschäftstagebuches (Journals);
2. die Aufzeichnung des Wareneingangs;
3. die laufende Aufzeichnung der Forderungen und Verbindlichkeiten;

4. die tägliche Anfertigung eines Kassenberichtes über den Kassenverkehr;
5. die jährliche Aufstellung eines Inventars und Vornahme eines Buchführungsabschlusses;
6. die Aufbewahrung der Bücher, Inventare und Bilanzen (10 Jahre) sowie der Buchungsbelege (6 Jahre).

Worin bestehen die Grundsätze ordnungsmäßiger Buchführung?

Die Grundsätze ordnungsmäßiger Buchführung, auf die sowohl das Handelsrecht als auch das Steuerrecht verweisen, bestehen in folgenden Ordnungsmerkmalen:

1. Die Buchführung muß so beschaffen sein, daß sie einem sachverständigen Dritten innerhalb angemessener Zeit einen Überblick über die Geschäftsvorfälle und über die Lage des Unternehmens vermitteln kann. Die Geschäftsvorfälle müssen sich in ihrer Entstehung und Abwicklung verfolgen lassen.
2. Die Eintragungen in die Handelsbücher und die sonst erforderlichen Aufzeichnungen müssen vollständig, richtig, zeitgerecht und geordnet vorgenommen werden. Die Belege sind geordnet aufzubewahren; die Aufbewahrungsfristen müssen beachtet werden.
3. Eine Eintragung oder Aufzeichnung darf nicht in einer Weise verändert werden, daß der ursprüngliche Inhalt nicht mehr feststellbar ist. Auch solche Veränderungen dürfen nicht vorgenommen werden, deren Beschaffenheit es ungewiß läßt, ob sie ursprünglich oder erst später gemacht worden sind.
4. Die Handelsbücher und die sonst erforderlichen Aufzeichnungen können auch in der geordneten Ablage von Belegen bestehen oder auf Datenträgern geführt werden, soweit diese Formen der Buchführung einschließlich des dabei angewandten Verfahrens den Grundsätzen ordnungsmäßiger Buchführung entsprechen. Bei dem Einsatz von Datenträgern muß insbesondere sichergestellt sein, daß die Daten während der Dauer der Aufbewahrungsfrist verfügbar sind und jederzeit innerhalb angemessener Frist lesbar gemacht werden können.

Der Kaufmann ist verpflichtet, einmal im

Inventur ist die mengen- und wertmäßige Feststellung des Vermögens und der Schulden. Die Inventur erfolgt

Jahr Inventur zu machen. Was ist darunter zu verstehen?

das erste Mal bei der Geschäftsgründung und dann in der Regel zum Schluß eines jeden Geschäftsjahres. Das Geschäftsjahr darf die Dauer von zwölf Monaten nicht überschreiten.

Wodurch ist die Stichtags-Inventur und wodurch die laufende (permanente) Inventur gekennzeichnet?

Bei der Stichtagsinventur erfolgt die Bestandsaufnahme zu einem bestimmten Zeitpunkt. Bei der laufenden (permanenten) Inventur verteilt sich die Bestandsaufnahme auf das ganze Jahr.

Wie wird die Intentur durchgeführt?

Die Inventur erfolgt durch Messen, Wiegen, Zählen und Schätzen aller Vermögens- und Schuldenteile (Warenvorräte, Kassenbestand, Bankguthaben, Forderungen, Geschäftsausstattungsgegenstände, Wertpapiere, Verbindlichkeiten usw.). Auf die mengenmäßige Bestandsaufnahme folgt die Bewertung des Vermögens und der Schulden, für die bestimmte handels- und steuerrechtliche Bewertungsgrundsätze zu beachten sind.

Wodurch ist das Inventar gekennzeichnet?

Das Inventar ist das schriftliche Verzeichnis der Inventur. Es ist gegliedert in die drei Teile Vermögen, Schulden und Reinvermögen (Eigenkapital). Das Inventar ist vom Geschäftsinhaber zu unterzeichnen.

Wodurch unterscheiden sich das Inventar und die Bilanz?

Das Inventar und die Bilanz unterscheiden sich:

1. in der äußeren Form dadurch, daß das Inventar eine einseitige, die Bilanz eine zweiseitige Rechnung (Kontenform) ist;

2. in ihrem Inhalt dadurch, daß das Inventar eine wert- und mengenmäßige Aufstellung, die Bilanz nur eine wertmäßige Aufstellung ist.

Wodurch ist der Kontenrahmen und wodurch der Kontenplan gekennzeichnet?

Der Kontenrahmen ist ein vorgegebenes Organisationsschema, durch das die Vielzahl von Konten in eine zweckmäßige Ordnung gebracht wird. Für die einzelnen Wirtschaftszweige bestehen gesonderte Kontenrahmen, z.B. für Industrie, Großhandel, Einzelhandel, Außenhandel, Banken, Versicherungen.

Der Kontenplan ist die Anwendung des Kontenrahmens im einzelnen Betrieb. Im Kontenplan erfolgt eine nach Art und Anzahl freie Auswahl der zu führenden Konten unter Wahrung des vorgegebenen Ordnungsschemas. In den betrieblichen Kontenplänen werden nur die Konten geführt, die auf Grund des Buchungsstoffes erforderlich sind.

Welche Vorteile bietet der Kontenrahmen dem Betrieb?

Der Kontenrahmen bietet die Möglichkeit:

1. eine klare Übersicht und einheitliche Bezeichnungen für alle Konten zu gewinnen;
2. die Aufwendungen und Erträge genau zu erfassen, um zuverlässige Unterlagen für die Kostenrechnung zu erhalten;
3. den eigenen Betrieb in verschiedenen Zeitabschnitten besser zu überwachen und die Wirtschaftlichkeit gleichartiger Betriebe miteinander zu vergleichen (Betriebsvergleich).

In der Buchführung gilt der Grundsatz: „Keine Buchung ohne Beleg!" (Belegzwang). Welche Arten von Belegen spielen in der Buchhaltung eine Rolle?

Folgende Arten von Belegen dienen als Unterlage für Buchungen:

1. der Einzelbeleg, der die Daten eines Geschäftsfalles enthält (z.B. Mietequittung), und der Sammelbeleg, der mehrere Geschäftsfälle umfaßt (z.B. Reisekostenabrechnung);
2. der primäre Beleg (Urbeleg), der durch die erstmalige Aufzeichnung von Daten gekennzeichnet ist (z.B. Lieferschein), und der sekundäre Beleg, der aus einem anderen Beleg über denselben Geschäftsfall angefertigt wird (z.B. Faktura aus einem Lieferschein);
3. der externe Beleg, der von außen in den Betrieb gelangt (z.B. eingehende Rechnungen), und der interne Beleg, der im Betrieb selbst angefertigt wird (z.B. Materialausgabebeleg).

Wodurch unterscheidet sich die Geschäftsbuchführung von der Betriebsbuchführung?

Die Geschäftsbuchführung (Finanzbuchführung) umfaßt den Geschäftsverkehr des Unternehmens mit der Außenwelt, mit Kunden, Lieferanten, Banken, Verbänden, dem Staat usw.

Die Betriebsbuchführung umfaßt dagegen die innerbetrieblichen Vorgänge, den Produktionsprozeß vom Rohstoff bis zum Fertigerzeugnis, die dadurch entstandenen Kosten und Ergebnisse.

Wie arbeitet der elektronische Speicher für eine auf Computer ausgerichtete Buchführung?

Jedem Konto wird ein Speicher zugeordnet. Alle Sollbeträge werden mit dem Vorzeichen Plus eingegeben, so daß bei den Aktiv- und Aufwandskonten i.d.R. positive Beträge gespeichert sind.

Alle Habenbeträge werden mit dem Vorzeichen Minus eingespeichert, so daß auf den Passiv- und Ertragskonten i.d.R. Minusbeträge erscheinen.

Wird auf einem Aktivkonto (bzw. Aufwandskonto) eine Sollbuchung vorgenommen, so erhöht sie den positiven Bestand. Wird auf dem Aktivkonto (bzw. Aufwandskonto) eine Habenbuchung vorgenommen, erfolgt eine Verminderung eines positiven Bestandes. Eine Buchung auf der Habenseite eines Passivkontos (bzw. Ertragskontos) erhöht die bereits gespeicherte negative Kontosumme. Eine Buchung auf der Sollseite eines Passivkontos (bzw. Ertragskontos) bewirkt eine Verminderung der negativen Kontosumme, Gespeichert ist immer nur der letzte Kontensaldo.

Wie werden die Buchungsvorfälle in den Computer eingegeben?

Die Buchungsvorfälle werden mit Hilfe eines Erfassungsgerätes in Form von Buchungssätzen eingegeben. Mit der Erfassung wird ein Datenerfassungsprotokoll (Primanota) erstellt, damit der Sachbearbeiter seine Buchungsarbeit verfolgen und kontrollieren kann.

Welche Spalten umfaßt ein Datenerfassungsprotokoll?

Ein Datenerfassungsprotokoll umfaßt i.d.R. folgende Spalten:

Datum, Beleg-Nummer, Betrag, Konto, Gegenkonto, Textspalte, Schlüssel für Steuer- und Skontosätze.

Was bedeutet „integrierte“ Verarbeitung der Daten?

Die integrierte Verarbeitung bedeutet, daß die Daten mit einer einmaligen Erfassung automatisch in verschiedene Verarbeitungsbereiche überspielt werden können.

Inwiefern kann die integrierte Verarbeitung vorteilhaft in der Kontokorrentbuchhaltung eingesetzt werden?

Der Vorteil der integrierten Verarbeitung in der Kontokorrentbuchhaltung besteht darin, daß jede Buchung auf einem Debitoren- oder Kreditorenkonto gleichzeitig in das entsprechende Sachkonto gesteuert wird. Es entfällt somit jegliche Übertragungsarbeit. Zu beliebigen Zeitpunkten können sowohl die Forderungen und Verbindlichkeiten insgesamt als auch für die einzelnen Kunden und Lieferanten abgefragt werden.

Was bedeutet „automatisierte“ Verarbeitung der Daten?

Die automatisierte Verarbeitung bedeutet, daß, ausgehend von einem einfachen Buchungssatz, weitere Buchungen bzw. Verarbeitungen ausgelöst werden.

Für welche Buchführungsbereiche bietet sich eine automatisierte Verarbeitung von Daten an?

Eine automatisierte Verarbeitung von Daten bietet sich z.B. an für alle Umsatzsteuerbuchungen, Umsatzsteuerkorrekturbuchungen, Sammelbuchungen von Zahlungsein- und Zahlungsausgängen, Erstellung von Kontoauszügen und Mahnungen.

Welchen Vorteil bietet die automatisierte Verarbeitung bezüglich der Verbuchung von Umsatzsteuern bzw. Umsatzsteuerkorrekturen?

Bezüglich der Verbuchung von Umsatzsteuern bzw. Umsatzsteuerkorrekturen genügt die Eingabe der Geschäftsvorfälle in Form eines einfachen Buchungssatzes mit Bruttobeträgen. Die Errechnung und Verbuchung der anteiligen Umsatzsteuern bzw. Umsatzsteuerkorrekturen und der Nettobeträge erfolgt automatisch, ebenso die monatliche Erstellung von Umsatzsteuerübersichten.

Welche Aufgabe haben die Nebenbücher zu erfüllen?

Die Nebenbücher haben die Aufgabe, Hauptbuchkonten zu erläutern. Da in den Hauptbuchkonten die Geschäftsfälle nur mit ihrem Wert erfaßt werden, ist es die besondere Aufgabe der Nebenbücher, die Mengen (Stückzahl, Gewicht, Länge, Hohlmaß), die verschiedenen Warensorten, die Fälligkeitsdaten und sonstige Einzelheiten zu erfassen.

Welche Nebenbücher werden in der Regel in Industrie- und Handelsbetrieben geführt?

In Industrie- und Handelsbetrieben werden in der Regel geführt: Anlagenkartei, Wertpapierskontro, Wechselkopierbuch, Trattenbuch, Debitoren- und Kreditorenkontokorrent, Warenskontro, Lagerbuch.

b) Die Kostenrechnung

Wie können die Begriffe Aufwand, Ausgaben und Kosten erläutert werden?

Aufwendungen sind jeder Verzehr an Gütern und Dienstleistungen innerhalb einer Abrechnungsperiode. Ausgaben sind alle Geldausgaben einer Unternehmung.

Kosten sind der wertmäßige Verzehr an Gütern und Dienstleistungen zur Erstellung von betrieblichen Leistungen.

Welche Kosten werden als Zusatzkosten bezeichnet?

Zusatzkosten sind Kosten, die nicht gleichzeitig Aufwand oder Ausgaben sind. Sie sind Kosten, die nur kalkulatorisch erfaßt werden, z.B. kalkulatorische Miete, kalkulatorische Abschreibungen, kalkulatorische Zinsen, kalkulatorischer Unternehmerlohn.

Wodurch sind die neutralen Aufwendungen gekennzeichnet?

Die neutralen Aufwendungen sind Aufwendungen, die von der Unternehmung getätigt werden, ohne daß sie für die betriebliche Leistungserstellung erforderlich sind. Zu den neutralen Aufwendungen zählen z.B. außerordentliche Aufwendungen, Aufwendungen für Grundstücke und Gebäude, Zinsaufwendungen.

Welche Arten von Kosten können unterschieden werden?

Die Kosten können eingeteilt werden:

1. nach der Zurechenbarkeit in Einzelkosten (z.B. Fertigungslohn, Fertigungsmaterial), Gemeinkosten (z.B. Gehälter, Büromaterial) und Sondereinzelkosten (z.B. Modellkosten, Ausgangsfrachten);
2. nach den Kostenstellen in Materialkosten, Fertigungskosten, Verwaltungskosten, Vertriebskosten;
3. nach dem Verhalten der Kosten bei schwankendem Beschäftigungsgrad in fixe Kosten und variable Kosten;
4. nach den Kostenarten z.B. in Arbeitskosten, Materialkosten, Kapitalkosten, Dienstleistungskosten.

Welche Aufgaben hat die Kostenrechnung zu erfüllen?

Die Kostenrechnung dient:

1. der Kostenkontrolle und Kostenüberwachung;
2. der Beschaffung von Unterlagen für die Kalkulation und die Preispolitik;
3. der Ermittlung des Betriebsgewinnes.

In welche Bereiche ist die Kostenrechnung gegliedert?

Die Kostenrechnung ist gegliedert in:

1. die Kostenartenrechnung;
2. die Kostenstellenrechnung;
3. die Kostenträgerrechnung.

Wodurch ist die Kostenartenrechnung gekennzeichnet?

Die Kostenartenrechnung stellt eine systematische, nach Sachbereichen gegliederte Aufstellung aller Kosten dar. Ihre Bedeutung liegt darin, daß sie die Unterlagen für die Kostenstellen- und Kostenträgerrechnung schafft. Die Kostenarten werden in der Industrie, im Handwerk und Einzelhandel in der Kontenklasse 4, im Großhandel in der Kontenklasse 5 erfaßt. Der Industriekontenrahmen von 1971 erfaßt sie in den Klassen 6 und 7.

Welche Kostenstellen können in einem Betrieb geführt werden?

Es können z.B. folgende Kostenstellen geführt werden:

1. allgemeine Kostenstellen, z.B. Gebäudeverwaltung, soziale Einrichtungen;
2. Fertigungsstellen, z.B. Arbeitsvorbereitung, Schlosserei, Dreherei;
3. Materialstellen, z.B. Einkauf, Lager;
4. Verwaltungsstellen, z.B. Geschäftsleitung, Buchhaltung;
5. Vertriebsstellen, z.B. Verkaufsabteilung, Fuhrpark (Abfuhr).

Welche Aufgabe hat die Kostenstellenrechnung zu erfüllen?

Die Kostenstellenrechnung dient dem Zweck, die Kostenarten auf die Kostenstellen möglichst gerecht zu verteilen.

Welche Möglichkeiten bestehen, die Kostenarten auf die Kostenstellen zu verteilen?

Die Verteilung der Kostenarten auf die Kostenstellen kann erfolgen:

1. buchhalterisch unter Benutzung einer bestimmten Klasse des Kontenrahmens (Klasse 5 im Gemeinschaftskontenrahmen der Industrie von 1950, Klasse 9 im Industriekontenrahmen von 1971).
2. statistisch unter Benutzung des Betriebsabrechnungsbogens.

Was stellt der Betriebsabrechnungsbogen dar?

Der Betriebsabrechnungsbogen stellt eine Kombination der Kostenarten- und der Kostenstellenrechnung dar. Die in einem bestimmten Zeitabschnitt angefallenen Gemeinkostenarten werden entweder direkt (Stelleneinzelkosten) oder mit Hilfe möglichst genauer Schlüssel (Stellengemeinkosten) auf die Kostenstellen verteilt. Das rechnerische Ergebnis des Betriebsabrechnungsbogens ist die Summe der Fertigungs-, Material-, Verwaltungs- und Vertriebsgemeinkosten des betreffenden Abrechnungszeitraumes.

Welche Bezugsgrößen können bei der Errechnung der Gemeinkostenzuschlagssätze benutzt werden?

Als Bezugsgrößen bei der Errechnung der Zuschlagssätze können dienen:

1. die Fertigungslöhne, z.B. bei der Errechnung des Fertigungsgemeinkostenzuschlages;
2. das Fertigungsmaterial bei der Errechnung des Materialgemeinkostenzuschlages:
3. die Herstellkosten bei der Errechnung des Verwaltungs- und Vertriebsgemeinkostenzuschlages.

Welche Aufgabe hat die Kostenträgerrechnung?

Die Kostenträgerrechnung dient dem Zweck, die Kosten auf die Kostenträger zu verteilen und so die Selbstkosten des Kostenträgers festzustellen.

Was ist unter einem Kostenträger zu verstehen?

Der Kostenträger ist die Leistungseinheit des Betriebes. Kostenträger kann z.B. sein: ein Erzeugnis, eine Erzeugnisgruppe, eine Serie, ein Auftrag.

Nach welchen Gesichtspunkten kann die Kalkulation gegliedert werden?

Die Kalkulation kann gegliedert werden:

1. nach dem Zeitpunkt der Aufstellung in Vorkalkulation und Nachkalkulation;
2. nach dem angewandten Kalkulationsverfahren in Divisionskalkulation und Zuschlagskalkulation;
3. nach der Richtung der Kalkulation in vorwärtsschreitende (progressive) Kalkulation, rückwärtsschreitende (retrograde) Kalkulation und Differenzkalkulation.

c) Die Betriebsstatisik

Worin liegt das Wesen der Statistik?

Der Begriff Statistik wird in zweierlei Hinsicht verwendet. Einmal ist unter Statistik die systematische Beobachtung von Massenerscheinungen zu verstehen, die nach Merkmalen oder Merkmalklassen geordnet werden. Daneben werden mit Statistik aber auch die Verfahren bezeichnet, mit deren Hilfe statistische Zahlen gewonnen werden.

Worin besteht die Aufgabe der Betriebsstatistik?

Die Aufgabe der Betriebsstatistik besteht in der Erfassung, Zusammenstellung und kritischen Beurteilung sowohl innerbetrieblicher als auch außerbetrieblicher Erscheinungen. Die statistischen Ergebnisse dienen dann der regelmäßigen Berichterstattung an die Geschäftsleitung.

Welches sind die wichtigsten Anwendungsgebiete der Betriebsstatistik?

Die wichtigsten Anwendungsgebiete der Betriebsstatistik sind – gegliedert nach den Grundfunktionen der betrieblichen Arbeit:

1. im Rahmen der Beschaffung – Einkaufsstatistik;
2. im Rahmen der Lagerung – Lagerstatistik;
3. im Rahmen der Fertigung – Produktionsstatistik, Lohnstatistik, Arbeitszeitstatistik, Kostenstatistik;
4. im Rahmen des Vertriebes – Umsatzstatistik, Auftragsgrößenstatistik, Werbestatistik;
5. im Rahmen der Verwaltung – Finanzstatistik, Erfolgsstatistik, Personalstatistik.

Die Verarbeitung außerbetrieblicher Daten erfolgt z.B. in Statistiken über Marktversorgung und Marktentwicklung des Beschaffungs-, Absatz- und Arbeitsmarktes.

Welche Möglichkeiten bestehen, statistische Daten zu erhalten?

Grundsätzlich kommen für statistische Daten zwei Quellen in Betracht:

1. Die Daten sind bereits an irgendeiner Stelle im Betrieb vorhanden (z.B. Auftragszettel für die Auftragsstatistik, Lohnlisten für die Lohnstatistik); sie

müssen nur gesammelt, geordnet, ausgewertet und in eine bestimmte Form gebracht werden – Sekundärstatistik;

2. die Daten müssen durch eine spezielle Erhebung (persönliche oder schriftliche Befragung, Beobachtung) erst gewonnen werden – Primärstatistik.

Mit Hilfe welcher rechnerischen Arbeitsmethoden können die Ursprungszahlen aufbereitet werden, um die Aussagekraft zu erhöhen?

Um die Aussagekraft von Ursprungszahlen zu erhöhen, ist es z.B. erforderlich, verschiedene Verhältniszahlen zu errechnen, wie Monatsumsatz im Verhältnis zum Jahresumsatz, Kosten im Verhältnis zum Umsatz. Die rechnerischen Arbeitsmethoden für die Bildung von Verhältniszahlen sind die Aufstellung von Gliederungszahlen, Beziehungszahlen oder Indexzahlen.

Eine andere Methode zur Aufbereitung von Ursprungszahlen ist die Bildung von Mittelwerten, und zwar die Aufstellung von einfachen (ungewogenen) Durchschnittswerten oder gewogenen (korrigierten) Durchschnittswerten.

Wodurch unterscheiden sich Gliederungszahlen von Beziehungszahlen?

Bei der Anwendung von Gliederungszahlen wird eine Teilgröße zu einer Gesamtgröße in Beziehung gesetzt und dieses Verhältnis in Prozenten oder Promille ausgedrückt, z.B.

Jahresumsatz = 8 000 000,— DM = 100 %

Umsatz Mai = 960 000,— DM = 12 % des Jahresumsatzes.

Bei der Verwendung von Beziehungszahlen wird die Beziehung zweier nicht gleichartiger statistischer Zahlen dargestellt, z.B. das Verhältnis der Angestelltenzahl zu der Arbeiterzahl eines Betriebes:

500 Angestellte zu 2 000 Arbeitern = 1 : 4.

Wodurch ist die Indexzahl gekennzeichnet?

Die Indexzahl (Meßzahl) ist das Verhältnis einer statistischen Zahl zu einer gleichartigen anderen, bei der die erste Zahl der Zahlenreihe als Ausgangspunkt gleich 100 gesetzt wird, z.B.

Umsatz 1988 = 8 000 000 DM = 100

Umsatz 1989 = 8 400 000 DM = 105

Umsatz 1990 = 8 800 000 DM = 110

Umsatz 1991 = 7 200 000 DM = 90

Wie ist bei der Ermittlung einfacher (ungewogener) Durchschnittswerte zu verfahren?

Die einfache Durchschnittsrechnung besteht darin, aus mehreren gleichartigen Größen (Reihenwerten) einen Durchschnittswert (Mittelwert) zu errechnen. Der Durchschnittswert wird gefunden, indem die Summe der Reihenwerte durch die Anzahl der Reihenwerte dividiert wird.

Wie wird der gewogene Durchschnittswert errechnet?

Beim gewogenen Durchschnitt sind die gegebenen Reihenwerte entsprechend ihrer Häufigkeit – ihrem Gewicht – zu berücksichtigen. Je häufiger ein Wert auftritt, desto stärker fällt er ins „Gewicht". Um den gewogenen Durchschnittswert zu finden, werden die Reihenwerte mit ihrem „Gewicht" multipliziert, die Produkte der Reihenwerte addiert und die so erhaltene Summe durch die Anzahl der Gewichte dividiert.

Was ist in der Statistik unter einem Trend zu verstehen?

Unter einem Trend (Verlauf) ist die Grundrichtung einer Kurve unter Ausschaltung saisonaler Schwankungen zu verstehen. Der Trend gibt also nur die langfristige Bewegung an.

Welche Methoden werden angewandt, statistische Daten zu veranschaulichen?

Zur Veranschaulichung statistischer Daten dienen:

1. statistische Tabellen;
2. grafische Darstellungen in Form von Linien-, Kurven-, Säulen-, Stufen-, Flächen-, Kreis- oder Bilddiagrammen. Grafische Darstellungen sind besonders zweckmäßig, weil sie leichter lesbar sind als Tabellen.

Welche Hilfsmittel können im Betrieb zur Aufstellung von Statistiken verwendet werden?

Hilfsmittel zur Aufstellung von Statistiken sind z.B. Formulare (wie Tagesstatistiken, Flächendiagrammblätter), Plantafeln sowie die im Betrieb vorhandenen Büromaschinen (Buchungsmaschinen, elektronische Datenverarbeitungsanlagen).

d) Die betriebliche Planung

Welche Aufgaben soll die betriebliche Planung (Vorschaurechnung) erfüllen?

Die betriebliche Planung (Vorschaurechnung) hat zwei Aufgaben. Sie soll:

1. zukünftige Maßnahmen im Hinblick auf bestimmte Ziele im voraus durchdenken;
2. zukünftige Ereignisse in Form von Zahlenübersichten (Sollzahlen) erfassen.

Welche Möglichkeiten hat der Betrieb, zukünftige Entwicklungen für die Aufstellung eines Betriebsplanes zu erfassen?

Der Betrieb hat verschiedene Möglichkeiten. Er kann:

1. Marktforschung betreiben;
2. alle zugänglichen sonstigen außerbetrieblichen Informationen (Wirtschaftsstatistiken, Prognosen) heranziehen;
3. eine genaue Analyse seines Absatzes vornehmen (Absatzschwankungen, Absatzmengen, Warengruppen, Absatzgebiete), um daraus Anhaltspunkte für die Zukunft zu gewinnen;
4. das innerbetriebliche Rechnungswesen vollständig auswerten, um zu richtigen Sollzahlen (Planzahlen) zu kommen.

Aus welchen Teilplänen kann sich ein Betriebsplan zusammensetzen?

Teilpläne eines Betriebsplanes können sein: Absatzplan, Werbeplan, Finanzplan, Einkaufsplan, Lagerplan, Fertigungsplan, Kostenplan, Erfolgsplan, Organisationsplan.

Warum ist es zweckmäßig, Teilpläne im Rahmen der kurzfristigen und nicht der langfristigen Planung aufzustellen?

Langfristige Pläne enthalten in der Regel nur eine Planung und erfassen meist den Betrieb insgesamt. In den Teilplänen werden dagegen Sollzahlen aufgestellt, die nach Ablauf bestimmter kurzer Perioden mit den Istzahlen verglichen werden müssen, um die Pläne für die künftigen Perioden nach den neuen Erkenntnissen aufstellen oder berichtigen zu können.

Für welche betrieblichen Bereiche werden langfristige Teilpläne aufgestellt?

Langfristige Teilpläne, die über den Zeitraum eines Jahres hinaus gelten, werden z.B. aufgestellt als Absatzvorschau, Aufwands- und Ertragsvorschau, Investitionsvorschau, Finanzierungsvorschau.

e) Die Kennzahlenrechnung

Welchem Zweck dient die Kennzahlenrechnung?

Die Kennzahlenrechnung dient dem Zweck, Ergebnisse aus allen Teilen des Rechnungswesens in Meßzahlen (Relativzahlen) umzuformen, um so in einer Kurzform das Betriebsgeschehen darzustellen.

Welche Kennzahlen können in kaufmännischen Betrieben ermittelt werden?

Laufend ermittelt, systematisch zusammengefaßt (Kennzahlenstatistik) und ausgewertet werden z.B.:

1. bilanz- und finanzwirtschaftliche Kennzahlen, z.B. über die Liquidität des Betriebes, die Rentabilität des Eigenkapitals, den Verschuldungsgrad;
2. Kennzahlen aus dem Fertigungsbereich, z.B. über den Materialeinsatz, den Arbeitseinsatz, die Kostenverteilung;
3. Umschlagskennzahlen, z.B. über die Lagerumschlagsgeschwindigkeit;
4. Kalkulationskennzahlen, z.B. Zuschlagssätze, Abschlagssätze.

Wodurch sind liquide Mittel 1., 2. und 3. Ordnung gekennzeichnet?

Liquide (flüssige) Mittel 1. Ordnung sind sofort greifbar, z.B. Bargeld, Bank- und Postscheckguthaben; liquide Mittel 2. Ordnung können innerhalb von drei Monaten flüssig gemacht werden, z.B. Buch- und Wechselforderungen, Wertpapiere; liquide Mittel 3. Ordnung stehen erst nach längerer Zeit als flüssige Mittel zur Verfügung, z.B. Fertig- und Halberzeugnisse, gewährte Darlehen.

Wie werden die Kennzahlen für die Liquidität 1. und 2. Grades errechnet?

Liquidität 1. Grades:

$$\frac{\text{liquide Mittel 1. Ordnung x 100}}{\text{sofort fällige Verbindlichkeiten}}$$

Liquidität 2. Grades:

$$\frac{\text{liquide Mittel 1. und 2. Ordnung x 100}}{\text{innerhalb von 3 Monaten fällige Verbindlichkeiten}}$$

Wie lauten die Formeln für die Berechnung der Rentabilität des Eigenkapitals und des Gesamtkapitals?

Rentabilität des Eigenkapitals:

$$\frac{\text{Reingewinn x 100}}{\text{durchschnittlich eingesetztes Eigenkapital}}$$

Rentabilität des Gesamtkapitals:

$$\frac{\text{(Reingewinn + Zinsen für Kredite) x 100}}{\text{Gesamtkapital}}$$

Wie kann der Verschuldungsgrad errechnet werden?

Verschuldungsgrad:

$$\frac{\text{Fremdkapital}}{\text{Eigenkapital}}$$

Welche Formel dient der Ermittlung der Materialintensität des Betriebes?

Materialintensität des Betriebes:

$$\frac{\text{Roh-, Hilfs- und Betriebsstoffe x 100}}{\text{Umlaufvermögen}}$$

Wie lauten die Formeln für die Berechnung des Beschäftigungsgrades?

Beschäftigungsgrad:

$$\frac{\text{erzeugte Produkte x 100}}{\text{Kapazität}}$$

oder

$$\frac{\text{Betriebsstunden x 100}}{\text{Gesamtstunden bei Vollbetrieb}}$$

Wie kann die durchschnittliche Arbeitszeit ermittelt werden?

Durchschnittliche Arbeitszeit:

$$\frac{\text{Gesamtarbeitsstunden}}{\text{durchschnittliche Arbeiterzahl}}$$

Wie lauten die Formeln für die folgenden Lagerkennzahlen:
a) durchschnittlicher Lagerbestand;
b) Umschlagshäufigkeit;
c) durchschnittliche Lagerdauer;
d) Lagerzinssatz?

Die Formeln für die Lagerkennzahlen lauten:

a) durchschnittlicher Lagerbestand:

$$\frac{\text{Jahresanfangsbestand + Jahresendbestand}}{2}$$

oder (auf Grund der Monatsinventuren oder Lagerkarten)

$$\frac{\text{Jahresanfangsbestand + 12 Monatsendbestände}}{13}$$

b) Umschlagshäufigkeit:

$$\frac{\text{Warenumsatz zu Einstandspreisen}}{\text{durchschnittlicher Lagerbestand}}$$

oder

$$\frac{\text{Lagerabgang}}{\text{durchschnittlicher Lagerbestand}}$$

c) durchschnittliche Lagerdauer:

$$\frac{360}{\text{Umschlagshäufigkeit}}$$

d) Lagerzinssatz:

$$\frac{\text{Jahreszinsfuß x durchschnittliche Lagerdauer}}{360}$$

Im Groß- und Einzelhandel werden für die Beurteilung der Wirtschaftlichkeit der Umsatzleistung und für die Kalkulation die Kennzahlen:
a) Kalkulationszuschlag,
b) Handelsspanne,
c) Gemeinkostenzuschlag,
d) Umsatzkostensatz
verwendet. Wie werden die einzelnen Größen errechnet?

Umsatz zu Verkaufspreisen
./. Umsatz zu Einstandspreisen

= Rohertrag

a) Kalkulationszuschlag:

$$\frac{\text{Rohertrag x 100}}{\text{Umsatz zu Einstandspreisen}}$$

b) Handelsspanne:

$$\frac{\text{Rohertrag x 100}}{\text{Umsatz zu Verkaufspreisen}}$$

c) Gemeinkostenzuschlag (Handlungskostensatz):

$$\frac{\text{Allg. Handlungskosten x 100}}{\text{Umsatz zu Einstandspreisen}}$$

d) Umsatzkostensatz:

$$\frac{\text{Allg. Handlungskosten x 100}}{\text{Umsatz zu Verkaufspreisen}}$$

4. Die Kassenverwaltung

Welche Arten von Kassen werden im Betrieb geführt?

Im Betrieb werden in der Regel eine Hauptkasse und Nebenkassen geführt. Nebenkassen sind z.B. Portokasse, Frachtkasse, Lohnkasse. In Einzelhandelsbetrieben können auch die Ladenkassen Nebenkassen sein.

Wofür muß der Betrieb Barmittel in der Kasse halten?

Barmittel sind erforderlich z.B. für den Kauf von Briefmarken, Wechselsteuermarken, die Einlösung von Nachnahmesendungen, Frachtbriefen, die Auszahlung von Reisegeldern. Im Einzelhandel sind Barmittel als Wechselgeld erforderlich.

Woher erhält die Kasse ihre Barmittel?

Die Barmittel stammen aus Bankabhebungen, Barzahlungen von Kunden, Postanweisungen, Wertbriefen, Privateinlagen.

Warum sollten die Kassenbestände möglichst niedrig gehalten werden?

Hohe Bargeldbeträge im Betrieb erhöhen das Risiko, daß Falschgeld angenommen, Geld gestohlen oder durch Feuer vernichtet wird. Kassenbestände bringen keine Zinsen.

Der Beleg im Barverkehr ist vorwiegend die Quittung. Welche Bestandteile hat eine Quittung?

Die Bestandteile einer Quittung sind:

1. der Name des Zahlenden;
2. der Grund der Zahlung;
3. der Betrag;
4. das Empfangsbekenntnis;
5. das Datum;
6. die Unterschrift des Geldempfängers.

In welchen Zeitabständen sollen die Kasseneinnahmen und -ausgaben im Kassenbuch aufgezeichnet werden, damit die Kassenführung ordnungsgemäß ist?

Die Kasseneinnahmen und -ausgaben sollen im geschäftlichen Verkehr täglich aufgezeichnet werden. Es muß jederzeit möglich sein, den Sollbestand nach dem Kassenbuch mit dem Istbestand der Kasse auf die Richtigkeit nachzuprüfen.

Wie lange müssen Registrierkassenstreifen, Kassenzettel, Bons usw. aufgewahrt werden?

Die Aufbewahrungsfrist für Registrierkassenstreifen, Kassenzettel, Bons usw. beträgt sechs Jahre. Eine Aufbewahrung dieser Art von Belegen ist nicht erforderlich, wenn die auf den Kassenstreifen befindlichen Aufzeichnungen anderweitig verbucht sind und eine Gewähr für die Vollständigkeit der Aufzeichnungen in anderer Weise gegeben ist.

5. Die Terminplanung und Terminüberwachung

Welche Aufgabe hat die Terminplanung?

Die Terminplanung hat die Aufgabe sicherzustellen, daß alle für die Erstellung der betrieblichen Leistungseinheit erforderlichen Arbeiten fristgemäß ausgeführt werden können. Das erfordert eine genaue Kenntnis:

1. der Dauer aller Arbeitsvorgänge;
2. der zeitlichen Folge aller Arbeitsvorgänge;
3. der Kapazität der Maschinen und Anlagen;
4. der Arbeitsleistung der Mitarbeiter;
5. der Menge des bereitzustellenden Materials bzw. der einzubauenden Teile.

Welche Ziele verfolgt der Betrieb mit der Aufstellung des Arbeitsablaufplanes?

Oberstes Ziel dieses Planes ist die Erreichung eines möglichst schnellen Durchlaufs aller Aufträge bei gleichzeitiger optimaler Ausnutzung der vorhandenen Produktionskapazität.

Warum kommt der Terminwahrung („Terminmoral“) eine große Bedeutung zu?

Die Terminzuverlässigkeit trägt wesentlich zur Bildung eines guten Rufes einer Unternehmung bei. Der Auftraggeber muß sich auf die vom Lieferanten angegebenen Termine verlassen können, wenn er seinerseits wieder die von ihm genannten Termine einhalten will.

Welche verschiedenen Fristen (Zeiträume) und Termine (Zeitpunkte) sind vom Betrieb zu überwachen, um Nachteile zu vermeiden?

Jeder Betrieb hat verschiedenartige Fristen und Termine zu überwachen, z.B.:

1. aus Kaufverträgen, Werk- und Werklieferungsverträgen – Fertigungstermine, Lieferungstermine, Zahlungstermine, Warenuntersuchungstermine, Rügefristen;
2. aus Dienstverträgen – An- und Abmeldetermine bei den verschiedenen außerbetrieblichen Stellen (Sozialversicherungsträger, Berufsgenossenschaften, Berufsschulen), Kündigungsfristen;

3. aus Versicherungsverträgen – Fristen zur Versicherungsanmeldung, zur Zahlung von Prämien, zur Meldung von eingetretenen Versicherungsfällen;
4. aus Kreditverträgen – Zinszahlungstermine, Tilgungstermine;
5. aus Steuerverpflichtungen – Termine für die Abgabe von Steuererklärungen, Termine für Steuerzahlungen.

Welche Nachteile können sich aus der Nichteinhaltung von Terminen ergeben?

Die Nichteinhaltung von Terminen kann für den Betrieb bedeuten, daß der gute Ruf leidet, Kunden verlorengehen, Vertragsstrafen oder Ordnungsstrafen fällig werden, Verzugszinsen, Wechselprotestkosten, Versäumniszuschläge zu zahlen sind, Reklamationen unbeachtet bleiben.

Welche Hilfsmittel werden zur Terminüberwachung eingesetzt?

Hilfsmittel zur Terminüberwachung sind:

1. Terminkalender in Buch- oder Loseblattform oder elektronische Terminkalender;
2. Terminmappen oder Ordner mit Tageseinteilung;
3. Terminkarteien mit verschiedenen Karteiordnungsmitteln;
4. Stecktafeln, auf denen die Termine für Arbeitsplatzbelegungen in der Fertigung festgelegt werden.

Welche Stellen im Betrieb sind für die Terminüberwachung verantwortlich?

Welche Stellen für die Terminüberwachung zuständig sind, hängt von der Organisation des einzelnen Betriebes ab. In größeren Betrieben besteht oftmals eine zentrale Terminabteilung (Mahnabeilung), die sämtliche von den verschiedenen Abteilungen gemeldeten Termine überwacht. Bei der dezentralen Terminüberwachung bleibt diese Aufgabe den einzelnen Abteilungen überlassen, z.B. dem Betriebsbüro die Überwachung der Fertigungstermine, der Einkaufsabteilung die Überwachung der Liefertermine, der Lagerverwaltung die Überwachung des Meldebestandes (Bestellbestandes), der Buchhaltung die Überwachung der Zahlungstermine, Steuertermine usw.

V. Die umsatzorientierte Tätigkeit im kaufmännischen Betrieb

1. Marktfunktionen des Betriebes

In der Marktwirtschaft produzieren die Betriebe Wirtschaftsgüter für den Markt. Was kennzeichnet den Markt?

Der Markt ist das Zusammentreffen von Anbietern von Sachgütern, Rechten oder Dienstleistungen mit Nachfragern nach diesen Gütern. Auf dem Markt wird durch das jeweilige Verhältnis von Angebot und Nachfrage der Preis für das einzelne Gut bestimmt.

Marktfunktionen des Betriebes sind in erster Linie die Beschaffung und der Absatz von Wirtschaftsgütern. Welche Aufgabe hat die Beschaffung zu erfüllen?

Die Beschaffung hat die Aufgabe, die für den Betriebszweck erforderlichen Sachgüter, Rechte und Dienstleistungen in der richtigen Art, Menge und Güte, zur rechten Zeit und zum richtigen Preis bereitzustellen.

Worin besteht die Aufgabe des Absatzes (Vertriebes)?

Der Absatz (Vertrieb) hat die Aufgabe, die vom Betrieb bereitgestellten Güter auf dem Absatzmarkt zu verwerten. Ob die für die Leistungserstellung aufgewendeten Kosten und darüber hinaus ein Gewinn mit dem Verkaufserlös gedeckt werden können, entscheidet der Markt.

Was ist unter dem Begriff „Marketing“ zu verstehen?

Unter dem Begriff „Marketing“ wird verstanden die Gesamtheit der betrieblichen Maßnahmen, um zielbewußt und planmäßig Absatzmärkte zu schaffen und mitzugestalten.

Welche Teilgebiete umfaßt Marketing?

Marketing umfaßt folgende Teilgebiete:

Marktforschung;

Produktgestaltung bzw. Sortimentsgestaltung;

Werbung;

Preispolitik;

Absatzorganisation.

2. Das Wesen des Vertrages

Was ist unter einem Rechtsgeschäft zu verstehen?

Rechtsgeschäfte sind Willenserklärungen, um eine bestimmte Rechtswirkung herbeizuführen, z.B. Bestellung einer Zeitschrift, Lösen einer Fahrkarte, Überreichung eines Geschenkes.

Welche Arten von Rechtsgeschäften sind zu unterscheiden?

Es sind folgende Arten von Rechtsgeschäften zu unterscheiden:

1. Rechtsgeschäfte unter Lebenden (z.B. Schenkung, Miete, Kauf);
2. Rechtsgeschäfte von Todes wegen (z.B. Testament);
3. einseitige Rechtsgeschäfte:
   a) empfangsbedürftige Willenserklärungen (z.B. Kündigung, Rücktritt);
   b) nicht empfangsbedürftige Willenserklärungen (z.B. Testament);
4. zweiseitige Rechtsgeschäfte = Verträge (z.B. Ausbildungsvertrag, Dienstvertrag, Kaufvertrag, Mietvertrag).

Wie kommt ein Vertrag zustande?

Ein Vertrag kommt durch zwei übereinstimmende Willenserklärungen – den Antrag und die Annahme – zustande.

Worin liegt das Wesen eines Antrages?

Der Antrag ist die empfangsbedürftige Willenserklärung, durch die einem anderen der Abschluß eines Vertrages angeboten wird. Der Antrag muß so bestimmt sein, daß er durch ein einfaches Ja angenommen werden kann.

Worin liegt das Wesen der Annahme eines Antrages?

Die Annahme ist eine empfangsbedürftige Willenserklärung, mit der zum Ausdruck gebracht wird, daß ein Antrag akzeptiert wird. Die Annahme muß rechtzeitig, uneingeschränkt und unbedingt erfolgen, damit ein Vertrag zustande kommt.

Welche Form ist für Verträge vorgeschrieben?

Für die meisten Verträge bestehen keine Formvorschriften, sie können also mündlich, schriftlich, durch schlüssiges Verhalten oder stillschweigend zustande kommen. Gesetzliche Vorschriften bestehen z.B. für Bürgschaftsverträge (Schriftform); das Testament (es muß eigenhändig handschriftlich verfaßt und unterschrieben sein); Grundstückskäufe (notarielle Beurkundung); schriftliche Handelsregisteranmeldungen (öffentliche Beglaubigung). Werden Formvorschriften nicht beachtet, so ist das Rechtsgeschäft nichtig.

In welchen Fällen sind Willenserklärungen nichtig?

Willenserklärungen sind nichtig:

1. bei Verletzung der vorgeschriebenen Form;
2. bei geheimem Vorbehalt;
3. bei Scheingeschäften;
4. bei Scherzgeschäften;
5. bei Sittenwidrigkeit und
6. bei Verstoß gegen ein gesetzliches Verbot.

Was bewirkt die Nichtigkeit einer Willenserklärung?

Die Nichtigkeit einer Willenserklärung bewirkt, daß das Rechtsgeschäft von vornherein nicht wirksam zustande kommt.

In welchen Fällen kann eine Willenserklärung angefochten werden?

Anfechtbar ist eine Willenserklärung, wenn sie:

1. aus einem Irrtum heraus abgegeben wurde (Irrtum über den Inhalt der Erklärung, Irrtum über eine wesentliche Eigenschaft, Irrtum in der Übermittlung einer Willenserklärung);
2. durch arglistige Täuschung oder widerrechtliche Drohung zustande gekommen ist.

Wie wirkt die Anfechtung einer Willenserklärung?

Wird ein Rechtsgeschäft mit Erfolg angefochten, so wird es mit rückwirkender Kraft nachträglich nichtig. Wird das Rechtsgeschäft nicht angefochten, so bleibt es wirksam.

Welche Verträge spielen im Wirtschaftsleben eine wesentliche Rolle?

Eine wesentliche Rolle im Wirtschaftsleben spielen der Mietvertrag, Pachtvertrag, Gesellschaftsvertrag, Dienstvertrag, Werkvertrag, Werklieferungsvertrag, Kaufvertrag.

Wodurch unterscheiden sich der Dienstvertrag, Werkvertrag und Werklieferungsvertrag?

Gegenstand des Dienstvertrages ist die Leistung von Diensten aller Art gegen Entgelt (z.B. Tätigkeit eines kaufmännischen Angestellten). Im Gegensatz zum Dienstvertrag ist beim Werkvertrag das Werk, der Arbeitserfolg, Gegenstand des Vertrages (z.B. Leistungen der Wäschereien, der Verkehrsträger). Beim Werklieferungsvertrag verpflichtet sich der Unternehmer nicht nur zur Herstellung eines Werkes, sondern auch zur Beschaffung des dafür erforderlichen Stoffes (z.B. Bau von Schiffen).

3. Der Kaufvertrag

a) Abschluß und Erfüllung des Kaufvertrages

Durch welche Handlungsweisen können der Verkäufer und der Käufer einen Antrag auf Abschluß eines Kaufvertrages stellen?

Ein Antrag auf Abschluß eines Kaufvertrages wird gestellt, wenn:

1. der Verkäufer eine Festofferte abgibt, unbestellte Ware zusendet oder ein Gegengebot abgibt;
2. der Käufer Ware bestellt, ohne daß ihm eine gültige Festofferte vorliegt, oder ein Gebot abgibt.

Durch welche Handlungsweisen können der Käufer und der Verkäufer einen Antrag auf Abschluß eines Kaufvertrages annehmen?

Ein Antrag auf Abschluß eines Kaufvertrages wird angenommen, wenn:

1. der Käufer eine Bestellung auf Grund einer gültigen Festofferte abgibt, unbestellt zugesandte Ware bezahlt bzw. verwendet oder ein Gegengebot des Verkäufers akzeptiert;
2. der Verkäufer auf eine Bestellung ohne vorherige Festofferte oder ein Gebot eine Auftragsbestätigung abgibt.

Welche Pflichten ergeben sich für die Vertragsparteien aus dem Abschluß des Kaufvertrages?

Der Kaufvertrag ist ein zweiseitig verpflichtendes Rechtsgeschäft. Der Verkäufer ist verpflichtet, dem Käufer die Ware kontraktgemäß zu liefern und ihm das Eigentum an der Ware zu verschaffen. Der Käufer ist verpflichtet, den vereinbarten Kaufpreis zu zahlen und die Ware anzunehmen.

Wann liegt ein bürgerlicher Kauf, ein einseitiger Handelskauf, ein zweiseitiger Handelskauf vor?

Beim bürgerlichen Kauf sind entweder beide Parteien Nichtkaufleute, oder es handelt sich um einen Kauf, der kein Handelsgeschäft ist.

Beim einseitigen Handelskauf ist eine Partei Kaufmann und der Kauf für diese Partei ein Handelsgeschäft.

Beim zweiseitigen Handelskauf sind beide Parteien Kaufleute, und der Kauf ist für beide ein Handelsgeschäft.

Wann liegt ein Gattungskauf vor?

Ein Gattungskauf liegt vor, wenn die Ware nur der Gattung nach bestimmt ist und durch gleichartige Ware vertreten werden kann. Der Verkäufer hat Ware von mittlerer Art und Güte zu liefern.

Wodurch ist der Spezifikationskauf gekennzeichnet?

Beim Spezifikationskauf behält sich der Käufer bei Vertragsabschluß das Recht vor, die gekaufte Ware innerhalb einer bestimmten Frist noch näher, z.B. nach Form, Stärke, Farbe, zu bestimmen (Eisen, Draht, Stoffe).

Worin bestehen die Besonderheiten bei einem Kauf nach Probe (lt. Muster), Kauf zur Probe, Kauf auf Probe?

Bei einem Kauf nach Probe (lt. Muster) wird mit der Probe die Qualität genau bestimmt. Die Eigenschaften der Probe gelten als zugesichert. Der Verkäufer hat Ware anzudienen, die mit dem Muster übereinstimmt.

Bei einem Kauf zur Probe wird ein Kaufvertrag über eine kleine Menge abgeschlossen. Der Käufer stellt einen größeren Auftrag in Aussicht, wenn die Probemenge seinen Wünschen entspricht.

Bei einem Kauf auf Probe erhält der Käufer die Ware für eine bestimmte Zeit „zur Ansicht" oder „auf Probe". Der Kaufvertrag sieht vor, daß der Käufer die Ware innerhalb einer vereinbarten oder angemessenen Frist zurückgeben kann, wenn sie seine Erwartungen nicht erfüllt.

Welche Bedeutung hat der Abschluß eines Fixgeschäftes?

Beim Abschluß eines Fixgeschäftes wird der Lieferungstermin genau bestimmt, z.B. „Lieferung am 8. März fix" oder „Lieferung bis zum 8. März fix". Hält der Verkäufer den genau bestimmten Lieferungstermin nicht ein, so ist der Käufer berechtigt, ohne Nachfrist vom Kaufvertrag zurückzutreten. Trifft den Verkäufer ein Verschulden, kann der Käufer statt des Rücktritts Schadensersatz wegen Nichterfüllung verlangen.

Welche Vertragspunkte werden beim zweiseitigen Handelskauf meist genau festgelegt?

Festgelegt werden die wesentlichen Vertragspunkte wie Art, Beschaffenheit und Güte der Ware, Menge und Preis, Aufmachung und Verpackung der Ware, Beförderungskosten, Lieferzeit, Zahlungsbedingung sowie Erfüllungsort und Gerichtsstand.

Auf welche Weise können Beschaffenheit und Güte einer Ware im Kaufvertrag festgelegt werden?

Die Beschaffenheit und Güte einer Ware können festgelegt werden durch Warenbeschreibung, Referenz- oder Ausfallmuster, Proben, Angabe der Provenienz, Standards, Typen, Handelsklassen und durch allgemeine Qualitätsbezeichnungen, z.B. 1. Qualität, mittlere Qualität.

Wer hat die Beförderungskosten der Ware zu tragen, wenn im Kaufvertrag darüber nichts vereinbart ist?

Wenn im Kaufvertrag über die Beförderungskosten nichts vereinbart ist, so hat der Käufer die Beförderungskosten zu tragen. Warenschulden sind Holschulden, d.h. der Käufer muß die Ware beim Verkäufer abholen.

Verpflichtungen aus dem Kaufvertrag können Hol-, Schick- oder Bringschulden sein. Erklären Sie diese Begriffe.

Bei allen drei Arten von Schulden ist ein Vertragspartner dem anderen eine Leistung schuldig. Bei der Holschuld ist der Erfüllungsort für die Leistung der Sitz des Schuldners, bei der Bringschuld ist der Erfüllungsort für die Leistung der Sitz des Gläubigers, bei der Schickschuld ist der Erfüllungsort für die Leistung der Sitz des Schuldners; dieser hat es aber übernommen, die geschuldete Sache an einen anderen Ort zu versenden.

Weshalb kommt dem Erfüllungsort eine besondere Bedeutung zu?

Am Erfüllungsort geht die Gefahr des zufälligen Unterganges und der zufälligen Verschlechterung der Ware – die Transportgefahr – auf den Käufer über.

Außerdem muß diejenige Partei, die den Kaufvertrag gar nicht oder schlecht erfüllt, am Erfüllungsort verklagt werden (Gerichtsstand).

Wie erfolgt die Eigentumsübertragung bei beweglichen Sachen?

Die Eigentumsübertragung bei beweglichen Sachen erfolgt durch:

1. Einigung zwischen dem Veräußerer und Erwerber, daß das Eigentum übergehen soll, und Übergabe der Sache an den Erwerber;

2. Einigung und Abtretung des Herausgabeanspruches, wenn sich die Sache bei einem Dritten (z.B. Reederei, Lagerhalter) befindet; die Abtretung kann erfolgen durch Übergabe eines Traditionspapieres (Konnossement, Ladeschein, Orderlagerschein);

3. Einigung, wenn sich die Sache bereits bei dem Erwerber befindet;

4. Einigung und Vereinbarung zwischen dem Veräußerer und Erwerber, daß die Sache im Besitz des Veräußerers bleiben soll.

Wie erfolgt die Eigentumsübertragung bei unbeweglichen Sachen (Grundstücken?)

Die Eigentumsübertragung bei unbeweglichen Sachen erfolgt durch Einigung zwischen Veräußerer und Erwerber (Auflassung) und Eintragung in das Grundbuch.

Bei Warenverkäufen auf Ziel wird in der Regel vereinbart, daß die Waren bis zur vollständigen Bezahlung Eigentum des Verkäufers bleiben. Was bezweckt der Verkäufer mit dem Eigentumsvorbehalt?

Der Eigentumsvorbehalt ist ein Mittel, das Kreditrisiko des Verkäufers zu verringern. Der Verkäufer kann:

1. bei Zahlungsverzug vom Kaufvertrag zurücktreten und Herausgabe seines Eigentums verlangen, sofern der Käufer die Sache noch besitzt;
2. bei Pfändung auf Betreiben anderer Gläubiger Freigabe fordern;
3. bei Konkurs und Vergleich Aussonderung verlangen.

Durch welche Umstände kann der Eigentumsvorbehalt des Verkäufers unwirksam werden?

Der Eigentumsvorbehalt wird unwirksam, wenn die Sache:

1. an einen gutgläubigen Dritten weiterveräußert oder verpfändet wird;
2. verarbeitet wird;
3. mit einer unbeweglichen Sache fest verbunden wird;
4. verbraucht oder vernichtet wird.

b) Störungen bei der Erfüllung des Kaufvertrages

Wann liegt eine gestörte Erfüllung des Kaufvertrages vor?

Eine gestörte Erfüllung des Kaufvertrages liegt vor, wenn:

1. der Verkäufer mangelhaft liefert;
2. der Verkäufer oder der Käufer schuldhaft nicht oder nicht rechtzeitig leistet (Leistungsverzug);
3. der Verkäufer oder der Käufer die Leistung des anderen nicht oder nicht rechtzeitig annimmt (Annahmeverzug).

Welche Sachmängel können bei Warenlieferungen vorkommen?

An Sachmängeln können vorkommen:

1. Mängel in der Güte (Qualitätsmängel);
2. Mängel in der Menge (Quantitätsmängel);
3. Mängel in der Art (Gattungsmängel).

Welche Pflichten hat der Käufer beim zweiseitigen Handelskauf, wenn er an der gelieferten Ware Mängel feststellt?

Der Käufer hat die Rügepflicht. Er hat offene Mängel unverzüglich, d.h. ohne schuldhaftes Zögern, zu rügen, versteckte Mängel hat er unverzüglich nach Entdeckung, soweit sie innerhalb von sechs Monaten erfolgt, dem Verkäufer anzuzeigen. Außerdem hat der Käufer die Aufbewahrungspflicht. Er muß die mangelhafte Ware dem Verkäufer zur Verfügung stellen und sie bis zu dessen Entscheidung ordnungsgemäß aufbewahren oder bei einem Dritten (z.B. öffentliches Lagerhaus) hinterlegen.

Welche Rechte kann der Käufer auf Grund einer berechtigten Mängelrüge geltend machen?

Der Käufer kann nach seiner Wahl verlangen:

1. Wandelung, d.h. Rückgängigmachung des Kaufvertrages;
2. Minderung des Kaufpreises;
3. Umtausch, sofern es sich um eine Gattungsware handelt;
4. Schadensersatz wegen Nichterfüllung statt Wandelung oder Minderung, wenn der Ware eine zugesicherte Eigenschaft fehlt oder ein Mangel arglistig verschwiegen wurde;
5. Nachbesserung, falls vertraglich vereinbart.

Wann liegt ein Leistungsverzug vor?

Ein Leistungsverzug liegt vor, wenn:

1. der Verkäuer die Ware schuldhaft nicht oder nicht rechtzeitig liefert (Lieferungsverzug);
2. der Käufer die Zahlung des Kaufpreises schuldhaft nicht oder nicht rechtzeitig leistet (Zahlungsverzug).

Unter welchen Voraussetzungen kann der Schuldner in Leistungsverzug geraten?

Voraussetzungen des Leistungsverzuges sind die folgenden:

1. Den Schuldner muß ein Verschulden treffen (Fahrlässigkeit oder Vorsatz).
2. Die Leistung muß fällig sein.

Ist die Fälligkeit der Leistung kalendermäßig bestimmt, so kommt der Schuldner mit dem Eintritt der Fälligkeit (ohne Mahnung) in Verzug. Ist die Fälligkeit der Leistung nicht kalendermäßig bestimmt (z.B. bei den Konditionen „Prompte Lieferung“, „Netto Kasse nach Eintreffen der Ware“), dann kommt der Schuldner erst durch eine Mahnung in Verzug. Die Erhebung einer Klage auf Leistung, die Zustellung eines Postauftrages oder Mahnbescheids gelten als Mahnung.

Welche Rechte stehen dem Käufer bei einem Lieferungsverzug zu?

Befindet sich der Verkäufer in Lieferungsverzug, so kann der Käufer:

1. auf Erfüllung des Kaufvertrages bestehen;

2. auf Erfüllung bestehen und Schadensersatz wegen verspäteter Lieferung fordern;
3. vom Kaufvertrag zurücktreten;
4. auf Lieferung verzichten und Schadensersatz wegen Nichterfüllung verlangen.

Die unter Punkt 3. und 4. genannten Rechte kann der Käufer nur in Anspruch nehmen, nachdem er dem Verkäufer eine angemessene Nachfrist gesetzt und ihm erklärt hat, daß er nach Ablauf der Frist von einem dieser Rechte Gebrauch machen werde.

Welche Rechte kann der Käufer geltend machen, wenn der Verkäufer bei einem Fixgeschäft in Lieferungsverzug gerät?

Erfolgt die Lieferung nicht zum festgesetzten Termin, so kann der Käufer:

1. ohne Nachfrist vom Kaufvertrag zurücktreten;
2. Schadensersatz wegen Nichterfüllung verlangen, wenn die Nichteinhaltung des Liefertermins verschuldet ist;
3. die Erfüllung weiterhin verlangen, wenn er dies dem Verkäufer sofort ausdrücklich mitteilt.

Wie kann die Schadensberechnung bei einem Lieferungsverzug durchgeführt werden?

Die Berechnung des Schadens kann nach Wahl des Käufers konkret oder abstrakt erfolgen.

Bei der konkreten Schadensberechnung hat der Käufer den tatsächlichen Schaden nachzuweisen, der ihm durch die Nichterfüllung entstanden ist (z.B. Mehrpreis und Mehrkosten beim Deckungskauf).

Bei der abstrakten Schadensberechnung wird der vereinbarte Kaufpreis mit dem zu dem für die Schadensberechnung maßgebenden Zeitpunkt geltenden Börsen- oder Marktpreis verglichen. Ergibt sich ein Unterschied zuungunsten des Käufers, so ist dieser, gegebenenfalls auch der entgangene Gewinn, als Schaden zu vergüten.

Da die Schadenshöhe in der Regel schwer nachzuweisen ist, wird gelegentlich eine Vertragsstrafe für den Fall des Lieferungsverzuges vereinbart.

Welche Voraussetzungen müssen erfüllt sein, damit der Käufer in Annahmeverzug geraten kann?

Voraussetzungen für den Annahmeverzug sind:

1. die Fälligkeit der Lieferung;
2. das tatsächliche Angebot der Lieferung.

Ein Verschulden des Käufers gehört nicht zu den Voraussetzungen des Verzuges.

Welche Rechte stehen dem Verkäufer zu, wenn der Käufer in Annahmeverzug ist?

Ist der Käufer mit der Annahme der Ware im Verzug, so kann der Verkäufer die Ware auf Gefahr und Kosten des Käufers in einem öffentlichen Lagerhaus oder sonst in sicherer Weise hinterlegen und

1. den Käufer auf Abnahme der Ware und auf Kostenerstattung verklagen;
2. nach vorheriger Androhung die Ware öffentlich versteigern lassen (Selbsthilfeverkauf).

Wenn die Ware einen Börsen- oder Marktpreis hat, so kann sie durch einen öffentlich ermächtigten Handelsmakler oder Auktionär aus freier Hand verkauft werden. Der Selbsthilfeverkauf erfolgt für Rechnung des säumigen Käufers.

Welche Vorschriften hat der Verkäufer zu beachten, wenn er die vom Käufer nicht abgenommene Ware öffentlich versteigern läßt?

Wenn der Verkäufer die Ware öffentlich versteigern läßt, so hat er:

1. dem Käufer die Versteigerung anzudrohen;
2. den Käufer von der Zeit und dem Ort der Versteigerung vorher zu benachrichtigen;
3. den Käufer von dem Ergebnis der Versteigerung unverzüglich zu benachrichtigen.

Die Benachrichtigungen dürfen unterbleiben, wenn sie untunlich sind, z.B. die Ware dem Verderb ausgesetzt und Gefahr im Verzuge ist.

Welches Recht steht dem Verkäufer zu, wenn der Käufer in Zahlungsverzug geraten ist?

Befindet sich der Käufer in Zahlungsverzug, so hat der Verkäufer das Recht, Verzugszinsen zu berechnen. Wenn nichts anderes vereinbart wurde, beträgt der Zinssatz gemäß HGB 5 % bei beiderseitigem Handelskauf, sonst nach BGB 4 %.

Wie kann im Betrieb die Überwachung der Zahlungseingänge erfolgen?

Die Zahlungseingänge müssen überwacht werden, um nicht dem eigenen Betrieb flüssige Mittel zu entziehen. Hilfsmittel für die Überwachung der Zahlungseingänge sind: Terminkalender, Terminkartei, automatische Auswahl der zu mahnenden Kunden mit Hilfe der EDV-Anlage. Die Überwachung der Forderungen ist in der Regel Aufgabe der Buchhaltungsabteilung, evtl. einer eigenen Mahnabteilung.

Durch welche Maßnahmen kann ein säumiger Schuldner zur Zahlung veranlaßt werden?

Ein säumiger Schuldner kann durch das kaufmännische oder das gerichtliche Mahnverfahren oder durch Klage zur Zahlung veranlaßt werden. Die Art der Mahnung richtet sich nach der Ursache für die Zahlungsverzögerung (Vergeßlichkeit, Nachlässigkeit, Zahlungsunwilligkeit, Zahlungsunfähigkeit).

Welche Möglichkeiten stehen dem Gläubiger im Rahmen des kaufmännischen Mahnverfahrens zur Verfügung?

Mahnungen sollten höflich und geschickt erfolgen. Üblich ist die folgende Reihenfolge des kaufmännischen Mahnverfahrens:

1. Erinnerung durch Zusendung einer Rechnungskopie oder eines Kontoauszuges;
2. erster Mahnbrief mit Hinweis auf die Fälligkeit der Forderung;
3. zweiter Mahnbrief mit Fristsetzung;
4. dritter Mahnbrief mit Androhung des Einzuges durch Nachnahme, Postauftrag oder durch ein Inkassoinstitut;
5. Zustellung einer Postnachnahme, eines Postauftrages oder Auftrag an ein Inkassoinstitut;
6. letzte Mahnung unter Androhung gerichtlicher Maßnahmen.

Wie wird das gerichtliche Mahnverfahren durchgeführt?

Der Gläubiger stellt beim zuständigen Amtsgericht den Antrag auf Erlaß eines Mahnbescheids. Diese gerichtliche Mahnung wird dem Schuldner zugestellt. Der Schuldner kann daraufhin zahlen, Wiederspruch erheben oder den Mahnbescheid unbeachtet lassen.

Ein Widerspruch führt zur Gerichtsverhandlung und zum Urteil.

Bei Nichtbeachtung des Mahnbescheids kann der Gläubiger den Mahnbescheid für vorläufig vollstreckbar erklären lassen. Der Gerichtsvollzieher wird – je nach Antrag des Gläubigers – den Vollstreckungsbescheid nur zustellen oder sofort pfänden. Der Schuldner kann gegen den Vollstreckungsbescheid Einspruch erheben, was zur Verhandlung und zum Urteil führt. Unternimmt der Schuldner nichts, kann der Gläubiger durch die Verwertung des Pfandes befriedigt werden.

Wann erhebt ein Gläubiger Klage?

Ein Gläubiger erhebt Klage beim zuständigen Gericht (je nach Streitwert Amts- oder Landgericht), wenn er sich bei Zahlungsstreitigkeiten im Recht weiß, aber von vornherein damit rechnet, daß ein Mahnbescheid keinen Erfolg haben wird.

Wie wird das Klageverfahren durchgeführt?

Das Gericht prüft den Klageantrag, setzt einen Verhandlungstermin fest und stellt dem Beklagten die Klageschrift zu. In einer mündlichen Verhandlung soll der Tatbestand durch Beweismittel (Zeugenaussagen, Sachverständigenberichte, Augenschein, Urkunden) geklärt werden.

Wann kommt es zu einem Vergleich, und wann ergeht ein Urteil?

Wenn sich die Parteien während des Verfahrens einigen, kann jederzeit ein Vergleich geschlossen werden. Einigen sie sich nicht, dann entscheidet das Gericht den Fall durch ein Urteil.

c) Die Verjährung

Worin besteht das Wesen der Verjährung?

Die Verjährung ist ein gesetzliches Mittel der allgemeinen Rechtssicherheit, um veraltete Rechtsansprüche zu beseitigen. Die Verjährung gibt dem Schuldner ein Leistungsverweigerungsrecht durch Zeitablauf. Macht der Schuldner die Einrede der Verjährung geltend, kann der Gläubiger ihn nicht mehr zur Zahlung zwingen. Hat der Schuldner eine bereits verjährte Forderung bezahlt, kann er sein Geld jedoch nicht zurückfordern.

Warum gibt es das Recht der Verjährung?

Ein Anspruch, der vor langer Zeit entstand, ist oft unklar. Der Schuldner kann Schwierigkeiten haben zu beweisen, daß der Anspruch bereits befriedigt wurde oder aus einem anderen Grund nicht mehr besteht. Daher gibt ihm das Gesetz das Recht der Einrede der Verjährung, das von Beweisen unabhängig ist. Durch die Verjährung wird die Rechtssicherheit gefördert.

Welches sind die wichtigsten Verjährungsfristen?

Die gewöhnliche Verjährungsfrist beträgt 30 Jahre. Sie beginnt mit der Entstehung des Anspruchs. Die verkürzten Verjährungsfristen betragen 2 und 4 Jahre. Sie beginnen am Ende des Jahres, in dem der Anspruch entstand.

Durch die verkürzten Verjährungsfristen sollen häufiger vorkommende Schuldverhältnisse übersichtlicher gemacht werden, der Gläubiger soll zu beschleunigtem Einzug seiner Forderung veranlaßt werden, und der Schuldner soll von einer längeren Beweisaufbewahrungspflicht befreit werden.

Für welche Forderungen gilt die zweijährige Verjährungsfrist und für welche die vierjährige Verjährungsfrist?

Die zweijährige Verjährungsfrist gilt für Forderungen aus Lieferungen und Leistungen von Kaufleuten und Privatpersonen, ferner für Ansprüche von Transportbetrieben, Gastwirten, Lohn- und Gehaltsempfängern auf Lohn- bzw. Gehaltszahlung sowie Ärzten, Rechtsanwälten und anderen freiberuflich Tätigen auf ihre Honorare.

Die vierjährige Verjährungsfrist gilt für Ansprüche der Kaufleute untereinander, für Zinsansprüche aus regelmäßig wiederkehrenden Leistungen, z.B. Mieten.

Wodurch unterscheiden sich Hemmung und Unterbrechung der Verjährung?

Durch eine Hemmung (z.B. Stundung der Forderung durch den Gläubiger) wird die Verjährungsfrist verlängert, da der Zeitraum der Hemmung der Verjährungsfrist hinzugerechnet wird.

Durch eine Unterbrechung (z.B. Mahnbescheid des Gläubigers, Klageerhebung oder Anerkennung des Anspruches durch den Schuldner) beginnt die Verjährungsfrist neu zu laufen. Die Zeit vor der Unterbrechung zählt nicht mehr.

4. Die Lagerhaltung

Woraus ergibt sich die Notwendigkeit zur Lagerhaltung (Vorratshaltung)?

Die Notwendigkeit zur Lagerhaltung (Vorratshaltung) ergibt sich daraus, daß:

1. die Warenbeschaffung und der Warenabsatz zeitlich, räumlich und mengenmäßig nicht genau aufeinander abgestimmt werden können;
2. Marktchancen hinsichtlich Preis, Qualität und Lieferzeit ausgenutzt werden sollen;
3. ein Reservelager aus Sicherheitsgründen wegen unvorhersehbarer Lieferungsstockungen erforderlich sein kann;
4. den Kunden oftmals eine bestimmte Auswahl an Waren geboten werden muß;
5. bestimmte Waren erst auf dem Lager durch einen Reifungsprozeß (z.B. Wein) oder durch eine bestimmte Aufbereitung (z.B. Mischen, Reinigen) verkaufsgeeignet werden.

Welche Arten von Lagern unterhält in der Regel ein Einzelhandelsbetrieb?

Der Einzelhandelsbetrieb unterhält in der Regel ein Verkaufslager (Laden) und ein Ersatz- oder Reservelager.

Welche Arten von Lagern sind im Großhandel zu finden?

Im Großhandel sind sowohl Zentrallager als auch Verteilungslager an verschiedenen Orten (Auslieferungslager, Kommissionslager) zu finden.

Welche Lagerarten sind im Industriebetrieb zu unterscheiden?

Im Industriebetrieb sind je nach dem Bearbeitungszustand der Güter Rohstoff-, Halberzeugnis- und Fertigwarenlager zu unterscheiden. Nach dem Verwendungszweck geordnet gibt es Rohstoff-, Hilfsstoff-, Betriebsstoff-, Werkzeug-, Ersatzteil- und Büromateriallager.

Welche Aufgabe hat die Lagerverwaltung zu erfüllen?

Die Lagerverwaltung hat folgende Aufgaben zu erfüllen:

1. die Einrichtung geeigneter Lagerräume;

2. die rationelle Lagerung und Pflege der Güter;
3. die Kontrolle der Lagerbewegungen und des Gesamtbestandes;
4. die Erfassung und Überprüfung der Lagerkosten;
5. die Ermittlung der Bestellmenge und des Bestellzeitpunktes.

Welche typischen Arbeiten fallen im Lager für die Lagerverwaltung an?

Die typischen Arbeiten im Lager sind:

1. die Warenannahme einschließlich der Wareneingangskontrolle;
2. die Wartung der Lagerbestände;
3. die Ausgabe der Waren gegen entsprechenden Beleg (z.B. Lieferschein, Warenentnahmeschein);
4. die buchmäßige Verwaltung und Kontrolle der Bestände.

Welche sachlichen Betriebsmittel können im Bereich des Lagerwesens eingesetzt werden?

Sachliche Betriebsmittel im Bereich des Lagerwesens sind:

1. der Lagerraum – offene Lager, geschlossene Lager, allgemeine Lager, Speziallager wie Silos, Tanks, Kühlräume;
2. die Lagereinrichtung – Schränke, Ständer, Regale, Paletten, automatische Zähl-, Meß- und Wiegevorrichtungen;
3. die Transportmittel – Sammelkarren, Hubwagen, Gabelstapler, Krane, Rutschen, Förderanlagen, Aufzüge, Elevatoren.

Nach welchen Gesichtspunkten kann auf dem Lager eine zweckmäßige Warenanordnung vorgenommen werden?

Die Warenanordnung kann nach verschiedenen Gesichtspunkten vorgenommen werden, z.B.:

1. Lagerung nach Volumen, Gewicht und Sperrigkeit, wobei große, schwere und sperrige Güter so gelagert werden, daß sie möglichst nur kurze Strecken zu transportieren sind, während die kleinen, leichten und handlichen Waren an entfernteren Plätzen gelagert werden;

2. Lagerung nach dem Grad der Verderblichkeit, wobei darauf zu achten ist, daß durch besondere Kennzeichnung und Durchschieben der Ware im Regal jeweils die ältere Ware zuerst entnommen wird;
3. Lagerung nach der Umschlagshäufigkeit, wobei die Güter mit der größten Umschlagshäufigkeit die günstigsten und diejenigen mit der niedrigsten Umschlagshäufigkeit die ungünstigeren Standorte erhalten.

Welche Anforderungen sind an eine gute Artikelkennzeichnung zu stellen?

Eine gute Artikelkennzeichnung ist Voraussetzung für eine funktionierende Lagerordnung. Anforderungen an eine gute Artikelkennzeichnung sind:

1. der Artikel, die Warengruppe, die Abteilung und das Lager müssen eindeutig bestimmt werden;
2. der Artikel muß in ein System eingeordnet sein;
3. das Kennzeichnungssystem (Abkürzungen, Buchstaben, Ziffern) muß leicht erlernbar sein.

Welche Hilfe bietet der Lagerplan?

Im Lagerplan ist die Lagereinteilung verzeichnet. Nur mit Hilfe des Lagerplanes kann sich das Lagerpersonal sowohl bei der Warenannahme als auch bei der Warenpflege und Warenausgabe zurechtfinden.

Welche Kosten sind mit der Lagerung verbunden?

Die Kosten der Lagerung sind:

1. Warenkosten, z.B. Zinsen für das im Lagerbestand gebundene Kapital, Versicherungskosten für die versicherbaren Warenrisiken;
2. Raumkosten, z.B. Miete, Heizung, Beleuchtung, Abschreibung für Lagereinrichtungen;
3. Personalkosten, wie Löhne und Gehälter einschließlich der Sozialaufwendungen;
4. Transportkosten für die Warenbewegungen;
5. Verwaltungskosten.

Wodurch ist der eiserne Bestand gekennzeichnet?

Der eiserne Bestand oder Mindestbestand muß ständig auf dem Lager sein. Seine Aufgabe ist es, einen reibungslosen Betriebsablauf zu sichern. Der eiserne Bestand darf nur auf Anordnung der Betriebsleitung angebrochen werden.

Wovon hängt die Höhe des Mindestbestandes ab?

Die Höhe des Mindestbestandes hängt ab:

1. von der täglichen Bedarfsmenge;
2. von der Beschaffungszeit (Lieferfrist und Sicherheitsfrist).

Welche Bedeutung hat der Meldebestand?

Der Meldebestand bestimmt den Bestellzeitpunkt. Bei Erreichen des Meldebestandes muß die Bestellung veranlaßt (gemeldet) werden. Der Meldebestand liegt über dem Mindestbestand, so daß bei Eintreffen der bestellten Materialien der Mindestbestand noch nicht erreicht ist.

Wovon hängt die Höhe des Meldebestandes ab?

Die Höhe des Meldebestandes hängt ab von:

1. der täglichen Bedarfsmenge;
2. der Beschaffungszeit (Lieferfrist und Sicherheitsfrist);
3. der Höhe des Mindestbestandes.

Beispiel:

Tägliche Bedarfsmenge	2 Tonnen
Beschaffungszeit	20 Tage
Mindestbestand	10 Tonnen
Meldebestand	50 Tonnen

Worauf erstreckt sich die Lagerkontrolle?

Die Lagerkontrolle erstreckt sich auf die Qualität sowie auf Menge und Wert des Lagergutes.

Welche Hilfsmittel können für die Mengen- und die Wertkontrolle eingesetzt werden?

Die Mengen- und die Wertkontrolle können mit Hilfe von Lagerfachkarten, der Lagerbuchführung, des Wareneingangs- oder Warenausgangsbuches und der Inventur vorgenommen werden.

Welchem Zweck dient die Lagerfachkarte?

Auf den Lagerfachkarten werden der mengenmäßige Eingang, Ausgang und Bestand der einzelnen gelagerten Waren vermerkt. Sie werden auf dem Lager geführt und dienen der Mengenkontrolle.

Welche Angaben enthalten in der Regel die Lagerkarten der Lagerbuchführung?

Die Lagerkarten, die für jede Warenart angelegt werden, enthalten im Kopfteil die genaue Bezeichnung der Ware, die Angabe des Platzes, an dem sie im Lager zu finden ist, den Mindest- und Höchstbestand. Aus dem Hauptteil sind die Menge und der Wert jedes Einganges und Ausganges sowie des Bestandes ersichtlich.

Auf Grund welcher Belege kann die Lagerbuchführung vorgenommen werden?

Als Belege für die Lagerbuchführung kommen z.B. in Betracht:

1. für die Eingänge Lieferscheine, Eingangsrechnungen, Warenannahmezettel;
2. für die Ausgänge Materialentnahmescheine, Lagerausgangszettel, Versandanzeigen, Lieferscheine.

Zu welchen Preisen kann die Bewertung der Lagerbestände erfolgen?

Die Bewertung der Lagerbestände kann erfolgen:

1. zum Anschaffungspreis (Einstandspreis), der die Bezugskosten einschließt;
2. zum durchschnittlichen Anschaffungspreis (innerbetrieblichen Verrechnungspreis), wenn für gleichartige Waren im Laufe einer Periode verschiedene Preise zu zahlen waren;
3. zum Herstellungspreis, der außer dem Materialpreis und den Fertigungslöhnen auch die Material- und Fertigungsgemeinkosten enthält;
4. zum Tagespreis (Marktwert, Wiederbeschaffungswert), der am Bewertungsstichtag für die Ware gezahlt werden müßte;
5. zum Verkaufspreis.

Welche wirtschaftlichen Nachteile sind mit einem zu großen oder zu kleinen Lagerbestand verbunden?

Ein zu großer Lagerbestand bedeutet für den Betrieb, daß Kapital unnötig gebunden ist, ein erhöhter Aufwand an Zinsen und Lagerkosten sowie ein größereres Risiko durch Verderb, Schwund, Veralten und Preisschwankungen besteht. Ein zu kleiner Lagerbestand setzt die Leistungsfähigkeit herab und führt zu eiligen, preisungünstigen Bestellungen.

5. Die Handelsmittler

a) Der Handelsvertreter

Wer ist Handelsvertreter?

Handelsvertreter ist, wer ständig beauftragt ist, für das Handelsgewerbe eines anderen Geschäfte zu vermitteln oder in dessen Namen abzuschließen, ohne selbst Angestellter zu sein. Er ist Kaufmann nach § 1 HGB.

Welche Merkmale kennzeichnen den selbständigen Handelsmittler im Gegensatz zum Angestellten?

Selbständig ist, wer im wesentlichen frei seine Tätigkeit gestalten und seine Arbeitszeit bestimmen kann. Ist dem Handelsmittler weder ein bestimmter Tagesplan noch eine Mindestarbeitszeit, noch ein Arbeitspensum vorgeschrieben, gilt er als selbständig. Weitere Merkmale der Selbständigkeit sind Führung einer Firma, Übernahme der Geschäftskosten, Tätigkeit für mehrere Unternehmer. Wer nicht in diesem Sinne persönlich unabhängig ist, gilt als Angestellter.

Wie können die Handelsvertreter
1. nach dem Umfang ihrer Vertretungsbefugnis,
2. nach der Art ihrer Geschäftstätigkeit
eingeteilt werden?

Nach dem Umfang ihrer Vertretungsbefugnis sind zu unterscheiden:

1. der Vermittlungsvertreter;
2. der Abschlußvertreter.

Nach der Art ihrer Geschäftstätigkeit sind zu unterscheiden:

1. der Warenvertreter (Einkaufs- bzw. Verkaufsvertreter);
2. der Versicherungsvertreter;
3. der Bausparkassenvertreter;
4. der Beförderungsvertreter (z.B. der Reederei-Agent als Vertreter einer Linienreederei).

Welche Handelsmittler sind im Bereich des Außenhandels tätig?

Im Außenhandel gibt es:

1. den Exportvertreter als Mittler zwischen dem Hersteller von Ausfuhrwaren und dem Exporthändler;

2. den Auslandsvertreter als Mittler zwischen dem Exporteur und dem ausländischen Abnehmer;

3. den Cif-Agenten als Mittler zwischen dem ausländischen Ablader und dem Importeuer.

Welche Vertragspunkte sollten in einem Vertretervertrag geregelt sein?

Zu den Hauptpunkten eines Vertretervertrages zählen: Gegenstand der Vertretung, Vertretungsbezirk, Umfang der Vertretungsvollmacht, Pflichten des Vertreters (Sorgfaltspflicht, Benachrichtigungspflicht, Treuepflicht), Höhe und Fälligkeit der Provision, Vertragsdauer und Kündigungsfrist.

Für welche Geschäfte steht dem Handelsvertreter eine Provision zu?

Provisionspflichtig sind alle während des Vertragsverhältnisses abgeschlossenen Geschäfte, die auf die Tätigkeit des Handelsvertreters zurückzuführen sind. Für Nachbestellungen, die unmittelbar vom Käufer beim Lieferanten aufgegeben werden, ist Provision zu zahlen, wenn der Vertreter die Kunden geworben hat. Ein Bezirksvertreter kann Provision auch für Geschäfte beanspruchen, die ohne seine Mitwirkung mit Kunden seines Bezirks abgeschlossen worden sind.

Wann entsteht der Provisionsanspruch, wenn im Vertretervertrag darüber nichts vereinbart worden ist?

Der Anspruch auf Provision entsteht, sobald eine der Kaufvertragsparteien das Geschäft ausgeführt hat. Hat der Käufer erst nach der Warenlieferung zu zahlen, dann hängt der Provisionsanspruch von der tatsächlichen Leistung des Kaufpreises ab. Erfüllt der Käufer nicht, so entfällt der Anspruch auf Provision. Ein Vorschuß auf die Provision ist in diesem Falle zurückzuzahlen (Rückrechnungsprovision).

Wonach richtet sich die Höhe der dem Handelsvertreter zu zahlenden Vergütung?

Die Höhe der Provision richtet sich nach dem Vertretervertrag. Ist nichts vereinbart, so gilt der am Ort übliche Satz. Die Spesen des Vertreters (Porti, Fernmeldegebühren, Werbeauslagen) können mit der Provision abgegolten sein. Es kann aber auch vereinbart werden, daß die Spesen zum Teil oder in voller Höhe zu ersetzen sind. Ein gesetzlicher Anspruch hierauf besteht nicht.

b) Der Kommissionär

Wer ist Kommissionär? Kommissionär ist, wer es gewerbsmäßig übernimmt, Waren oder Wertpapiere für Rechnung eines anderen (des Kommittenten) in eigenem Namen zu kaufen oder zu verkaufen.

Wodurch unterscheidet sich das Kommissionsgeschäft vom Eigenhändlergeschäft? Beim Kommissionsgeschäft kommt es nicht zu einem Festkauf. Der Kommissionär trägt nicht das Absatzrisiko, erhält aber auch nicht den Gewinn aus dem Verkauf der Kommissionsware, sondern eine vertraglich festgelegte Kommission. Der Kommissionär ist an die Weisungen des Kommittenten gebunden, insoweit also nicht frei in seinen Entscheidungen.

Aus welchen Gründen werden Kommissionäre eingeschaltet? Kommissionäre werden eingeschaltet:

1. bei Effektengeschäften, da die Auftraggeber nicht selbst an der Börse handeln können;
2. bei Warengeschäften, um sich die Markt- bzw. Fachkenntnisse und die Absatz- bzw. Einkaufsorganisation des Kommissionärs zunutze zu machen. Der Verkaufskommissionär ist näher am Käufer (schnellere Auslieferung der Ware).

Welche Gründe können einen Kaufmann bewegen, Waren nicht fest zu kaufen, sondern in Kommission zu nehmen? Für den Kommissionär bedeutet die Übernahme von Kommissionen, daß er:

1. sein Kapital nicht bindet;
2. sein Warensortiment um die Kommissionsware erweitern kann;
3. nach außen wie ein Eigenhändler auftreten kann;
4. kein Absatzrisiko trägt;
5. seine Absatzorganisation besser ausnutzen kann;
6. seinen Geschäftsertrag um die Verkaufsprovision erhöhen kann.

Welche Pflichten übernimmt der Kommissionär? Der Kommissionär muß das übernommene Geschäft mit der Sorgfalt eines ordentlichen Kaufmanns ausführen. Im einzelnen heißt das:

1. Der Kommissionär muß das Interesse des Kommittenten wahrnehmen, d.h. zu günstigen Bedingungen abschließen. Alle erlangten Vorteile muß er dem Kommittenten zukommen lassen.
2. Er muß die Weisungen des Kommittenten befolgen, insbesondere den u.U. festgesetzten Höchst- bzw. Niedrigstpreis (Preislimit) beachten.
3. Er muß dem Kommittenten den Abschluß des Geschäftes mitteilen (Ausführungsanzeige).
4. Er muß dem Kommittenten Rechenschaft über das Geschäft geben (Abrechnung).
5. Er haftet dem Kommittenten für die Erfüllung des Geschäftes, wenn er ihm nicht zugleich mit der Ausführungsanzeige den Geschäftspartner nennt.

Welche Rechte stehen dem Kommissionär zu?

Dem Kommissionär stehen folgende Rechte zu:

1. Er hat Anspruch auf Provision und Auslagenersatz.
2. Er hat ein gesetzliches Pfandrecht an der Kommissionsware wegen der Forderung aus dem betreffenden Kommissionsgeschäft sowie wegen aller Forderungen aus laufender Rechnung in Kommissionsgeschäften.
3. Er hat das Selbsteintrittsrecht, wenn es sich um Waren mit einem Markt- oder Börsenpreis handelt, sowie bei Wertpapieren, für die ein Börsen- oder Marktpreis amtlich festgestellt wird.

Was bedeutet das Selbsteintrittsrecht?

Das Selbsteintrittsrecht bedeutet, daß der Kommissionär – falls er keine anderslautenden Weisungen vom Kommittenten erhalten hat – die Waren oder Wertpapiere, die er einkaufen soll, selbst als Verkäufer liefern bzw. die Waren oder Wertpapiere, die er verkaufen soll, selbst als Käufer übernehmen kann. Auch bei Ausübung des Selbsteintrittsrechtes hat der Kommissionär Anspruch auf Provision und auf Ersatz der sonst bei Kommissionsgeschäften regelmäßig vorkommenden Kosten.

Wann spricht man von einem Konsignationsvertrag?

Im Bereich des Außenhandels wird der Kommissionsvertrag als Konsignationsvertrag bezeichnet. Der Auftraggeber heißt hier Konsignant, der Kommissionär Konsignatar.

c) Der Handelsmakler

Wer ist Handelsmakler gemäß HGB, und wer ist Zivilmakler gemäß BGB?

Handelsmakler sind die Warenmakler, Effektenmakler (Kursmakler), Versicherungsmakler, Frachtenmakler und Schiffsmakler. Der Handelsmakler ist Kaufmann nach § 1 HGB.

Zivilmakler gemäß BGB sind die Grundstücksmakler, Theater- und Konzertvermittler sowie die Heiratsvermittler.

Worin besteht die Tätigkeit des Handelsmaklers?

Die Tätigkeit des Handelsmaklers besteht in der Vermittlung von Verträgen über Gegenstände des Handelsverkehrs. Die Vertragsabschlüsse selbst erfolgen durch die Parteien.

Wann hat der Handelsmakler Anspruch auf die Maklergebühr (Maklercourtage)?

Der Handelsmakler hat Anspruch auf Courtage, wenn er den Abschluß des Geschäftes vermittelt hat. Das ist in der Regel der Fall, wenn die vom Makler ausgestellte Schlußnote von beiden Parteien entgegengenommen und nicht beanstandet worden ist. In der Regel ist die Courtage von jeder Vertragspartei zur Hälfte zu tragen.

Welche Angaben enthält die Schlußnote?

Die Schlußnote des Handelsmaklers enthält die Parteien, den Gegenstand und die Bedingungen des Geschäftes. Sie ist den Parteien unverzüglich nach Abschluß des Geschäftes unterzeichnet zuzustellen und gilt als Beweisurkunde.

Welche Eintragungen hat der Handelsmakler in das Tagebuch vorzunehmen?

Der Handelsmakler ist verpflichtet, täglich in zeitlicher Reihenfolge alle abgeschlossenen Geschäfte (Namen der Parteien, Gegenstand und Bedingungen des Geschäftes) in einem Tagebuch einzutragen und täglich zu unterschreiben. Das Tagebuch ist zehn Jahre aufzubewahren.

Welche Folgen ergeben sich für den Handelsmakler, wenn er die Sorgfaltspflicht verletzt?

Der Handelsmakler muß die Vermittlertätigkeit mit der erforderlichen kaufmännischen Sorgfalt ausüben. Verletzt er diese Pflicht, z.B. wenn er die Schlußnote nicht oder nicht rechtzeitig übersendet, zugegangene Beanstandungen nicht fristgemäß weitergibt, so haftet er jeder der beiden Parteien auf Schadenersatz.

6. Der Nachrichtenverkehr

Der Hauptträger des Nachrichtenverkehrs ist die Post. In welcher Weise können Nachrichten durch die Post übermittelt werden?

Nachrichten werden als Briefe, Telegramme, Fernschreiben, Fernkopie, Bildschirmtext, Ferngespräche oder Funksprüche durch die Post übermittelt. Eine weitere Form des Nachrichtenverkehrs stellt das elektronische Mailbox-System dar, bei dem Nachrichten in elektronischen Postfächern hinterlegt und abgerufen werden können.

Welche Angaben soll eine vollständige Anschrift von Postsendungen enthalten?

Die Anschrift von Postsendungen soll enthalten: den Empfänger, die Straße, die Hausnummer oder das Postfach, den Bestimmungsort. Vor den Bestimmungsort gehört die Postleitzahl (1000 Berlin, 2000 Hamburg, 3000 Hannover, 4000 Düsseldorf, 5000 Köln, 6000 Frankfurt, 7000 Stuttgart, 8000 München). Außer der Anschrift gehört zu einer vollständigen Aufschrift auch die Bezeichnung der Versendungsart, z.B. Drucksache, Eilzustellung.

Welche Möglichkeiten bestehen für die Freimachung (Frankierung) von Postsendungen?

Postsendungen werden freigemacht durch:

1. Postwertzeichen (Briefmarken), und zwar Briefsendungen mit Ausnahme von Massendrucksachen und Wurfsendungen. Die Briefmarke kann durch einen Freistempel ersetzt werden;
2. Barzahlung der Gebühr am Postschalter, und zwar bei Massendrucksachen, Wurfsendungen, Paketsendungen;
3. Freistempelung durch die Post, wenn Briefsendungen von mindestens 100 Stück des gleichen Gebührensatzes eingeliefert werden.

Welche Sonderformen der Briefpost gibt es
1. nach der Schnelligkeit;
2. nach der Haftung;
3. nach der Zustellung?

Die Sonderformen sind:

1. nach der Schnelligkeit:

   Eilsendungen, die am Bestimmungsort sofort ausgetragen werden;

   Luftpostbriefe, die per Flugzeug befördert werden;

   Datapost, bei der schriftliche Mitteilungen, Dokumente und Waren im In- und Ausland auf den schnellsten internationalen Posttransportwegen vorrangig befördert werden;

2. nach der Haftung:

   Einschreibsendungen, für die die Post ohne Rücksicht auf den tatsächlichen Wert mit 40,— DM haftet;

   Wertbriefe, für die Post im Falle des Verlustes oder der Beschädigung den wirklich entstandenen Schaden, höchstens jedoch den angegebenen Wertbetrag, ersetzt;

3. nach der Zustellung:

   Briefe mit Rückschein (nur bei Einschreiben und Sendungen mit Wertangabe), bei denen dem Absender eine Bescheinigung des Empfängers über die Auslieferung der Sendung übersandt wird;

   Briefe mit Zustellungsurkunde, auf der vom Briefträger die Übergabe des Briefes an den Empfänger beurkundet wird.

Wodurch unterscheidet sich das Postschließfach vom Postfach?

Das Postschließfach kann gegen eine monatliche Gebühr gemietet werden. In dieses Fach wird alle ankommende Post gelegt, die jederzeit mit Hilfe eines eigenen Schlüssels abgeholt werden kann. Beim Postfach wird die ankommende Post, alphabetisch geordnet, in besondere Regale gelegt und am Schalter zu den Postzeiten ausgegeben. Für das Postfach wird keine Gebühr erhoben.

Für welche Sendungen sind Post-Nachnahmen zulässig?

Nachnahmesendungen sind zulässig bei Briefen, Päckchen, Paketen und Postgut bis zu einem Nachnahmehöchstbetrag von 3 000 DM.

Wie wird eine Post-Nachnahme abgewickelt?

Der Absender weist die Post durch den Vermerk in der Aufschrift „Nachnahme . . . DM“ an, die Sendung nur gegen Zahlung des angegebenen Nachnahmebetrages an den Empfänger auszuhändigen. Der eingezogene Nachnahmebetrag wird auf das Postgirokonto des Absenders unter Abzug der Zahlkartengebühr überwiesen. Ist der Empfänger bei der ersten Zustellung nicht angetroffen worden oder weigert er sich zu zahlen, so wird die Nachnahmesendung nach sieben Tagen noch einmal vorgezeigt, sofern der Absender nicht etwas anderes verfügt hat.

Wodurch unterscheiden sich Telegramme in offener Sprache und Telegramme in geheimer Sprache?

Telegramme in offener Sprache enthalten einen verständlichen Sinn. Jeder Ausdruck hat die Bedeutung, die ihm gewöhnlich beigelegt wird. Telegramme in geheimer (chiffrierter) Sprache bestehen aus künstlichen Wörtern von höchstens fünf Buchstaben, aus arabischen Ziffern oder aus natürlichen Wörtern, die aber eine andere, vereinbarte Bedeutung besitzen.

Welche Verzeichnisse geben Auskunft über Telex- und Teletex-anschlüsse sowie Telefaxteilnehmer?

Die inländischen Telex- und Teletexanschlüsse sind im Amtlichen Telex- und Teletexverzeichnis der Deutschen Bundespost enthalten. Die Telefaxteilnehmer sind in dem Amtlichen Telefax- und Telebriefverzeichnis der Deutschen Bundespost eingetragen. Außerdem erteilen die Auskunftstellen der Deutschen Bundespost Auskünfte über Rufnummern sowohl der im Inland als auch der im Ausland ansässigen Telex- und Teletexteilnehmer bzw. Telefaxteilnehmer.

Welche wirtschaftlichen Vorteile kann der Kaufmann aus der Benutzung eines Fernschreibers ziehen?

Der Fernschreibverkehr bietet die folgenden Vorteile:

1. Die übermittelten Nachrichten werden sowohl beim Absender als auch beim Empfänger wortgetreu festgehalten;

2. der Empfänger braucht bei der Nachrichtenübermittlung nicht persönlich anwesend zu sein;
3. die Nachrichtenübermittlung erfolgt in der Regel schneller als im Telegrammverkehr;
4. die Fernschreiben sind billiger als Ferngespräche und Telegramme.

Welche Hilfen bieten Lochstreifen beim Fernschreiben?

Lochstreifen ermöglichen ein besonders rationelles Fernschreiben. Mit Hilfe des Lochstreifens werden die Nachrichten gespeichert und mit der höchsten Sendegeschwindigkeit von 400 Zeichen je Minute automatisch ausgesendet, so daß Übertragungszeit und damit Gebühren gespart werden.

Was ist Teletex?

Teletex ist ein Fernmeldedienst für die Textkommunikation neben Telex und Telefax. Teletex nutzt die Weiterentwicklung der Schreibmaschine zum dialogfähigen elektronischen Gerät. Briefe werden elektronisch von Schreibmaschine zu Schreibmaschine übertragen. Dazu wird das öffentliche Fernmeldenetz als Übertragungsmedium verwendet.

Welche Leistung erbringt Teletex im Vergleich zum Telex?

1. Teletex überträgt alle Schriftzeichen der Schreibmaschinentastatur, auch Großbuchstaben.
2. Die Übertragung einer DIN-A-4-Seite dauert ca. 10 Sekunden.
3. Alle Kommunikationsfunktionen laufen weitgehend automatisch ab.
4. Jedes Teletex-Endgerät kann mit jedem anderen, auch intern, kommunizieren.
5. Jedes Teletex-Endgerät ist kompatibel (vereinbar) mit Telexgeräten.
6. Texte können auch bei unbesetzter oder lokal zum Schreiben genutzter Teletexstation empfangen werden (automatischer Speicher-zu-Speicher-Verkehr).
7. Der Empfang eines Teletex-Briefes wird automatisch quittiert.

Welche Arten von Gesprächen sind im Fernsprechdienst zu unterscheiden?

Zu unterscheiden sind:

1. Ortsgespräche;
2. Nahgespräche;
3. Ferngespräche;

Die Sprechdauer für eine Gebühreneinheit ist bei Orts- und Nahgesprächen gleich – Normaltarif 480 Sekunden, Billigtarif 720 Sekunden. Für die Gebührenberechnung der Ferngespräche im Selbstwähldienst gelten unterschiedliche Sprechzeiten für eine Gebühreneinheit – zwischen 4,42 Sekunden und 120 Sekunden.

Für handvermittelte Gespräche nach dem Ausland wird immer eine Mindestgebühr in Höhe der Gebühr für 3 Minuten erhoben, für jede volle oder angefangene weitere Minute ein Drittel dieser Gebühr.

Welche Tatsachen muß ein Außenhandelskaufmann berücksichtigen, der ein Ferngespräch mit einem Geschäftsfreund in Übersee führen will?

Der Außenhandelskaufmann muß beachten, daß:

1. Ferngespräche nach anderen Kontinenten oftmals nur zu bestimmten Zeiten vermittelt werden können;
2. die Herstellung der Verbindung durch das Fernamt evtl. längere Zeit in Anspruch nimmt;
3. im Lande seines Gesprächsteilnehmers u.U. eine andere Ortszeit gilt als in seinem eigenen Land.

Durch welche Eigenschaften zeichnet sich eine gute Telefonistin aus?

Eine gute Telefonistin verfügt über:

1. eine einwandfreie mündliche Ausdrucksfähigkeit;
2. einen höflichen Umgangston;
3. Geduld, Ausdauer, Zuverlässigkeit;
4. ein gutes Gedächtnis;
5. Verschwiegenheit.

Wie lautet die amtliche Buchstabiertafel für den Fernsprech- und Telegrammverkehr im Inland?

Inland:

A	= Anton	O	= Otto
Ä	= Ärger	Ö	= Ökonom
B	= Berta	P	= Paula
C	= Cäsar	Q	= Quelle
Ch	= Charlotte	R	= Richard
D	= Dora	S	= Samuel
E	= Emil	Sch	= Schule
F	= Friedrich	T	= Theodor
G	= Gustav	U	= Ulrich
H	= Heinrich	Ü	= Übermut
I	= Ida	V	= Viktor
J	= Julius	W	= Wilhelm
K	= Konrad	X	= Xanthippe
L	= Ludwig	Y	= Ypsilon
M	= Martha	Z	= Zacharias
N	= Nordpol		

Wie lautet die amtliche Buchstabiertafel für den Fernsprech- und Telegrammverkehr mit dem Ausland?

Ausland:

A	= Amsterdam	N	= New York
B	= Baltimore	O	= Oslo
C	= Casablanca	P	= Paris
D	= Danmark	Q	= Quebec
E	= Edison	R	= Roma
F	= Florida	S	= Santiago
G	= Gallipoli	T	= Tripolis
H	= Habana	U	= Upsala
I	= Italia	V	= Valencia
J	= Jerusalem	W	= Washington
K	= Kilogramm	X	= Xanthippe
L	= Liverpool	Y	= Yokohama
M	= Madagaskar	Z	= Zürich

Wie sind Zahlen im Fernsprech- und Telegrammverkehr anzusagen?

Im Fernsprech- und Telegrammverkehr sind Zahlen einzeln anzusagen, z.B. 630 752 = sechs-drei-null-sieben-fünf-zwo; 10 = eins-null; 100 = eins-hundert; 1 000 = eins-tausend.

Welcher besondere Fernmeldedienst stellt Bildschirmtext dar?

Bildschirmtext (Btx) ist ein Fernmeldedienst, bei dem der Fernsehempfänger zur Darstellung geschriebener oder grafischer Informationen benutzt wird, die über das Fernsprechnetz übermittelt werden.

Welche Anwendungsmöglichkeiten bestehen für Btx?

Anwendungsmöglichkeiten sind z.B.

1. für alle Btx-Teilnehmer –
   aktuelle Nachrichten,
   Behördeninformationen,
   Reise- und sonstige Veranstaltungsinformationen;
2. für bestimmte Teilnehmergruppen –
   Bezugsquellenverzeichnisse,
   Steuerberatungen,
   Rechtsauskünfte;
3. für einzelne Teilnehmer –
   briefliche Mitteilungen,
   Schadensmeldungen,
   Reservierungen;
4. für den Dialog mit den an Btx angeschlossenen Computern –
   Warenbestellungen,
   Banküberweisungen,
   Finanzierungsberatungen.

Welche Hilfe bietet die Rohrpost im innerbetrieblichen Nachrichtenverkehr?

In Betrieben, in denen Schnellnachrichten, Schecks, Formulare, Lochkarten, Warenscheine usw. in großen Mengen anfallen und schnell von Abteilung zu Abteilung oder Stockwerk zu Stockwerk befördert werden müssen, bietet die Rohrpost eine schnelle, zuverlässige und kostensparende Hilfe.

Wie wird eine Rohrpostanlage technisch betrieben?

Das zu versendende Schriftgut wird in besonderen Büchsen untergebracht und mit Hilfe von Druck- oder Saugluft durch Röhren zum Zielort getrieben. Die Einschaltung des Gebläses erfolgt beim Einwurf der Büchse in den Sender. Beim Ausfahren der Büchse wird das Gebläse automatisch abgeschaltet.

Auf welchen Gebieten betreibt die Bundespost den inländischen Funkverkehr?

Die Bundespost betreibt Küstenfunkstellen für Funktelegramme und Funkgespräche zwischen dem Festland und Schiffen, ferner für den Seenotdienst und für Navigationshilfen. Landfunkstellen sind z.B. der Hafenfunk in Seehäfen, der Rheinfunk für die Schiffe auf dem Rhein, der Autostraßenfunk sowie der Stadtfunk in verschiedenen Großstädten.

7. Der Güterverkehr

Welche Verkehrsträger werden als Helfer bei der Warenlieferung eingeschaltet?

Die Träger des Güterverkehrs sind:

1. die Eisenbahn;
2. der Kraftverkehr;
3. die Binnen- und Küstenschiffahrt;
4. die Seeschiffahrt;
5. die Luftfahrt.

Welche Transportdokumente können je nach der Wahl des Verkehrsträgers in Betracht kommen?

An Transportdokumenten können in Betracht kommen:

1. das Frachtbriefdoppel der Eisenbahn und des Kraftverkehrs;
2. der Ladeschein oder der Frachtbrief der Binnenschiffahrt;
3. das Konnossement der Seeschiffahrt;
4. der Luftfrachtbrief der Luftfahrt;
5. der Posteinlieferungsschein der Post;
6. die Spediteurübernahmebescheinigung des Speditionsunternehmens.

Wie heißen die Personen, die in der Regel bei einem Güterverkehrsgeschäft miteinander in Verbindung stehen?

Die beteiligten Personen sind in der Regel:

1. der Absender des Gutes (Versender, Befrachter);
2. der Frachtführer bzw. Verfrachter;
3. der Empfänger des Gutes.

Als Verkehrsmittler zwischen dem Verkehrsnutzer und dem Verkehrsträger wird in vielen Fällen ein Spediteur eingeschaltet.

Wer ist nach dem HGB Frachtführer?

Frachtführer ist, wer es gewerbsmäßig übernimmt, die Beförderung von Gütern zu Lande oder auf Flüssen oder sonstigen Binnengewässern auszuführen. Reeder zählen nicht zu den Frachtführern, sie sind Verfrachter.

Welche Pflichten hat der Frachtführer dem Absender gegenüber zu erfüllen?

Der Frachtführer hat:

1. innerhalb einer dem Ortsgebrauch entsprechenden oder den Umständen nach angemessenen Frist die Güter zu befördern und abzuliefern;
2. nachträgliche Verfügungen des Absenders, die Güter anzuhalten, zurückzugeben oder an einen anderen als den im Frachtbrief bezeichneten Empfänger auszuliefern, zu befolgen. Das Verfügungsrecht des Absenders erlischt, wenn nach Ankunft der Güter am Ablieferungsort der Frachtbrief dem Empfänger übergeben worden ist;
3. den Absender unverzüglich in Kenntnis zu setzen und dessen Anweisung einzuholen, wenn der Empfänger nicht zu ermitteln ist, dieser die Annahme der Güter verweigert oder sich ein anderes Ablieferungshindernis ergibt.

Welche Pflichten hat der Frachtführer dem Empfänger gegenüber zu erfüllen?

Der Frachtführer hat:

1. vor Ankunft des Gutes am Ablieferungsort alle Maßnahmen des Empfängers zuzulassen, die zur Sicherung des Gutes erforderlich sind;
2. nach Ankunft des Gutes am Ablieferungsort gegen Zahlung der Fracht den Frachtbrief zu übergeben und die Ware auszuliefern, es sei denn, der Absender hat dem Frachtführer eine entgegenstehende Anweisung erteilt.

Welche Rechte hat der Frachtführer aus dem Frachtvertrag?

1. Der Absender ist verpflichtet, dem Frachtführer die erforderlichen Begleitpapiere (Zollbegleitschein, Ursprungszeugnis, Gesundheitsattest u.a.) zu übergeben. Er haftet dem Frachtführer für alle Schäden, die aus dem Fehlen, der Unzulänglichkeit oder der Unrichtigkeit dieser Papiere entstehen.

2. Der Frachtführer hat Anspruch auf die vereinbarte oder tarifmäßige Fracht sowie auf Zahlung der Gebühren für Nebenleistungen und der sonstigen Auslagen.

3. Für alle durch den Frachtvertrag begründeten Forderungen hat der Frachtführer ein Pfandrecht an dem Gut.

a) Die Eisenbahn

Welche rechtlichen Grundlagen bestehen für den Eisenbahngüterverkehr?

Die rechtlichen Grundlagen für den Eisenbahngüterverkehr sind im HGB und der Eisenbahn-Verkehrsordnung (EVO) enthalten. Die handelsrechtlichen Vorschriften beziehen sich in erster Linie auf die Beförderungspflicht, die Haftung der Eisenbahn und das Pfandrecht. Die Vorschriften der EVO regeln im einzelnen die Beziehungen zwischen dem Absender, der Eisenbahn und dem Empfänger.

Worauf erstreckt sich die gesetzliche Kontrahierungspflicht (Beförderungspflicht) der staatlichen und privaten Eisenbahnen?

Jede dem öffentlichen Güterverkehr dienende Eisenbahn muß Gütersendungen von und nach allen Bahnhöfen übernehmen, wenn der Absender sich den geltenden Beförderungsbedingungen unterwirft und die Beförderung mit den regelmäßigen Beförderungsmitteln möglich ist.

Welche Güter sind vom Beförderungszwang ausgeschlossen?

Gemäß EVO sind von der Beförderung ausgeschlossen:

1. Gegenstände, die dem Postzwang unterliegen;
2. Gegenstände, deren Beförderung nach gesetzlichen Vorschriften untersagt ist;
3. Gegenstände, die sich wegen ihres Umfanges, ihres Gewichtes oder ihrer Beschaffenheit nicht zum Bahnversand eignen;
4. Gegenstände, die selbstentzündlich oder explosionsgefährlich sind oder die in anderer Weise gefährlich sein können.

Unter welchen Voraussetzungen können gefährliche und bestimmte andere Gegenstände von der Eisenbahn zur Beförderung zugelassen werden?

Diese Gegenstände können von der Eisenbahn zugelassen werden, wenn die „Vorschriften über die nur bedingt zur Beförderung zugelassenen Gegenstände" (Anlage C zu § 54 EVO) genau beachtet werden. In dieser Anlage zur EVO sind diese Güter einzeln aufgeführt und nach Klassen geordnet. Es sind für jedes Gut die besonderen Vorschriften über die Verpackung, Zusammenverpackung, Aufschriften, Gefahrenzettel, Versandart, Abfertigungsbeschränkungen, Frachtbriefvermerke, Zusammenladeverbote u.a. genau zu befolgen.

Welche Versandarten unterscheidet die Eisenbahn nach dem Umfang der Sendung?

Entsprechend ihrem Umfang kann eine Sendung als Stückgut oder als Wagenladung aufgeliefert werden. Eine Wagenladung ist eine Sendung, die der Absender als solche mit einem Frachtbrief für einen Wagen aufliefert. Alle übrigen Sendungen sich Stückgut.

Welche Versandarten unterscheidet die Eisenbahn nach der Schnelligkeit der Beförderung?

Nach der Schnelligkeit der Beförderung ist zu unterscheiden:

1. Frachtgut, Beförderung in Güterzügen;
2. Eilgut, Beförderung in Eilgüterzügen;
3. Expreßgut, Beförderung in Personenzügen und Schnellzügen.

Wer hat die Verladung und Ausladung der Stückgüter und der Wagenladungen zu übernehmen?

Das Verladen und Ausladen der Stückgüter wird von der Eisenbahn gebührenfrei besorgt (Ausnahme: unhandliche Gegenstände und solche, die mehr als 500 kg je Kollo wiegen). Wagenladungen sind vom Absender zu verladen und vom Empfänger zu entladen, wenn nicht dazu die Eisenbahn vom Absender (Frachtbriefvermerk) beauftragt wird.

Welche Vorteile bietet die Versendung von Waren als Expreßgut?

Vorteile der Versendung von Waren als Expreßgut sind:

1. Die Waren können jederzeit, an Sonn- und Feiertagen, Tag und Nacht aufgegeben werden;
2. sie werden am Bestimmungsort sofort ausgetragen;

3. sie werden im Packwagen der Eil- und D-Züge, evtl. der Personenzüge befördert.

Welche Güterwagen kann die Eisenbahn einem Absender zur Verladung von Sendungen gestellen?

Die Eisenbahn bietet ihren Kunden eine Fülle von verschiedenen Wagentypen, die nach Art, Umfang und Menge des Transportgutes mit unterschiedlichen technischen Einrichtungen versehen sind. Es gibt die drei Hauptgruppen der G- (gedeckte), O- (offene) und BT-Wagen (Großbehälter-Tragwagen). Zu allen Gruppen gehören Wagen unterschiedlicher Baureihen, die sich durch zusätzliche technische Einrichtungen, durch Ladefläche, Laderaum, Lastgrenzen u.a. unterscheiden.

Welche Angaben braucht die Eisenbahn, damit sie dem Absender einen Wagen ordnungsgemäß gestellen kann?

Damit die Eisenbahn einen Wagen ordnungsgemäß gestellen kann, braucht sie:

1. den Gestellungstag;
2. die Ladestelle;
3. Art und Gewicht der Sendung;
4. die Art des Wagens;
5. den Bestimmungsbahnhof.

Welche Markierungsdaten muß der Absender auf Stückgütern anbringen?

Nach EVO muß jedes Kollo einer Stückgutsendung in Übereinstimmung mit den Frachtbriefangaben deutlich und haltbar markiert sein mit:

1. Versand- und Bestimmungsbahnhof;
2. Anschriften des Absenders und Empfängers;
3. Marke und laufender Nummer;
4. Tag der Auflieferung;
5. Zahl der zur Sendung gehörenden Stücke.

Die Markierung kann haltbar auf das Packstück direkt aufgebracht werden. Meistens werden Aufkleber oder Anhänger aus Papier, Pappe oder Blech verwendet.

Um dem steigenden Wettbewerb mit dem Kraftverkehr zu begegnen, hat die Bundesbahn den Haus-zu-

Zum Haus-zu-Haus-Verkehr zählen:

1. der Behälterverkehr – bahneigene, verschließbare Behälter werden vom Absender auf seinem Lager beladen und dem Käufer nach der Beförderung zugerollt;

Haus-Verkehr entwickelt. Welche Einrichtungen zählen zu dem Haus-zu-Haus-Verkehr?

2. der Huckepackverkehr – Eisenbahnwagen werden auf ein Straßenfahrzeug (Culemeyer-Straßenroller) bzw. Straßenfahrzeuge (Lkw) auf ein Schienenfahrzeug geladen;
3. das Zweiwegfahrzeug – es kann auf der Schiene und (nach Aufsetzen von luftbereiften Rädern) auf der Straße fahren;
4. der Privatgleisanschluß – die Eisenbahnwagen können bis auf das Werksgelände des Absenders bzw. des Empfängers fahren.

Welche Vorteile bietet der Behälterverkehr dem Absender?

Der Absender spart:

1. Verpackungskosten, weil die Güter leicht verpackt oder unverpackt in dem Behälter verstaut werden können;
2. Fracht, weil für das Eigengewicht der Behälter keine Fracht berechnet wird und die Rücksendung von Leergut entfällt.

Welche Vorschriften gelten im Innerdeutschen Eisenbahngüterverkehr für die Frachtberechnung?

Für die Frachtberechnung gelten die Vorschriften des Deutschen Eisenbahn-Gütertarifs (DEGT), die Entfernungstafeln, die Frachtentafel und die Frachtsatzzeiger für Stückgut und Wagenladungen.

Wovon hängt die Höhe der zu zahlenden Fracht ab?

Die Höhe der Fracht hängt ab von:

1. dem Bruttogewicht der Sendung;
2. der Tarifentfernung zwischen Versand- und Bestimmungsbahnhof;
3. der Tarifklasse des Gutes;
4. der Verladungsart (Stückgut, Wagenladung);
5. der Schnelligkeit der Beförderung (Frachtgut, Expreßgut).

Wie wird die Fracht für gebrauchte Packmittel (Leergut) berechnet?

Für gebrauchte Packmittel wird bei Aufgabe als Frachtstückgut die Hälfte des wirklichen Gewichtes der Frachtberechnung zugrunde gelegt. Voraussetzung ist jedoch, daß die mit den Packmitteln zuletzt verpackten Güter auf der Eisenbahn befördert werden.

Von wem ist die Bahnfracht zu zahlen?

Der Absender hat die Wahl, ob er die Fracht und etwaige Nebengebühren bei Aufgabe des Gutes bezahlen oder auf den Empfänger überwälzen will. Für leichtverderbliche oder geringwertige Waren, deren Wert die Fracht nicht sicher deckt, kann Vorauszahlung der Fracht verlangt werden.

Welche Möglichkeit besteht für den Frachtschuldner, die Frachtzahlungen stunden zu lassen?

Der Frachtschuldner kann die Einrichtung eines Frachtstundungskontos bei der Deutschen Verkehrs-Kredit-Bank (DVKB) beantragen. Für diesen Frachtkredit ist in der Regel eine Sicherheit (Kaution, Bürgschaft) zu stellen. Der Stundungsnehmer erhält die jeweils für eine Dekade (10 Tage) anfallenden Frachtbeträge bis zu einem Höchstbetrag gestundet. Am 17. und 27. jeden Monats bzw. 7. des Folgemonats hat der Stundungsnehmer den Kredit zuzüglich einer Stundungsgebühr zu begleichen.

Welche Vorteile bieten die Ausnahmetarife?

Die Ausnahmetarife gewähren für bestimmte Güter oder Verkehrsverbindungen billigere Frachtsätze oder günstigere Beförderungsbedingungen.

Welche Ziele werden mit der Schaffung von Ausnahmetarifen verfolgt?

Durch die Ausnahmetarife will die Bundesbahn Güter von konkurrierenden in- und ausländischen Verkehrsträgern auf sich ziehen, um den Transport in allen oder in bestimmten Verkehrsrichtungen durch erhöhtes Ladungsangebot zu rationalisieren und die Selbstkosten zu senken (Wettbewerbstarife). In anderen Fällen soll aus Gründen des allgemeinen Wohls – also aus übergeordneten volkswirtschaftlichen Gründen – der Transport bestimmter Güter verbilligt werden, um einzelne Betriebe oder Wirtschaftszweige zu unterstützen (Unterstützungstarife).

Welche Ausnahmetarife sind nach den EG-Bestimmungen zugelassen?

Nach den EG-Bestimmungen sind grundsätzlich Wettbewerbstarife, die in der ganzen Welt als klassische Instrumente des Wettbewerbs der Verkehrsträger untereinander gelten, erlaubt. Typische Wettbewerbstarife sind die Seehafen-, die Ein- und Ausfuhrtarife. Dagegen sind die Binnentarife zu einem Teil Unterstützungstarife. Unterstützungstarife sind nur für unterentwickelte Gebiete und für Gebiete, die durch politische Umstände betroffen sind, zugelassen. Die Unterstützungstarife sollen wettbewerbskonform sein, d.h. sie sollen nicht unter den Selbstkosten liegen.

In welcher Weise ist der Antrag auf Anwendung des Ausnahmetarifes zu stellen?

Der Absender muß im Frachtbrief in der Spalte „Inhalt" die Güterart genau nach der Tarifbezeichnung beschreiben und die Tarifart angeben, z.B. „Drahtstifte aus Stahl zur Ausfuhr nach außerdeutschen Ländern über See".

Welche Vorteile bietet die Anwendung der internationalen Gütertarife (Verbandstarife)?

Verbandstarife bestehen zwischen den meisten europäischen Ländern, z.B. Deutsch-Italienischer Güter-Tarif, Nordisch-Deutscher Eisenbahngüter-Tarif, Deutsch-Englischer Fährboot-Tarif.

Die Vorteile der Verbandstarife bestehen darin, daß eine durchgehende Abfertigung und Frachtberechnung möglich und nur ein Frachtbrief erforderlich ist. Außerdem wird in den meisten Fällen durch die Anwendung eines Verbandstarifes eine Frachtverbilligung erreicht.

Inwieweit haftet die Eisenbahn für die ihr zur Beförderung übergebenen Güter?

Die Eisenbahn hat die volle Schadenshaftung, d.h. sie haftet:

1. für den Schaden, der durch gänzlichen oder teilweisen Verlust oder durch Beschädigung des Gutes in der Zeit von der Annahme zur Beförderung bis zur Ablieferung entsteht, es sei denn, der Schaden ist durch mangelhafte Verpackung, durch die Beschaffenheit der Ware oder durch höhere Gewalt verursacht worden;
2. für die Überschreitung der Lieferfrist, es sei denn, daß die Verspätung von einem Ereignis herrührt, das sie weder herbeigeführt hat noch abzuwenden vermochte.

Wonach richtet sich die Höhe des Schadensersatzes bei

Die Höhe des Schadenssatzes richtet sich nach dem Börsenpreis, Marktpreis oder gemeinen Wert, den gleichartige Güter am Versandort im Zeitpunkt der

Verlust oder Beschädigung der Güter?

Annahme zur Beförderung hatten (Regelfall). Höchstens werden 100,— DM je kg Rohgewicht gezahlt. Außerdem sind die Fracht, Zölle und sonstige gezahlte Beträge zu erstatten. Eine höhere Entschädigung kann beansprucht werden, wenn der Schaden durch Vorsatz oder grobe Fahrlässigkeit der Eisenbahn herbeigeführt wurde.

Wodurch kann sich der Verfügungsberechtigte eine höhere Ersatzleistung als im Regelfall sichern?

Durch Angabe eines Lieferwertes im Frachtbrief erwirbt der Verfügungsberechtigte einen Entschädigungsanspruch über den Regelfall hinaus bis zum angegebenen Wert, vorausgesetzt, daß der Schaden in der behaupteten Höhe nachgewiesen werden kann. Für die Angabe des Lieferwertes ist eine Gebühr nach dem Nebengebührentarif des DEGT zu zahlen.

Welche Entschädigung hat die Eisenbahn bei Überschreitung der Lieferfrist zu zahlen?

Bei Überschreitung der Lieferfrist hat die Eisenbahn den nachgewiesenen Schaden bis zur Höhe der Fracht zu ersetzen, wenn die Fristüberschreitung verschuldet war. Bei Lieferwertangabe kann ohne Schadensnachweis je Tag Überschreitung ein Fünftel der Fracht, höchstens die ganze Fracht bis zur Höhe des Lieferwertes, bei Schadensnachweis der nachgewiesene Schaden bis zur Höhe des Lieferwertes beansprucht werden.

Jeder Sendung, die per Eisenbahn zu befördern ist, muß der Absender einen Frachtbrief beigeben. Wozu dient der Frachtbrief?

Der von der Eisenbahn abgestempelte Frachtbrief dient:

1. als Beweis für den Abschluß des Frachtvertrages – der Abschluß ist erfolgt, sobald die Güterabfertigung das Gut mit dem Frachtbrief zur Beförderung angenommen hat;
2. als Warenbegleitpapier – der Frachtbrief enthält diejenigen Angaben, die für die Beförderung und Ablieferung der Sendung maßgeblich sind, und begleitet die Ware bis zum Bestimmungsbahnhof.

Welches Frachtbriefformular muß im innerdeutschen Verkehr und welches im

Bei der Auflieferung von Stückgut- und Wagenladungssendungen im innerdeutschen Verkehr ist der vierteilige Satzfrachtbrief mit folgenden Blättern zu verwenden:

internationalen Eisenbahnfrachtverkehr verwendet werden?

1. Empfangsblatt (für die Empfangsstation);
2. Frachtbrief (begleitet die Ware und wird dem Empfänger ausgehändigt);
3. Versandblatt (für die Versandstation);
4. Frachtbriefdoppel (für den Absender).

Für Eilgut ist der Satzfrachtbrief in rotem Druck ausgeführt.

Im internationalen Eisenbahnfrachtverkehr ist der internationale Frachtbrief (Lettre de voiture) auszufüllen, der die Gütersendungen vom Versandbahnhof bis zum Bestimmungsbahnhof durchgehend begleitet.

Welches Eisenbahnfrachtrecht liegt dem internationalen Frachtbrief zugrunde?

Dem internationalen Frachtbrief liegt zugrunde das internationale Übereinkommen über den Eisenbahnfrachtverkehr (IÜG bzw. CIM – Convention internationale concernant le transport des marchandises par chemins de fer), dem die wichtigsten Eisenbahnländer Europas als Vertragsstaaten beigetreten sind.

Wodurch kann der Absender erreichen, daß die Eisenbahn die Güter nur gegen Zahlung des Lieferungsgegenwertes an den Empfänger aushändigt?

Der Absender muß die Eisenbahn beauftragen, die Güter nur gegen Zahlung des im Frachtbrief angegebenen Nachnahmebetrages (Lieferungsgegenwert) auszuhändigen. Die Eisenbahn zahlt die Nachnahme an den Absender aus, sobald die Versandabfertigung die Anzeige der Empfangsabfertigung erhalten hat, daß der Empfänger die Nachnahme bezahlt hat.

Liegt der nachzunehmende Betrag unter 50,— DM, kann der Absender einen Barvorschuß erhalten. Die Eisenbahn zahlt dem Absender diesen Betrag bereits bei Auflieferung zur Beförderung unter Abzug einer Gebühr aus. Der Barvorschuß wird bei Auslieferung an den Empfänger von der Eisenbahn eingezogen.

Der Absender hat das Recht, den Frachtvertrag nachträglich abzuändern. Welche

Der Absender kann nachträglich verfügen, daß:

1. das Gut auf dem Versandbahnhof zurückgegeben werden soll;
2. die Ablieferung des Gutes ausgesetzt werden soll;

nachträglichen Verfügungen kann der Absender treffen?

3. das Gut unterwegs angehalten werden soll;
4. das Gut an einen anderen Empfänger abgeliefert werden soll;
5. das Gut auf einem anderen Bestimmungsbahnhof abgeliefert werden soll;
6. das Gut nach dem Versandbahnhof zurückgesandt werden soll;
7. eine Nachnahme nachträglich aufgelegt, erhöht, herabgesetzt oder aufgehoben werden soll.

Wann verliert der Absender das Recht, durch nachträgliche Verfügungen den Frachtvertrag abzuändern?

Der Absender kann nicht mehr nachträglich verfügen, wenn:

1. der Empfänger den Frachtbrief eingelöst hat;
2. dem Empfänger die Güter abgeliefert worden sind;
3. er ein ausgestelltes Frachtbriefdoppel nicht mehr besitzt;
4. bei Außenhandelsgeschäften die Sendung in das Zollgebiet des Bestimmungslandes eingetreten ist, vorausgesetzt, daß der Empfänger verfügungsberechtigt ist und die im Bestimmungsland anfallenden Beförderungskosten zu tragen hat.

Mit welchem Beleg kann der Verkäufer dem Käufer die rechtzeitige Ablieferung der Güter an die Eisenbahn beweisen?

Der Absender kann bei der Eisenbahn beantragen, daß ihm auf dem Frachtbriefdoppel die bahnseitige Annahme des Gutes unter Angabe des Tages, an dem sie es zur Beförderung angenommen hat, bescheinigt wird.

Welche wirtschaftliche Bedeutung besitzt das Frachtbriefdoppel?

Das Frachtbriefdoppel dient als Versandnachweis, als Mittel zur nachträglichen Verfügung über die Ware, als Inkassopapier und als Kreditunterlage.

Aus welchem Grunde eignet sich das Frachtbriefdoppel als Inkassopapier?

Mit der Klausel „Kasse gegen Frachtbriefdoppel“ wird vereinbart, daß der Käufer gegen Übergabe des Frachtbriefdoppels den Kaufpreis zu zahlen hat. Durch Einlösung des Frachtbriefdoppels erwirbt der

Käufer zwar nicht das Verfügungsrecht über die Ware, er hat aber die Gewißheit, daß die Sendung aufgeliefert und das Recht des Absenders auf nachträgliche Verfügungen gesperrt ist.

Inwiefern kann der Absender das Frachtbriefdoppel als Kreditunterlage verwenden?

Der Absender kann unter Übergabe des Frachtbriefdoppels die rollende Ware an die kreditgebende Bank verpfänden und sich einen Vorschuß auf den Verkaufserlös zahlen lassen (Vinkulationskredit). Beim Vinkulationskredit läßt die Bank zu ihrer Sicherheit die Warensendung in der Regel an eine neutrale Mittelsperson adressieren, z.B. an eine Korrespondenzbank oder an einen Spediteur.

b) Der Kraftverkehr

Welche rechtlichen Grundlagen bestehen für den Kraftwagen-Güterverkehr?

Die rechtlichen Grundlagen für den Kraftwagen-Güterverkehr sind in dem Güterkraftverkehrsgesetz (GüKG), dem Reichskraftwagentarif (RKT) und der Kraftverkehrsordnung (KVO) enthalten.

Wie wird der Kraftwagen-Güterverkehr eingeteilt?

Der Kraftwagen-Güterverkehr wird eingeteilt in:

1. Güternahverkehr;
2. Güterfernverkehr;
3. Internationaler Güterverkehr;
4. Möbelfernverkehr;
5. Güterfernverkehr der DB mit dem Lkw;
6. Werkverkehr.

Wer überwacht die Beförderung von Gütern im Fernverkehr?

Die Überwachung des Güterfernverkehrs geschieht durch die Bundesanstalt für den Güterfernverkehr, Köln. Sie hat dafür zu sorgen, daß alle Beteiligten die Tarif- und Beförderungsbedingungen einhalten.

Von wem werden die Tarife festgesetzt und erlassen?

Die Tarife werden von Tarifkommissionen festgesetzt und durch den Bundesminister für Verkehr im Einvernehmen mit dem Bundesminister für Wirtschaft genehmigt. Der Bundesminister für Verkehr setzt diese Tarife in der Form einer Rechtsverordnung in Kraft.

Welche Abfertigungsarten werden im LKW-Fernverkehr nach dem Umfang der Sendung unterschieden?

Der Absender kann:

1. das Gut dem Kraftverkehrsunternehmer als Stückgut zur Verladung übergeben;
2. sich ein Fahrzeug für die Verladung des Gutes (Ladungsverkehr) bestellen.

Wie wird die Abholung und Zustellung der Güter durchgeführt?

Stückgüter und Ladungsgüter werden durch den Kraftverkehrsunternehmer oder einen Dritten (z.B. Abfertigungsspediteur) vom Verlader abgeholt und dem Empfänger zugestellt, sofern sich aus dem Frachtbrief oder dem Frachtvertrag nichts Gegenteiliges ergibt.

Stückgüter und Ladungsgüter unter 2,5 t werden vom Unternehmen selbst nur unter bestimmten Voraussetzungen abgeholt und zugestellt.

Für Partien bis 2,5 t müssen für die Abholung und Zustellung die Rollgebühren des DEGT berechnet werden; Partien von mehr als 2,5 t werden rollgeldfrei abgeholt und zugestellt.

Aus welchen Blättern besteht der Frachtbrief nach dem RKT?

Der Frachtbrief, zu dessen Ausstellung der Absender verpflichtet ist, enthält folgende Blätter:

1. Blatt für die BAG oder Frachtenprüfstelle;
2. Blatt für den Empfänger;
3. Blatt für den Absender;
4. Blatt für den Kraftverkehrsunternehmer.

Innerhalb welcher Frist muß die Beförderung im Güterfernverkehr durchgeführt werden?

Die Lieferfrist beträgt für je angefangene 300 km 24 Stunden. Innerhalb dieser Zeit muß die Beförderung durchgeführt und das Gut dem Empfänger zugeführt bzw. zur Abnahme bereitgestellt werden. Eine Abfertigungsfrist, wie sie bei der Eisenbahn gilt, ist nach der KVO nicht vorgesehen.

Welche Vorteile bietet die Versendung von Gütern mit Lastkraftwagen?

Die Vorteile sind:

1. umladefreier Verkehr von Haus zu Haus;
2. kürzere Lieferfristen als bei der Eisenbahn.

Aus welchen Gründen kann der Lastkraftwagen für die Versendung von Gütern ungeeignet sein?

Der Lastkraftwagen ist ungeeignet, wenn:

1. Massengüter zu befördern sind;
2. das Transportgut keine stärkeren Erschütterungen vertragen kann;
3. die Güter der größeren Unfallgefahr im Straßenverkehr nicht ausgesetzt werden sollen.

Inwieweit haftet der Kraftverkehrsunternehmer aus dem Beförderungsvertrag?

Für die Haftungsbestimmungen der Kraftverkehrsordnung gilt das Prinzip der Gefährdungshaftung. Der Kraftverkehrsunternehmer haftet:

1. für alle Schäden, die durch Unfälle der Fahrzeuge oder andere Betriebsunfälle (z.B. Reifendefekt) an dem Gut entstehen;
2. für den Schaden, der durch gänzlichen oder teilweisen Verlust oder durch Beschädigung des Gutes in der Zeit von der Annahme zur Beförderung bis zur Auslieferung entsteht;
3. für die Überschreitung der Lieferfrist;
4. für falsche Auslieferung der Güter.

Welcher Wert ist dem Verfügungsberechtigten im Schadensfall zu ersetzen?

Als zu ersetzender Wert gilt der vom Verfügungsberechtigten nachzuweisende Fakturenwert zuzüglich aller Kosten und Spesen bis zum Bestimmungsort sowie zuzüglich eines nachzuweisenden entgangenen Gewinnes bis höchstens 10 % des Fakturenwertes. Höchstens werden je kg Rohgewicht 80,— DM erstattet.

c) Die Binnenschiffahrt

Welche rechtlichen Grundlagen bestehen für die Binnenschiffahrt?

Die rechtlichen Grundlagen für die Binnenschiffahrt bilden das Gesetz über den gewerblichen Binnenschiffsverkehr und die handelsrechtlichen Vorschriften über das Frachtgeschäft.

Welche Güter kommen vorwiegend für den Binnenschiffahrtstransport in Betracht?

Mit dem Binnenschiff werden überwiegend transportkostenempfindliche Massengüter, hauptsächlich Schüttgut, transportiert wie Kohlen, Sand, Steine, Eisenerze, Mineralöle, Düngemittel, Kalk, Zement.

Welche Arten von Schiffen dienen der Güterbeförderung auf Binnengewässern?

In der Binnenschiffahrt werden folgende Fahrzeuge eingesetzt:

1. Schleppkähne (Fahrzeuge ohne eigenen Antrieb) und Schlepper;
2. Motorschiffe (Selbstfahrer);
3. Schubzüge (ein Schubboot und mehrere Schubleichter).

Welche Aufgabe haben die verschiedenen Frachtenausschüsse zu erfüllen?

Die Frachtenausschüsse setzen die Entgelte fest, die für Verkehrsleistungen auf bestimmten Binnenwasserstraßen von den Schiffahrtstreibenden (Einzelschiffer und Reedereien) zu berechnen sind, und zwar die Transportsätze, Schiffsanteilfrachten, Schlepplöhne und sonstigen Vergütungen. Die von den Frachtenausschüssen beschlossenen Leistungsentgelte sind entweder Festentgelte oder Mindest-Höchst-Entgelte.

Wovon hängt die Höhe des Beförderungsentgeltes in der Binnenschiffahrt ab?

Die Höhe des Beförderungsentgeltes hängt im wesentlichen ab von:

1. der Ladungsmenge – je größer die Ladungsmenge ist, desto niedriger ist der Frachtsatz je Tonne;
2. der Fahrtrichtung – die Bergfahrt ist teurer als die Talfahrt;
3. der Länge der Liegezeiten – bei Überschreiten der Ladezeit ist Liegegeld zu zahlen.

Um welche Frachtzuschläge kann das Beförderungsentgelt unter Umständen erhöht werden?

An Frachtzuschlägen können in Betracht kommen:

Kleinwasserzuschläge, Hochwasserzuschläge, Eiszuschläge, Winterzuschläge, Längenzuschläge, Geruchs- und Schmutzzuschläge, Kleinmengenzuschläge, Motorschiffszuschläge, Schlepplohnzuschläge.

Welche Frachtpapiere können in der Binnenschiffahrt in Betracht kommen?

Folgende Frachtpapiere werden in der Binnenschiffahrt verwendet:

1. der Frachtbrief, der nach den gesetzlichen Vorschriften über den Landfrachtvertrag ausgestellt werden kann;
2. der Ladeschein, der auch als Konnossement bezeichnet wird.

Worin besteht der wesentliche Inhalt des Ladescheins?

Der Ladeschein enthält:

1. ein Empfangsbekenntnis des Frachtführers über die von ihm zur Beförderung angenommene Ladung;
2. ein Ablieferungsversprechen des Frachtführers, nach beendigter Frachtreise die Ladung an den berechtigten und legitimierten Inhaber des Ladescheins auszuhändigen.

Auf welche Weise kann der Empfänger im Ladeschein bezeichnet werden?

Der Empfänger kann angegeben sein:

1. mit seinem Namen (Namensladeschein);
2. mit seinem Namen und dem Zusatz „oder Order" (Orderladeschein);
3. mit der Klausel „an Order" (Orderladeschein).

Wie können die Rechte aus einem Namens- und einem Orderladeschein auf Dritte übertragen werden?

Die Rechte aus dem Namensladeschein können durch eine Forderungsabtretung (Zession) und die Rechte aus dem Orderladeschein durch Indossament auf Dritte übertragen werden.

Welche wirtschaftliche Bedeutung besitzt der Ladeschein?

Der Ladeschein erfüllt mehrere Funktionen. Er dient:

1. als Beweisurkunde für die rechtzeitige und mengenmäßig richtige Ablieferung der Ware an den Frachtführer;
2. als Verfügungspapier für Anweisungen des Ladescheininhabers, das Gut anzuhalten, zurückzugeben oder anderweitig auszuliefern;
3. als Empfangspapier, mit dem der Empfänger die Ware im Bestimmungshafen in Empfang nehmen kann;
4. als Traditionspapier, mit dem das Eigentum an der Ware vom Verkäufer auf den Käufer übertragen werden kann.

d) Die Seeschiffahrt

Welche Schiffe bilden die deutsche Handelsflotte?

Das Grundgesetz bestimmt, daß alle deutschen Kauffahrteischiffe eine einheitliche Handelsflotte bilden. Die unter der einheitlichen Handelsflagge fahrenden Schiffe genießen den Schutz der Bundesrepublik.

Wodurch ist die Trampschiffahrt gekennzeichnet?

In der Trampfahrt werden die Schiffe nach den jeweiligen Verkehrsbedürfnissen eingesetzt. Der Tramp-Reeder sucht sich auf dem Frachtenmarkt geeignete Ladung (Massengüter) und verchartert seine Schiffe.

Wodurch ist die Linienschiffahrt gekennzeichnet?

In der Linienfahrt verkehren die Schiffe auf festgelegten Routen mit bestimmten Anlaufhäfen fahrplanmäßig ohne Rücksicht auf die Ladungsmenge.

Worin besteht das Wesen der Schiffahrtskonferenzen?

Schiffahrtskonferenzen (z.B. La-Plata-Konferenz, Nahost-Konferenz) sind lose Zusammenschlüsse von Schiffahrtsgesellschaften mit kartellähnlichen Absprachen. Die Mitglieder geben einen Teil der wirtschaftlichen Selbständigkeit auf, indem sie Vereinbarungen über Frachtsätze, Beförderungsbedingungen und Schiffahrtsrouten treffen.

Welche Reedereien werden als „Outsider" bezeichnet?

Outsider sind die Linienreedereien, die Liniendienste in einem Konferenzgebiet betreiben, ohne dieser Konferenz anzugehören. Je nach Konkurrenzsituation liegen die Raten der Outsider unter denen der Konferenz oder sind ihnen gleichgesetzt.

Wie heißen die am Seefrachtvertrag beteiligten Personen?

Die am Seefrachtvertrag beteiligten Personen sind der Verfrachter (Reeder, Charterer) und der Befrachter (Absender). Neben dem Befrachter steht der Ablader als selbständiger Ladungsbeteiligter.

Wodurch unterscheiden sich beim Seefrachtvertrag der Befrachter und der Ablader?

Der Befrachter entspricht dem Absender des Landfrachtgeschäftes und ist zur Zahlung des Beförderungsentgeltes verpflichtet. Der Ablader liefert dem Verfrachter die Güter auf Grund des geschlossenen Frachtvertrages an. Ablader kann der Befrachter selbst sein oder ein Dritter, der im Namen des Befrachters handelt, z.B. ein Spediteur.

Welche Arten des Seefrachtvertrages gibt es?

Der Frachtvertrag zur Beförderung von Gütern kann abgeschlossen werden:

1. a) über ein Schiff im ganzen (Ganzcharter);

b) über einen verhältnismäßigen Teil (Teilcharter) oder einen bestimmt bezeichneten Raum des Schiffes (Raumcharter);

2. für einzelne Güter (Stückgütervertrag).

Für welche Waren werden in der Regel Charterverträge abgeschlossen?

Charterverträge werden in der Regel für die Verfrachtung von frachtkostenempfindlichen Massengütern abgeschlossen wie Kohle, Holz, Kali, Phosphate, Salpeter, Erze, Roheisen, Zement, Mineralöl, Getreide und Baumwolle.

Wie heißt die schriftliche Urkunde über den Abschluß eines Chartervertrages, und von wem ist sie zu unterzeichnen?

Die Urkunde über den Abschluß eines Chartervertrages (Ganz-, Teil- oder Raumcharter) heißt Charterpartie (engl. Charter-Party), die von jeder der beiden Parteien, dem Befrachter und dem Verfrachter, zu unterzeichnen ist. Oftmals unterzeichnet jedoch nur der vermittelnde Schiffsmakler im Auftrage beider Parteien.

Welche Beweisurkunde kann über den Abschluß eines Stückgütervertrages ausgestellt werden?

Eine besondere Beweisurkunde wie für den Chartervertrag gibt es bei dem Stückgütervertrag nicht. Wird von den Reedereien für die erfolgte und genehmigte Güteranmeldung ein Buchungszettel ausgestellt, so gilt dieser als Beweisurkunde für den Abschluß des Stückgütervertrages.

Inwiefern kann das Konnossement als Beweisurkunde für den Inhalt des Stückgütervertrages herangezogen werden?

Das Konnossement regelt zwar gemäß HGB das Rechtsverhältnis zwischen dem Verfrachter und dem Empfänger der Güter (während der Frachtvertrag zwischen dem Verfrachter und dem Befrachter geschlossen wird), aber die allgemeinen Verfrachtungsbedingungen in den Konnossementsformularen, insbesondere die Freizeichnungsklauseln, gelten zum größten Teil auch für das Rechtsverhältnis zwischen dem Verfrachter und dem Befrachter.

Wer schuldet dem Verfrachter die Fracht?

Auf Grund des Frachtvertrages bleibt der Befrachter so lange Frachtschuldner, bis der Empfänger das Frachtgut im Löschungshafen übernommen hat. Mit der Annahme der Güter wird der Empfänger verpflichtet, die Fracht nebst allen Nebengebühren zu zahlen.

Welche Sicherungsrechte besitzt der Verfrachter für den Fall, daß der Frachtschuldner die Seefracht nicht zahlt?

Der Verfrachter besitzt:

1. ein Zurückbehaltungsrecht, d.h. er braucht die Güter nur Zug um Zug gegen Zahlung der Fracht an den Empfänger auszuliefern;
2. ein gesetzliches Pfandrecht an der Ladung, d.h. er kann die Frachtzahlung durch öffentliche Versteigerung bzw. freihändigen Verkauf der Güter erreichen.

Wie lange besteht das gesetzliche Pfandrecht des Verfrachters an der Ladung?

Das Pfandrecht besteht:

1. als Besitzpfandrecht von der Übernahme der Ladung bis zur Ablieferung mit Einschluß der Kailagerung und Hinterlegung;
2. nach der Ablieferung, sofern es binnen dreißig Tagen nach beendigter Ablieferung gerichtlich geltend gemacht wird und das Gut noch im Besitz des Empfängers ist.

Welche verschiedenen Arten der Berechnung der Seefracht gibt es?

Die Seefracht kann berechnet werden:

1. als Pauschalfracht (Lumpsum), die ohne Rücksicht auf Maß oder Gewicht der Ladung zu zahlen ist;
2. als Zeitfracht;
3. nach der Ladefähigkeit des Charterschiffes, unabhängig von der tatsächlichen Ladungsmenge;
4. auf Ratenbasis, bei der die Fracht nach dem Ausmaß der tatsächlich verladenen Güter zu zahlen ist. Diese Art der Frachtberechnung herrscht sowohl im Charter- wie im Stückgutverkehr vor.

Welche Frachteinheit wird in der Regel der Frachtberechnung für Stückgüter zugrunde gelegt?

Die Frachteinheit ist in der Regel die Frachttonne. Die metrische Frachttonne ist entweder 1 000 kg oder 1 cbm. Die Reedereien rechnen jeweils mit der Frachttonne, die ihnen die höchste Fracht einbringt.

Um welche Frachtzuschläge kann die Grundrate erhöht werden?

Je nach Art des Frachtgutes, der Verkehrsrichtung, der Jahreszeit können erhoben werden: Schwergutzuschläge, Längenzuschläge, Zuschlagsfrachten (Surcharges), Manifestgebühren, Kai- und Löschgelder (wharfages), Leichtergebühren, Winterzuschläge, Bunkerzuschläge, Währungszuschläge.

Wofür haftet der Verfrachter aus dem Frachtvertrag?

Der Verfrachter ist verpflichtet, beim Einladen, Stauen, Befördern, Behandeln und Ausladen der Güter mit der Sorgfalt eines ordentlichen Verfrachters zu verfahren. Er haftet für den Schaden, der durch Verlust oder Beschädigung der Güter in der Zeit von der Annahme bis zur Ablieferung entsteht, es sei denn, daß der Verlust oder die Beschädigung auf Umständen beruht, die durch die Sorgfalt eines ordentlichen Verfrachters nicht abgewendet werden konnten.

Für welche Schäden ist die Haftung des Verfrachters ausgeschlossen?

Der Verfrachter haftet nicht für Schäden, die entstehen:

1. aus Gefahren oder Unfällen der See;
2. aus kriegerischen Ereignissen, Unruhen, Verfügungen von hoher Hand sowie aus Quarantänebeschränkungen;
3. aus gerichtlicher Beschlagnahme;
4. aus Streik, Aussperrung oder einer sonstigen Arbeitsbehinderung;
5. aus Handlungen oder Unterlassungen des Abladers oder Eigentümers des Gutes oder seiner Vertreter;
6. aus der Rettung oder dem Versuch der Rettung von Leben oder Eigentum zur See;
7. aus Schwund an Raumgehalt oder Gewicht oder aus verborgenen Mängeln oder der eigentümlichen natürlichen Art oder Beschaffenheit des Gutes.

In welchen Fällen liegt kleine Haverei und in welchen Fällen besondere Haverei vor?

Kleine Haverei sind alle gewöhnlichen und ungewöhnlichen Kosten der Schiffahrt (Lotsengeld, Hafengeld, Schlepplohn, Quarantänegeld), für die der Verfrachter allein aufzukommen hat.

Besondere Haverei liegt vor, wenn durch einen Unfall Schäden und Kosten an dem Schiff und/oder an der Ladung entstanden sind (Schiffszusammenstoß, Eindringen von Seewasser, Brand). Die Schäden und Kosten werden von jedem Betroffenen für sich allein getragen.

Unter welchen Voraussetzungen ist ein Fall der Havarie grosse gegeben?

Ein Fall der Havarie grosse (gemeinschaftliche Haverei, große Haverei) ist unter folgenden Voraussetzungen gegeben:

1. Schiff und Ladung müssen sich in gemeinschaftlicher Gefahr befinden, d.h. vom Untergang bedroht sein.
2. Dem Schiff und/oder der Ladung werden Schäden zugefügt bzw. für sie werden Kosten verursacht, um beide aus einer gemeinschaftlichen Gefahr zu retten, z.B. Werfen oder Leichtern von Ladungsteilen.
3. Der Kapitän oder sein berechtigter Vertreter muß die Maßnahmen zur Rettung aus der Gefahr befehlen.
4. Schiff und Ladung müssen zumindest teilweise gerettet werden.

Welcher Grundgedanke hat zur Entwicklung der Havarie grosse geführt?

Der Grundgedanke der Havarie grosse ist die Gefahrengemeinschaft von Schiff und Ladung. Wenn der Kapitän zur Errettung aus gemeinsamer Gefahr entweder Opfer an Schiff oder Ladung durch vorsätzliche Schadenszufügung bringt oder Kosten aufwendet, so sollen solche Opfer bzw. Kosten auf alle Beteiligten anteilmäßig umgelegt werden.

Worin besteht der wesentliche Inhalt des Konnossements?

Das Konnossement enthält:

1. ein Empfangsbekenntnis des Verfrachters über die von ihm zur Beförderung angenommene Ladung;
2. ein Ablieferungsversprechen des Verfrachters, nach beendigter Frachtreise die Ladung an den berechtigten und legitimierten Inhaber des Konnossementes auszuhändigen.

Welche Konnossementsarten sind im HGB geregelt?

Das Gesetz kennt zwei Arten von Konnossementen:

1. das Bordkonnossement (Shipped-Konnossement), das ausgestellt wird, sobald die Güter an Bord genommen sind;

2. das Übernahmekonnossement (Received-Konnossement), das mit Zustimmung des Abladers ausgestellt werden kann über Güter, die zwar zur Beförderung von der Reederei übernommen, aber noch nicht an Bord genommen sind.

Welche Funktionen erfüllt das Konnossement bei der Abwicklung von Überseegeschäften?

Bei der Abwicklung von Überseegeschäften dient das Konnossement:

1. als Beweisurkunde darüber, wann und wo die Ware abgeladen bzw. verschifft worden ist;
2. als Verfügungspapier, weil der Konnossementsinhaber – gegen Rückgabe sämtlicher Konnossementsausfertigungen – verfügen kann, daß die Ware angehalten, umgeleitet oder anderweitig ausgeliefert werden soll;
3. als Empfangspapier, mit dem der Empfänger die Ware im Bestimmungshafen in Empfang nehmen kann;
4. als Traditionspapier, mit dessen Übergabe der Verkäufer das Eigentum an der Ware auf den Käufer übertragen kann.

e) Die Luftfahrt

Welche internationalen Organisationen dienen der Vereinheitlichung und Förderung der Zivilluftfahrt?

Der Vereinheitlichung und Förderung der Zivilluftfahrt dienen:

1. als internationale staatliche Organisation die International Civil Aviation Organization (ICAO), der die meisten Staaten angehören, soweit sie Mitglied der Vereinten Nationen sind;
2. als internationale private Organisation die International Air Transport Association (IATA), in der die bedeutenden Luftverkehrsunternehmungen zusammengeschlossen sind.

Beide Organisationen haben ihren Sitz in Montreal.

In welchen Fällen ist es zweckmäßig, Güter mit dem Flugzeug transportieren zu lassen?

Der Gütertransport mit dem Flugzeug erfolgt schnell, regelmäßig, pünktlich und sicher, aber zu verhältnismäßig hohen Frachten. Der Lufttransport ist daher zweckmäßig bei:

1. eilbedürftigen Gütern, z.B. Zeitungen, Katalogen, Warenproben, Ersatzteilen;
2. leichtverderblichen Gütern, z.B. Blumen, Nahrungsmitteln;
3. empfindlichen Gütern, z.B. Teilen von Rundfunk- und Fernsehgeräten, Fotoapparaten, Porzellan;
4. hochwertigen Gütern, z.B. Edelmetallen, Uhren;
5. lebenden Tieren, z.B. Pferden, Fischbrut.

Inwiefern kann ein Kostenvergleich zwischen Lufttransport und Seetransport zugunsten des Lufttransportes ausfallen, obgleich die reinen Luftfrachtkosten höher liegen als die Seefrachtkosten?

Ein Kostenvergleich zwischen den beiden Versandarten kann zugunsten des Lufttransportes ausfallen, weil:

1. die wesentlich kürzere Transportdauer und die erschütterungsfreie Beförderung der Güter eine Einsparung an Verpackungskosten erlauben;
2. die Prämien für die Transportversicherung im Luftverkehr wesentlich niedriger sind als im Seeverkehr;
3. bei C.o.d.-Geschäften (c.o.d. = cash on delivery) der Verkäufer schneller den Lieferungsgegenwert erhält und somit Zinsvorteile haben kann.

Welche rechtlichen Grundlagen bestehen für den Luftfrachtvertrag?

Die Beförderungsbedingungen der IATA sind in der Regel die rechtliche Grundlage für den Luftfrachtvertrag. Soweit diese Beförderungsbedingungen bei internationaler Beförderung dem „Abkommen zur Vereinheitlichung von Regeln über die Beförderung im internationalen Luftverkehr“ (Warschauer Abkommen) bzw. bei innerdeutscher Beförderung zwingenden deutschen Rechtsvorschriften widersprechen, sind die Bestimmungen des Warschauer Abkommens bzw. des deutschen Rechts maßgebend.

Alle Luftfahrtgesellschaften, die der IATA angehören, berechnen einheitliche Frachtraten, die sie laufend in ihren Tarifen veröffentlichen. Welche Arten von Frachtraten sind zu unterscheiden?

Für die Berechnung der Fracht können in Betracht kommen:

1. die allgemeinen Frachtraten (General Cargo Rates), die in der Regel gestaffelt sind in Raten für Sendungen bis 45 kg und über 45 kg; die Raten für Sendungen über 45 kg sind um etwa 25 % niedriger als die Raten für Sendungen bis 45 kg;
2. die Spezialraten (Specific Commodity Rates), die für bestimmte Warenarten auf bestimmten Flugstrecken Frachtermäßigungen bieten; im Durchschnitt liegen die Spezialraten etwa 50 % unter den allgemeinen Raten bis 45 kg.

Wann wird die Luftfracht nicht nach dem Gewicht, sondern nach dem Rauminhalt berechnet?

Sendungen, deren Rauminhalt im Verhältnis zum Bruttogewicht außergewöhnlich groß ist, werden nach dem Volumen berechnet. Übersteigt der Rauminhalt 6 cdm je kg, so wird der Rauminhalt bei der Frachtberechnung zugrunde gelegt.

Von wem ist die Luftfracht zu zahlen?

Die Frachtkosten sind grundsätzlich am Aufgabeort vom Absender zu zahlen. Es besteht jedoch die Möglichkeit, diese Kosten vom Empfänger nachzunehmen (Charges Collect – Frachtnachnahme). Der Absender haftet für alle Kosten, falls der Empfänger sich aus irgendeinem Grunde weigert, die Fracht zu zahlen. Sendungen, deren Handelswert nicht den Frachtbetrag erreicht, werden zur Beförderung unter Frachtnachnahme nur angenommen, wenn der Absender eine Sicherheit bietet.

Inwieweit haftet der Luftfrachtführer für die ihm zur Beförderung übergebenen Güter?

Nach dem Warschauer Abkommen haftet der Luftfrachtführer für Zerstörung, Verlust oder Beschädigung von aufgegebenem Frachtgut, solange sich das Frachtgut auf einem Flughafen oder an Bord eines Flugzeuges befindet, bis zu einer bestimmten Haftungsgrenze.

Wodurch kann die Haftungsgrenze aufgehoben werden?

Bei jeder internationalen Beförderung muß der Absender im Luftfrachtbrief eine Deklaration des Beförderungswertes abgeben. Liegt der deklarierte Beförderungswert über dem Haftungshöchstbetrag, so haftet der Luftfrachtführer bis zur Höhe des deklarierten Wertes. Die Haftung übersteigt jedoch in keinem Fall den tatsächlichen Wert der Ware am Bestimmungsort.

Für welche Güter bestehen im Luftverkehr Beförderungsverbote bzw. -einschränkungen?

Aus Gründen der Sicherheit sind solche Güter von der Beförderung ausgeschlossen oder nur unter besonderen Bedingungen zur Beförderung zugelassen, die auf Grund ihrer Beschaffenheit eine Gefahr für das Flugzeug oder die im Flugzeug beförderten Menschen und anderen Güter bedeuten, insbesondere ätzende, explosionsgefährliche, selbstentzündliche, brennbare, giftige Güter.

Welches Beförderungsdokument wird im Luftfrachtverkehr verwendet?

Im Luftfrachtverkehr wird als Beförderungsdokument der Luftfrachtbrief (Air Way Bill) verwendet, der teils vom Absender (shipper), teils vom Luftfrachtführer (carrier) auszufüllen ist.

Wieviel Ausfertigungen des Luftfrachtbriefes sind dem Luftfrachtführer vom Absender mit dem Gut auszuhändigen?

Der Luftfrachtbrief ist in der Regel in zehn Ausfertigungen auszufüllen. Die ersten drei Exemplare (Nr. 1 für die Luftfahrtgesellschaft, Nr. 2 für den Empfänger, Nr. 3 für den Absender) gelten als Originale. Die übrigen Exemplare sind Kopien.

An wen hat der Luftfrachtführer die Güter im Ankunftsflughafen auszuhändigen?

Der Luftfrachtführer darf die im Frachtbrief verzeichneten Güter nur an den benannten Empfänger aushändigen. Der Luftfrachtbrief ist ein Namenspapier. Es ist nicht möglich, ihn „an Order“ auszustellen.

Welche Bedeutung hat die Klausel „Shippers c.o.d.“ im Luftfrachtbrief?

Shippers c.o.d. (cash on delivery) bedeutet eine Vereinbarung zwischen dem Absender und einer Luftfahrtgesellschaft, wonach bei Auslieferung der Sendung die Luftfahrtgesellschaft eine Nachnahme des Warenwertes beim Empfänger vornehmen soll.

Welche Funktionen erfüllt die Originalausfertigung Nr. 3

Die Originalausfertigung Nr. 3 des Luftfrachtbriefes dient als Beweisurkunde über den zwischen dem Absender und Luftfrachtführer abgeschlossenen Beför-

des Luftfrachtbriefes, die dem Absender ausgehändigt wird?

derungsvertrag, als Versandnachweis, als Frachtrechnung und als Verfügungspapier. Der Luftfrachtbrief wird bei Vereinbarung einer Warenwertnachnahme zu einem Inkassopapier und, sofern eine Transportversicherung über die Luftfahrtgesellschaft abgeschlossen wurde, zu einem Versicherungszertifikat. Der Luftfrachtbrief ist kein Traditionspapier.

f) Der Paketpostdienst

In welchem Fall ist die Güterversendung mit der Post vorzuziehen?

Die Versendung mit der Post ist bei allen Kleingutsendungen vorzuziehen, weil:

1. der Versand schnell, pünktlich, regelmäßig und sicher vonstatten geht;
2. Minimalfrachten vermieden werden können;
3. die Sendungen auf zahlreichen Annahmestellen bequem aufgeliefert werden können;
4. die Sendungen bis in die entlegensten Gegenden befördert werden.

Welche Möglichkeiten bestehen, Güter im Postdienst zu versenden?

Im Postdienst können Güter als Päckchen, Pakete und Postgut versendet werden.

Pakete bis 10 kg sind im Postversand billiger als bei einem Versand mit der Bahn.

Welche Höchstgewichte bestehen für Päckchen, Pakete und Postgut?

Die Höchstgewichte betragen für:

1. Päckchen 2 kg (Ausland 1 kg);
2. Pakete 20 kg;
3. Postgut 20 kg;

Wonach richtet sich die Höhe der Paketgebühren?

Die Paketgebühr setzt sich zusammen aus der Beförderungs- und der Zustellungsgebühr.

Die Höhe der Beförderungsgebühr richtet sich nach dem Gewicht, der Entfernung und der Art der Sendung (Standardpaket, Paket, sperriges Paket). Die Zustellungsgebühr beträgt immer 2,50 DM und wird stets vom Empfänger erhoben.

Welche Pakete werden von der Post als sperrig betrachtet?

Pakete gelten als sperrig, wenn sie:

1. die Maße 120 cm x 60 cm x 60 cm überschreiten;
2. eine besondere Behandlung erfordern, z.B. Fahrräder, Kinderwagen, Körbe.

Für sperrige Pakete wird ein Zuschlag von 50 % der Paketgebühr erhoben.

Was ist unter Postgut zu verstehen?

Nichtsperrige Pakete bis zu 10 Stück an denselben Empfänger können von Selbstbuchern als Postgut aufgegeben werden. Der Tarif ist niedriger als der für Pakete. Die Aufschrift muß die Bezeichnung „Postgut" tragen.

Wodurch ist das Selbstbucherverfahren gekennzeichnet?

Versender, die regelmäßig Pakete, Einschreib- oder Wertsendungen bei der Post einliefern, können das Wiegen, Errechnen der Gebühr und Aufkleben der Nummernzettel im eigenen Betrieb vornehmen. Jede Sendung wird mit Durchschrift in ein Einlieferungsbuch eingetragen. Bei der Einlieferung auf der Post wird die Originalseite aus dem Einlieferungsbuch herausgetrennt und beim Postamt verwahrt. Die Gebühren werden wöchentlich vom Postscheckkonto des Selbstbuchers abgebucht.

8. Die Dienstleistungen des Spediteurs und des Lagerhalters

Wer ist Spediteur gemäß HGB?

Spediteur ist, wer es gewerbsmäßig übernimmt, Güterversendungen durch Frachtführer oder durch Verfrachter von Seeschiffen für Rechnung eines anderen (des Versenders) in eigenem Namen zu besorgen.

In welchem Fall ist der Spediteur zugleich Frachtführer bzw. Verfrachter?

Der Spediteur kann die Beförderung der Güter, die er nach dem Speditionsvertrag „besorgen" soll, selbst ausführen (Selbsteintritt). In diesem Fall hat der Spediteur zugleich die Rechte und Pflichten eines Frachtführers bzw. Verfrachters. Ihm stehen dann die gewöhnliche Fracht, die Speditionsprovision und die Erstattung der sonst regelmäßig vorkommenden Kosten zu.

Mit welchen Verkehrsmitteln übt der Spediteur das Selbsteintrittsrecht aus?

Vornehmlich der binnenländische Speditionsbetrieb übt als sogenannter „Gemischtbetrieb“ das Selbsteintrittsrecht durch Einsatz eigener Lastkraftwagen im Orts-, Nah- und Fernverkehr aus. Daneben werden in selteneren Fällen Binnenschiffe oder Flugzeuge eingesetzt.

Welche Pflichten übernehmen der Spediteur und der Kunde durch den Abschluß des Speditionsvertrages?

Der Spediteur übernimmt die Pflicht, die Besorgung des Güterversandes mit der Sorgfalt eines ordentlichen Kaufmannes unter Wahrung der Interessen des Auftraggebers durchzuführen.

Der Kunde übernimmt die Pflicht, dem Spediteur das Gut zur Transportbesorgung zu übergeben, die Provision und alle Auslagen, die dem Spediteur im Rahmen der Transportbesorgung entstehen, zu bezahlen.

Welchen Vorteil hat der Versender bei der Spedition zu einem festen Übernahmesatz?

Übernimmt der Spediteur die Güter zu einem festen Übernahmesatz (Beförderungssatz), in dem alle regelrechten Kosten der Beförderung und des Umschlages eingeschlossen sind, so kann der Versender die Frachtkosten in bestimmter Höhe in seinen Preis einkalkulieren. Er ist sicher, daß die tatsächlich zu zahlenden Frachtkosten nicht von den kalkulierten abweichen. Außerdem besteht die Möglichkeit eines Frachtkostenvergleiches, wenn mehrere Angebote für einen Speditionsauftrag eingeholt werden.

Inwiefern kann bei kleineren Sendungen der Frachtkostenanteil je Packstück durch Einschaltung eines Spediteurs gesenkt werden?

Werden dem Spediteur kleinere Sendungen zur Abfertigung in Sammelladung übergeben, so können sie zu niedrigeren Frachtkosten befördert werden. Beim Eisenbahnverkehr zahlt der Versender an Stelle des Stückgutsatzes einen Frachtsatz, der zwischen der Stückgut- und der Wagenladungsfracht liegt (Kundensatz). Im seewärtigen Sammelladungsverkehr können Frachtkostenersparnisse durch Vermeidung der Minimalfrachten und durch Umlage der Konsulatsgebühren erreicht werden.

Wofür muß der Spediteur eine Speditionsversicherung

Ein Spediteur, der einen Speditionsvertrag gemäß den Allgemeinen Deutschen Spediteurbedingungen (ADSp) abschließt, ist verpflichtet, eine Speditionsver-

(SVS mit RVS) abschließen?

sicherung durch Zeichnung eines Speditionsversicherungsscheines (SVS) und eines Rollfuhrversicherungsscheines (RVS) abzuschließen. Die Speditionsversicherung deckt Schäden aus Dispositionsfehlern des Spediteurs (z.B. Fehlleitung von Gütern, fehlerhafte Zolldeklarierung, unzureichende Musterziehung) und Rollfuhrschäden. Die Speditions- und die Rollfuhrversicherung werden stets zusammen abgeschlossen, es sei denn, der Auftraggeber untersagt ausdrücklich den Abschluß einer oder beider Versicherungen.

Worin bestehen die Dienste des Luftfrachtspediteurs?

Der Luftfrachtspediteur ist in der Regel als Agent der IATA tätig und vermittelt den Abschluß von Frachtverträgen zwischen dem Versender und den Luftverkehrsgesellschaften. Er berät die Versender hinsichtlich Aufmachung und Verpackung der Luftfrachtsendungen, gibt Auskünfte über Verkehrszeiten und -wege, besorgt den An- und Abtransport der Luftfrachtgüter und erledigt die Zollformalitäten.

Worin bestehen die Aufgaben des Grenzspediteurs?

Der Grenzspediteur wird vornehmlich zur Erledigung von Zollformalitäten bei der Ein- und Ausfuhr über die „trockene Grenze" eingeschaltet. Als Zollbeteiligter kann er der Verzollung beiwohnen und die Interessen seines Auftraggebers den Zollbehörden gegenüber wahrnehmen. Außerdem wird er oft mit der Ladungskontrolle und der Zwischenbehandlung der Güter (Ummarkieren, Nachbeeisen) beauftragt.

Welche Dienste leistet der Seehafenspediteur?

Der Seehafenspediteur wird bei der Abwicklung sowohl von Importgeschäften als auch von Exportgeschäften eingeschaltet.

Bei einkommenden Sendungen prüft der Seehafenspediteur die Dokumente und besorgt die Untersuchung, Abnahme und Kontrolle der Ware bis zur Weiterleitung oder Einlagerung.

Bei ausgehenden Sendungen besteht die Spediteurleistung in der sachgemäßen Verschiffung der Ware, dem Abschluß einer Seeversicherung und der Erledigung der erforderlichen Ausfuhrformalitäten.

Wer ist Lagerhalter gemäß HGB?

Lagerhalter ist, wer gewerbsmäßig die Lagerung und Aufbewahrung von Gütern übernimmt.

Worin bestehen die Aufgaben des Lagerhalters?

Der Lagerhalter hat in erster Linie für die Lagerung und Aufbewahrung der eingelagerten Güter zu sorgen. Dazu gehören die Prüfung der äußerlichen Beschaffenheit der Ware im Zeitpunkt der Einlagerung, die sorgfältige Pflege der Waren und die unverzügliche Unterrichtung des Einlagerers, wenn Verderb zu befürchten ist.

Weitere Aufgaben sind die Kontrolle der Ware bei der Abnahme an der Bahn oder am Kai, der Abtransport der eingetroffenen Güter auf das Lager und das Manipulieren der Waren.

Auf Verlangen des Einlagerers ist ihm die Einlagerung der Waren vom Lagerhalter zu bescheinigen. Welche Papiere kommen dafür in Betracht?

Dem Einlagerer wird auf sein Verlangen entweder ein Lager-Empfangsschein oder ein Lagerschein vom Lagerhalter ausgestellt. Der Lager-Empfangsschein ist lediglich eine Quittung über den Empfang der Ware, der bei der Auslagerung nicht unbedingt zurückgegeben werden muß. Der Lagerschein stellt ebenfalls eine Empfangsbescheinigung dar, gleichzeitig verpflichtet sich jedoch der Lagerhalter darin, die Ware nur gegen Rückgabe des Lagerscheines auszuliefern.

Welche Arten von Lagerscheinen sind zu unterscheiden?

Zu unterscheiden sind der Namenslagerschein (Rektalagerschein) und der Orderlagerschein (Warrant). Der Namenslagerschein kann durch Zession und Übergabe des Scheines, der Orderlagerschein durch Indossament und Übergabe des Scheines an Dritte übertragen werden. Mit der Übergabe des Orderlagerscheines wird gleichzeitig das Eigentum an der darin bezeichneten Ware übertragen (Traditionspapier).

Orderlagerscheine dürfen nur von Lagerhaltern ausgestellt werden, die hierzu vom Staat ermächtigt

Die Ermächtigung zur Ausstellung von Orderlagerscheinen kann nur erteilt werden, wenn:

1. die verantwortlichen Geschäftsleiter des Lagerhausunternehmens die fachliche Eignung und die erforderliche Zuverlässigkeit besitzen;

sind. Welche sachlichen Voraussetzungen muß ein Lagerhalter erfüllen, um eine entsprechende Ermächtigung zu erhalten?

2. die wirtschaftlichen Verhältnisse des Unternehmens die Gewähr für eine ordnungsgemäße Durchführung des Lagergeschäftes bieten;
3. der Lagerraum durchschnittlichen Anforderungen an seine technische Ausgestaltung genügt und eine angemessene Größe aufweist.

Bei nicht im Eigentum des Antragstellers stehenden Lagerräumen muß die Verfügungsbefugnis des Antragstellers über die Lagerräume für eine angemessene Zeitdauer gesichert sein.

Worin liegt die wirtschaftliche Bedeutung des Lagerscheines?

Die wirtschaftliche Bedeutung des Lagerscheines besteht hauptsächlich in seiner Verwendungsmöglichkeit als Kreditsicherungsmittel. Im Rahmen des Kaufvertrages kann der Einlagerer als Verkäufer mit Hilfe des Lagerscheines die körperliche Übergabe der Ware an den Käufer durch einen Dritten vollziehen lassen. Außerdem kann der Verkäufer die Aushändigung des Lagerscheines von der Zahlung des Kaufpreises abhängig machen, so daß der Käufer die Ware erst nach Zahlung des Kaufpreises empfangen kann.

9. Der Zahlungsverkehr

Welche Aufgaben erfüllt das Geld in der modernen Wirtschaft?

Das Geld dient der modernen Wirtschaft als:

1. Tauschmittel, an Stelle des Warentausches treten Kauf und Verkauf;
2. Wertmesser, der Preis (Wert) der Güter wird in Geld ausgedrückt;
3. Wertaufbewahrungsmittel, die Vermögensbildung kann über Spargelder vorgenommen werden;
4. Wertübertragungsmittel im Zahlungs- und Kreditverkehr.

Welche Eigenschaften muß das Geld besitzen, damit es seinen

Das Geld muß:

1. allgemein als Tausch- und Zahlungsmittel anerkannt sein;

wirtschaftlichen Aufgaben gerecht werden kann?

2. wertbeständig sein;
3. teilbar sein (Stückelung);
4. leicht transportierbar sein.

In welchen Formen wird das Geld im Zahlungsverkehr verwendet?

Im Zahlungsverkehr wird das Geld verwendet:

1. als Metallgeld (Münzgeld) in Form von Scheidemünzen;
2. als Papiergeld in Form von Banknoten;
3. als Buchgeld (Giralgeld) in Form von Bankguthaben.

Auf welche Weise kann die Bargeldzahlung vorgenommen werden?

Die Bargeldzahlung kann vorgenommen werden durch:

1. die Zahlung mit Münzen und Banknoten durch Übergabe von Hand zu Hand oder durch Boten;
2. die Übersendung des Geldes in einem Wertbrief;
3. die Übersendung des Geldes mittels Postanweisung;
4. den Geldeinzug mittels Postauftrages;
5. den Geldeinzug mittels Postnachnahme.

In welcher Form können bargeldsparende Zahlungen vorgenommen werden?

Bargeldsparende (halbbare) Zahlungen können vorgenommen werden mit:

1. dem Einzahlungszettel (Zahlschein), wenn der Zahlungsempfänger über ein Bank- oder Postgirokonto verfügt;
2. dem Barscheck, wenn der Zahlende ein Bank- oder Postgirokonto unterhält.

Welche Arten von Postaufträgen sind zu unterscheiden?

Man unterscheidet folgende Arten von Postaufträgen:

1. Postzustellungsauftrag;
2. Postprotestauftrag – Höchstbetrag 3000 DM.

Es gibt Postaufträge mit anhängender Postanweisung und Postaufträge mit anhängender Zahlkarte.

Wie können bargeldlose Zahlungen veranlaßt werden?

Bargeldlose Zahlungen können durch Überweisung oder Verrechnungsscheck (= Verfügungsmittel über Buchgeld) veranlaßt werden.

Aus welchen Teilen besteht das Einheitsüberweisungsformular der Kreditinstitute?

Das Einheitsüberweisungsformular der Kreditinstitute besteht aus drei Teilen:

Blatt 1 ist der Überweisungsauftrag, der als Beleg bei der Bank des Auftraggebers verbleibt;

Blatt 2 dient als Beleg für den Auftraggeber;

Blatt 3 ist der Überweisungsträger (Gutschriftsträger), der über die beteiligten Stellen zum Empfänger gelangt.

Bei einigen Kreditinstituten werden auch zweiteilige Formulare verwendet (ohne Durchschrift für den Auftraggeber).

Über welche Gironetze kann der bargeldlose Zahlungsverkehr abgewickelt werden?

Der bargeldlose Zahlungsverkehr kann über die folgenden Gironetze abgewickelt werden:

1. das Gironetz der Landeszentralbanken;
2. das Gironetz der Postgiroämter;
3. das Gironetz der Sparkassen mit ihren Girozentralen;
4. das Gironetz der Genossenschaftsbanken mit ihren Zentralkassen;
5. das Gironetz der privaten Kreditbanken.

Welche Möglichkeiten haben die Kreditinstitute, die Überweisungen durchzuführen?

Die Kreditinstitute können Überweisungen durchführen als:

1. Übertrag, wenn der Auftraggeber und der Zahlungsempfänger bei derselben Bank (Kontostelle) ein Konto unterhalten;
2. unmittelbare (direkte) Überweisung, wenn Auftraggeber und Empfänger ihre Konten bei verschiedenen Kontostellen unterhalten, die ihrerseits in unmittelbarer Kontoverbindung stehen;
3. mittelbare (indirekte) Überweisung, wenn die Kontostellen des Auftraggebers und des Zahlungsempfängers nicht in unmittelbarer Kontoverbindung stehen und die Überweisung durch eine Zentralstelle vermittelt und verrechnet wird.

Welchen Vorteil bietet die Dauerüberweisung dem Bankkunden?

Die Dauerüberweisung (Dauerauftrag), die sich bei regelmäßig wiederkehrenden Zahlungen wie Beiträgen, Mieten, Renten, Zinsen, Steuern empfiehlt, bietet den Vorteil, daß der Bankkunde nur einmal den Überweisungsauftrag zu erteilen hat (Arbeitsersparnis) und die Zahlungstermine nicht zu überwachen braucht.

Was ist im Einzugsverkehr unter einer Lastschrift zu verstehen?

Eine Lastschrift ist ein Einzugspapier, mit dem der Zahlungsempfänger durch Vermittlung seines Kreditinstitutes aus dem Guthaben des Zahlungsverpflichteten bei demselben oder einem anderen Kreditinstitut den aus der Lastschrift (gelbes Formular) ersichtlichen Betrag erhebt.

Welche Arten der Lastschrift sind zu unterscheiden?

Es sind zu unterscheiden:

1. Lastschriften, die auf einem Abbuchungsauftrag beruhen, den der Zahlungsverpflichtete seiner Bank zugunsten des Zahlungsempfängers erteilt hat;
2. Lastschriften, die auf einer Einzugsermächtigung beruhen, die der Zahlungsverpflichtete dem Zahlungsempfänger erteilt hat.

Wodurch unterscheiden sich die Einzugsquittung und die Lastschrift?

Die wichtigsten Unterschiede sind:

1. Die Einzugsquittung ist ein sogenanntes vorlagepflichtiges Dokument, sie kann vom Zahlungsempfänger auch dann zum Einzug gegeben werden, wenn weder ein Abbuchungsauftrag noch eine Einzugsermächtigung des Zahlungspflichtigen vorliegen (obwohl sie auch bei der Quittung meist eingeholt werden).
2. Die Einzugsquittung muß ein Fälligkeitsdatum haben, die Lastschrift ist immer ein Sichtpapier.
3. Die Einzugsquittung wird banktechnisch wie ein Einzugswechsel behandelt, während das Lastschriftverfahren der rückläufigen Überweisung ähnelt.

Welche Zahlungsmöglichkeiten gibt es im Postgiroverkehr?

Als Zahlungsmöglichkeiten kommen in Betracht:

1. die Einzahlung mit dem Zahlschein;
2. die Auszahlung mit dem Postscheck, eurocheque oder der eurocheque-Karte an Geldautomaten;

3. die Umbuchung von Konto zu Konto mittels Überweisung.

Der Kontoinhaber eines Postgirokontos kann am Postbarscheckverfahren teilnehmen, wenn er dies dem kontoführenden Postgiroamt schriftlich mitteilt. Welche Bedingungen gelten für die Teilnahme am Postbarscheckverfahren?

Die Bedingungen sind:

1. Der Postgiroteilnehmer kann bei einem von ihm zu benennenden Postamt oder einer Poststelle Barbeträge aus seinem verfügbaren Postgiroguthaben mit Postscheck gebührenfrei abheben.
2. Das Postgiroamt übersendet dem Postgiroteilnehmer eine Ausweiskarte, die bei jeder Abhebung vorzulegen ist.
3. Vor Abhebung des Betrages hat der Postgiroteilnehmer sorgfältig anhand des letzten Kontoauszuges zu prüfen, ob ein ausreichendes Guthaben auf seinem Postgirokonto vorhanden ist.
4. Aus einem Postgirokonto wird täglich nur eine Auszahlung im Postbarscheckverfahren geleistet. Der Betrag darf 20.000,— DM grundsätzlich nicht übersteigen.
5. Postbarschecks können von den Personen unterschrieben werden, deren Unterschriftsproben beim Postgiroamt hinterlegt sind.
6. Der Betrag wird an jeden ausgezahlt, der den Postbarscheck und die Ausweiskarte vorlegt. Der Überbringer hat den Empfang des Betrags auf der Rückseite des Postbarschecks zu bestätigen.

Wann kann im Postgiroverkehr ein Sammelscheck verwendet werden?

Sind Zahlungen an fünf oder mehr Empfänger zu leisten, so ist es zweckmäßig, diese in einem Sammelscheck zusammenzufassen. Für den Sammelscheck sind außer einer Anlage (Verzeichnis der Aufträge) besondere Formblätter (Zahlungsanweisungen) erforderlich, die wesentlich einfacher auszufüllen sind als Schecks.

Welche Wesensmerkmale kennzeichnen den Scheck?

Der Scheck ist eine unbedingte schriftliche Zahlungsanweisung, die in einer gesetzlich vorgeschriebenen Form an die Bank abgegeben wird. Der Aussteller beauftragt mit dem Scheck die bezogene Bank, aus seinem Guthaben eine bestimmte Geldsumme an den benannten Empfänger zu zahlen.

Welche gesetzlichen Bestandteile muß der Scheck enthalten?

Der Scheck muß enthalten:

1. die Bezeichnung als Scheck im Text der Urkunde, und zwar in der Sprache, in der sie ausgestellt ist;
2. die unbedingte Anweisung, eine bestimmte Geldsumme zu zahlen:
3. den Namen dessen, der zahlen soll (Bezogener);
4. die Angabe des Zahlungsortes;
5. den Tag und den Ort der Ausstellung;
6. die Unterschrift des Ausstellers.

Welche kaufmännischen Bestandteile kann ein Scheck enthalten?

Folgende kaufmännische (unwesentliche) Bestandteile kann ein Scheck enthalten:

1. die Schecknummer;
2. die Kontonummer des Ausstellers;
3. die Wiederholung des Scheckbetrages;
4. die Kennummer des Kreditinstitutes (Bankleitzahl);
5. die Guthabenklausel;
6. die Angabe des Empfängers;
7. die Überbringerklausel.

Wie kann der Scheck in bezug auf den Zahlungsempfänger zahlbar gestellt werden?

Der Scheck kann zahlbar gestellt werden:

1. an eine bestimmte Person mit oder ohne den ausdrücklichen Vermerk „an Order“ (Orderscheck);
2. an eine bestimmte Person mit dem Vermerk „nicht an Order“ oder mit einem gleichbedeutenden Vermerk (Rektascheck);
3. an den Inhaber (Inhaberscheck). Durch den Vermerk „. . . oder Überbringer“ wird aus dem geborenen Orderpapier ein Inhaberpapier.

Wie können Schecks nach der Art ihrer Einlösung unterschieden werden?

Nach der Art der Einlösung lassen sich unterscheiden:

1. der Barscheck, der sowohl durch Barauszahlung als auch im Wege der Gutschrift eingelöst werden kann;
2. der Verrechnungsscheck, den die bezogene Bank nur im Wege der Gutschrift einlösen darf.

Der Postkartenscheck (Höchstbetrag 3 000,— DM) ist eine besondere Art des Verrechnungsschecks. Der Aussteller kann ihn zu Drucksachen- bzw. Postkartenporto versenden und auf einem abtrennbaren Abschnitt Mitteilungen an den Empfänger vornehmen.

Wie kann der Scheckberechtigte seine Rechte aus dem Scheck auf eine andere Person übertragen?

Die Rechte aus dem Scheck können übertragen werden:

1. beim Orderscheck durch Einigung, Übergabe und Indossament;
2. beim Rektascheck durch Einigung, Übergabe und Forderungsabtretung (Zession);
3. beim Inhaberscheck (Überbringerscheck) durch Einigung und Übergabe des Schecks.

Weshalb sind die Scheckformulare der Banken mit der Überbringerklausel versehen?

Die Überbringerklausel macht den Scheck zu einem Inhaberpapier, bei dem die Bank weitgehend davon befreit wird, die Legitimation des Scheckeinreichers zu prüfen. Eine Verpflichtung, die Legitimation des Scheckeinreichers in jedem Fall genau zu prüfen, würde den Scheckverkehr erschweren, höhere Kosten verursachen und damit den Scheckverkehr einschränken.

Wann wird ein vordatierter Scheck fällig?

Der Scheck ist bei Sicht zahlbar. Jede gegenteilige Angabe gilt als nicht geschrieben. Ein Scheck, der vor dem im Scheck angegebenen Ausstellungstag zur Einlösung vorgelegt wird, ist am Tage der Vorlegung zahlbar.

Innerhalb welcher Frist muß ein Scheck zur Zahlung vorgelegt werden?

Ein Scheck, der im Lande der Ausstellung zahlbar ist (Inlandsscheck), muß binnen acht Tagen zur Zahlung vorgelegt werden. Ein Scheck, der in einem anderen Lande als dem der Ausstellung zahlbar ist (Auslandsscheck), muß binnen zwanzig Tagen vorgelegt werden, wenn Ausstellungsort und Zahlungsort sich in demselben Erdteil befinden, sonst binnen siebzig Tagen.

Welche Nachteile können sich für den Scheckinhaber ergeben, wenn er die Vorlegungsfrist versäumt?

Bei Versäumnis der Vorlegungsfrist verliert der Scheckinhaber das Rückgriffsrecht gegen die Indossanten, den Aussteller und die anderen Scheckverpflichteten (Bürgen). Außerdem darf die bezogene Bank den Scheck nicht mehr einlösen, wenn ihn der Aussteller nach Ablauf der Vorlegungsfrist widerruft. Liegt kein Widerruf vor, so ist die Bank zwar berechtigt, aber nicht verpflichtet, den Scheck nach Ablauf der Vorlegungsfrist einzulösen.

Wie können die Kreditinstitute zum Einzug eingereichte Schecks gutschreiben?

Die Kreditinstitute können zum Einzug übernommene Schecks:

1. sofort unter Vorbehalt des Einganges (E.v.) oder
2. nach Eingang des Gegenwertes gutschreiben.

Im Scheckverkehr ist die sofortige Gutschrift unter Vorbehalt üblich.

Aus welchen Gründen kann die bezogene Bank die Einlösung eines Schecks verweigern?

Die bezogene Bank kann die Einlösung eines Schecks verweigern, wenn:

1. das Konto des Ausstellers keine ausreichende Deckung aufweist;
2. ein wirksamer Widerruf des Schecks vorliegt;
3. die Vorlegungsfrist abgelaufen ist;
4. der Scheck Formfehler aufweist (z.B. Streichung des Wortes „Scheck“).

Wie hat der Scheckinhaber bei rechtzeitiger Vorlegung eines Schecks die Zahlungsverweigerung der Bank feststellen zu lassen?

Die Verweigerung der Zahlung kann festgestellt werden durch:

1. eine öffentliche Urkunde (Protest);
2. eine schriftliche, datierte Erklärung der bezogenen Bank auf dem Scheck, die den Tag der Vorlegung angibt;
3. eine datierte Erklärung einer Abrechnungsstelle, daß der Scheck rechtzeitig eingeliefert und nicht bezahlt worden ist.

Wann verjähren die Rückgriffsansprüche des Scheckinhabers?

Die Rückgriffsansprüche des Scheckinhabers gegen die Indossanten, den Aussteller und die anderen Scheckverpflichteten verjähren in sechs Monaten vom Ablauf der Vorlegungsfrist an gerechnet.

Welche Maßnahmen sind zu treffen, wenn ein Scheck abhanden gekommen ist?

Ist ein Scheck abhanden gekommen, so sollte:

1. die bezogene Bank schnellstens davon benachrichtigt und der Scheck gesperrt werden;
2. beim zuständigen Amtsgericht der Scheck im Wege des Aufgebotsverfahrens für kraftlos erklärt werden. Die Aufgebotsfrist muß mindestens zwei Monate betragen.

Welche Besonderheit weist der eurocheque auf?

Der eurocheque kann in Verbindung mit der eurocheque-Karte in Europa und den an das Mittelmeer grenzenden Staaten bis zu 400,— DM oder dem Gegenwert in ausländischer Währung bei Kreditinstituten oder Postämtern eingelöst werden. Aufgrund der Einlösungsgarantie werden eurocheques auch von Hotels, Gasthäusern, Kaufhäusern, Reisebüros usw. in Zahlung genommen.

Welche Wechselarten unterscheidet das Wechselgesetz?

Das Wechselgesetz unterscheidet:

1. den eigenen Wechsel (Solawechsel), mit dem der Aussteller des Wechsels ein Zahlungsversprechen abgibt, an einen Dritten (Wechselnehmer, Remittent) eine bestimmte Geldsumme an einem bestimmten Tage (Verfalltag) zu zahlen;
2. den gezogenen Wechsel (Tratte), mit dem der Aussteller den Bezogenen auffordert, an den Aussteller selbst (eigene Order) oder an einen Dritten eine bestimmte Geldsumme an einem bestimmten Tage zu zahlen.

Welche gesetzlichen Bestandteile muß der gezogene Wechsel enthalten?

Der gezogene Wechsel muß enthalten:

1. die Bezeichnung als Wechsel im Text der Urkunde, und zwar in der Sprache, in der sie ausgestellt ist;
2. die unbedingte Anweisung, eine bestimmte Geldsumme zu zahlen;

3. den Namen dessen, der zahlen soll (Bezogener, Trassat);
4. die Angabe der Verfallzeit;
5. die Angabe des Zahlungsortes;
6. den Namen dessen, an den oder an dessen Order gezahlt werden soll (Wechselnehmer, Remittent);
7. den Tag und den Ort der Ausstellung;
8. die Unterschrift des Ausstellers (Trassant).

Welche kaufmännischen Bestandteile kann ein Wechsel enthalten?

Der Wechsel kann folgende kaufmännische Bestandteile enthalten:

1. die Ortsnummer des Zahlungsortes;
2. die Wiederholung des Zahlungsortes am oberen Wechselrand;
3. die Wiederholung des Verfalltages am oberen Wechselrand;
4. den Zusatz „erste Ausfertigung" (Primawechsel) bzw. „zweite Ausfertigung" (Sekundawechsel) usw.;
5. den Ordervermerk;
6. die Wiederholung der Wechselsumme in Ziffern;
7. den Zahlstellen- oder Domizilvermerk;
8. die Anschrift des Ausstellers.

Weshalb ist die Angabe des Zahlungsortes im Wechsel wichtig?

Die Wechselschuld ist eine Holschuld. Der Wechselgläubiger muß wissen, wo er dem Bezogenen den Wechsel am Verfalltag zur Zahlung vorzulegen hat. Ist der Zahlungsort im Wechsel nicht ausdrücklich genannt, so gilt der Wohnort des Bezogenen als Zahlungsort.

Welche Arten des Akzeptes können 1. nach der Form, 2. nach dem Inhalt unterschieden werden?

Nach der Form können unterschieden werden:

1. das Kurzakzept, das nur aus der Unterschrift des Bezogenen besteht;
2. das Vollakzept, das außer der Unterschrift weitere Angaben, z.B. die Wiederholung der Wechselsumme, das Annahmedatum, enthält.

Nach dem Inhalt können unterschieden werden:

1. das Teilakzept, durch das sich der Bezogene nur für einen Teil der Wechselsumme verpflichtet;
2. das Bürgschafts- oder Avalakzept, durch das eine dritte Person selbstschuldnerisch die Bürgschaft für die Einlösung übernimmt;
3. das Blankoakzept, das auf einem nicht oder unvollständig ausgefüllten Wechsel abgegeben wird.

Was bewirkt die Akzeptierung eines Wechsels durch den Bezogenen?

Durch die schriftliche Annahmeerklärung (Akzept) übernimmt der Bezogene die wechselrechtliche Haftung für die Einlösung des Wechsels am Verfalltag. Zu der Zahlungsanweisung des Ausstellers kommt also das Zahlungsversprechen des Akzeptanten hinzu. Die Annahmeerklärung wird üblicherweise links auf die Vorderseite des Wechsels quer zum Wechseltext geschrieben.

Wer haftet bis zur Akzeptleistung für die Annahme und Zahlung des Wechsels?

Bis zur Akezptierung des Wechsels durch den Bezogenen haften der Aussteller und die Indossanten für die Annahme und die Zahlung des Wechsels. Der Aussteller kann die Haftung für die Annahme durch ein Vorlageverbot ausschließen. Die Haftung für die Zahlung bleibt für alle Wechselverpflichteten auch nach der Akzeptierung bestehen.

Wie lassen sich die Wechsel in bezug auf ihren Verfalltag unterscheiden?

Nach dem Verfalltag lassen sich unterscheiden:

1. der Tagwechsel (Präziswechsel), bei dem der Verfalltag kalendermäßig festgelegt ist, z.B. „am 12. August 19..“;
2. der Sichtwechsel, der mit der Vorlage zur Zahlung fällig wird;
3. der Nachsichtwechsel, der eine bestimmte Zeit nach Sicht fällig wird, z.B. „90 Tage nach Sicht“;
4. der Datowechsel (Zeitwechsel), der eine bestimmte Zeit nach dem Ausstellungstag fällig wird, z.B. „drei Monate dato“.

Worin unterscheidet sich der Domizilwechsel von dem Zahlstellenwechsel?

Der Domizilwechsel ist an einem anderen Ort als dem Wohnort des Bezogenen zahlbar gestellt. Der Zahlstellenwechsel ist zwar am Wohnort des Bezogenen, aber bei einem Dritten (meist bei einer Bank) zahlbar gestellt.

Wie kann ein Wechsel übertragen werden?

Der Wechsel ist ein geborenes Orderpapier und wird durch Einigung, Indossament und Übergabe übertragen. Wechsel, die durch den Vermerk „nicht an Order" zu Rektapapieren geworden sind, können nur durch eine Abtretungserklärung (Zession) übertragen werden.

Welche Funktionen erfüllt das Indossament auf dem Wechsel?

Das Indossament erfüllt:

1. eine Transportfunktion, indem es alle Rechte aus dem Wechsel vom Indossanten auf den Indossatar überträgt;
2. eine Garantiefunktion, indem es die Haftung des Indossanten für die Annahme und Einlösung des Wechsels begründet;
3. eine Legitimationsfunktion, indem es den rechtmäßigen Wechselinhaber ausweist (legitimiert).

Wodurch unterscheidet sich das Vollindossament von dem Kurzindossament?

Das Vollindossament enthält den Namen des Indossatars und die Unterschrift des Indossanten. Das Kurzindossament (Blankoindossament) besteht lediglich aus der Unterschrift des Indossanten.

Zu welchem Zweck wird das Vollmachtsindossament gegeben?

Mit dem Vollmachtsindossament, auch Prokura- oder Inkassoindossament genannt, ermächtigt der Indossant den Indossatar (meist eine Bank) zum Einzug der Wechselsumme. Der Bevollmächtigte wird nicht Eigentümer, sondern nur Besitzer des Wechsels.

Durch wen kann ein Wechsel dem Bezogenen zur Einlösung vorgelegt werden?

Der Wechsel kann zur Einlösung vorgelegt werden:

1. durch den berechtigten Wechselinhaber;
2. durch einen Boten des Wechselinhabers;
3. durch eine Bank;
4. durch die Post bis zu der Höchstsumme von 3 000 DM (Postauftrag).

Inwiefern kann der Wechselumlauf durch den Bezogenen gestört werden?

Der Bezogene kann den Wechselumlauf dadurch stören, daß er:

1. die Annahme des Wechsels ganz oder teilweise verweigert;
2. mit einer wesentlichen Vermögensverschlechterung die Einlösung des akzeptierten Wechsels gefährdet;
3. die Einlösung des Wechsels ganz oder teilweise verweigert.

Wann muß der Wechsel zur Zahlung vorgelegt werden?

Der Wechsel muß am Verfalltag oder spätestens an einem der beiden folgenden Werktage innerhalb der Geschäftsstunden in den Geschäftsräumen, der Wohnung oder bei der angegebenen Zahlstelle des Bezogenen zur Zahlung vorgelegt werden. Bei nicht rechtzeitiger Vorlage verliert der letzte Inhaber seine wechselrechtlichen Ansprüche (ausgenommen die Ansprüche gegen den Akzeptanten).

Welche Bedeutung hat der Wechselprotest?

Der Wechselprotest ist die öffentliche Beurkundung, daß der Wechsel zur rechten Zeit und am rechten Ort erfolglos zur Annahme oder Einlösung vorgelegt wurde. Die Protesturkunde ist:

1. Beweismittel, daß der Wechsel notleidend ist;
2. gesetzliche Voraussetzung für den Rückgriff.

Welche Arten des Protestes sind zu unterscheiden?

Zu unterscheiden sind:

1. Protest mangels Zahlung;
2. Protest mangels Annahme;
3. Protest mangels Sicherheit bei erheblicher Vermögensverschlechterung des Bezogenen (Zahlungseinstellung, fruchtlose Pfändung, Konkurs).

Wer ist berechtigt, einen Wechselprotest zu erheben?

Ein Wechselprotest kann erhoben werden durch:

1. einen Notar;
2. einen Gerichtsbeamten;
3. einen Postbeamten für Postaufträge bis zu der Höchstsumme von 3 000 DM und nur für den Fall der Zahlungsverweigerung.

Wer haftet dem Wechselinhaber, wenn der Bezogene den Wechsel nicht einlöst und ein Protest mangels Zahlung ordnungsgemäß erhoben ist?

Wenn Protest mangels Zahlung form- und fristgerecht erhoben ist, haften dem Wechselinhaber alle weiteren Wechselverpflichteten (Bürgen, Indossanten, Aussteller) als Gesamtschuldner für die Einlösung des Wechsels. Der Wechselinhaber kann nach seiner Wahl auf seinen unmittelbaren Vormann oder auf einen beliebigen Vormann Rückgriff nehmen und Zahlung verlangen (Reihenregreß bzw. Sprungregreß).

Welche Rechtsansprüche kann der Wechselinhaber im Wege des Rückgriffs geltend machen?

Der Wechselinhaber, dem die Zahlung durch den Bezogenen nicht geleistet wurde, kann in der Rückrechnung von einem Vormann fordern:

1. die Wechselsumme;
2. die Zinsen, und zwar 2 % über dem LZB-Diskontsatz, mindestens 6 % seit dem Verfalltag;
3. die Kosten des Protestes;
4. die Auslagen für die Benachrichtigung an den unmittelbaren Vormann und den Aussteller, daß der Wechsel zu Protest gegangen ist;
5. eine Vergütung (Provision) von 1/3 % der Wechselsumme.

Auf welche Weise kann ein Wechselverpflichteter zur Zahlung gezwungen werden?

Verweigert ein Wechselverpflichteter (meistens der Bezogene) die Zahlung, so kann der Wechselberechtigte:

1. eine Klage im Wechselprozeß anstrengen;
2. einen Wechselmahnbescheid beantragen.

Welche Besonderheiten weist das Verfahren des Wechselprozesses auf?

Der Wechselprozeß ist ein Urkundenprozeß. Seine Besonderheiten sind:

1. kurze Einlassungsfristen (Einlassungsfrist = Frist zwischen Zustellung der Klageschrift und der mündlichen Verhandlung);
2. beschränkte Einredemöglichkeit des Beklagten (die Einreden können sich nur gegen die Urkunde, z.B. Fälschung, oder gegen den Kläger, z.B. Prolongation, richten);

3. beschränkte Beweismittel (nur Wechsel- und Protesturkunde sowie Parteivernehmung sind zugelassen);
4. sofortige Vollstreckbarkeit, wenn das Urteil rechtskräftig ist.

Welche Bedeutung hat der Wechselmahnbescheid?

Der Wechselmahnbescheid erspart gegenüber dem Wechselprozeß Kosten. Erfolgt kein Widerspruch des Zahlungsverpflichteten, kann der Mahnbescheid für vorläufig vollstreckbar erklärt werden, und der Berechtigte kann wie beim Urteil pfänden lassen.

Welche Verjährungsfristen bestehen beim Wechsel?

Die wechselmäßigen Ansprüche gegen den Akzeptanten verjähren drei Jahre nach dem Verfalltag. Die Ansprüche des letzten Wechselinhabers gegen die Vormänner (Indossanten) und den Aussteller verjähren ein Jahr nach dem Protestdatum. Die Ansprüche der Indossanten gegen die anderen Indossanten und den Aussteller verjähren sechs Monate nach dem Tage, an dem der Wechsel vom Indossanten eingelöst oder ihm gegenüber gerichtlich geltend gemacht worden ist.

VI. Die Finanzierung der Unternehmung

Wodurch wird im wesentlichen der Kapitalbedarf einer Unternehmung bestimmt?

Der Kapitalbedarf einer Unternehmung wird im wesentlichen bestimmt durch:

1. die Art und den Umfang der Betriebsleistung;
2. die Umlaufdauer des Kapitals;
3. die Möglichkeit, Lieferantenkredite zu erhalten;
4. die Notwendigkeit, Kundenkredite zu gewähren.

Welche Finanzierungsarten lassen sich in bezug auf die Quellen zur Kapitalbeschaffung unterscheiden?

In bezug auf die Quellen der Kapitalbeschaffung lassen sich unterscheiden:

1. die Eigenfinanzierung, bei der das Kapital von der Unternehmung selbst aufgebracht wird;
2. die Fremdfinanzierung (Kreditfinanzierung), bei der das Kapital durch die Aufnahme von Krediten beschafft wird.

Welche Möglichkeiten der Eigenfinanzierung kommen für eine Unternehmung in Betracht?

Die Eigenfinanzierung kann durchgeführt werden:

1. als Selbstfinanzierung, indem Teile des erzielten Gewinnes nicht ausgeschüttet, sondern weiter im Unternehmen verwendet werden;
2. als Beteiligungsfinanzierung, indem die bisherigen Unternehmer oder neu aufzunehmende Unternehmer Kapitaleinlagen leisten.

Welches sind die Wesensmerkmale einer Beteiligungsfinanzierung?

Die Beteiligungsfinanzierung weist die folgenden Merkmale auf:

1. Der Kapitalgeber erhält in der Regel nicht einen festen Zins für seine Kapitaleinlage, sondern eine Gewinnbeteiligung.
2. Der Kapitalgeber erhält Einfluß auf die Geschäftsführung der Unternehmung.
3. Der Kapitalgeber ist am Liquidationserlös beteiligt.

Nach welchen Gesichtspunkten können die Kredite eingeteilt werden?

Die Kredite können eingeteilt werden:

1. nach der Fristigkeit in
   a) kurzfristige Kredite (bis zu 3 Monaten),
   b) mittelfristige Kredite (bis zu 4 Jahren),
   c) langfristige Kredite (über 4 Jahre);
2. nach der Art der Bereitstellung in
   a) Warenkredite (Lieferantenkredite),
   b) Geldkredite (Barkredite wie Kontokorrentkredite, Diskontkredite, Darlehen),
   c) Kreditleihe (Akzeptkredite, Avalkredite);
3. nach dem Verwendungszweck in
   a) Produktivkredite, d.h. Kredite zur Finanzierung der Güterproduktion (Betriebsmittelkredite, Investitionskredite),
   b) Konsumkredite, d.h. Kredite zur Verbrauchsfinanzierung (Teilzahlungskredite, Kleinkredite, Anschaffungsdarlehen);
4. nach der Sicherstellung in
   a) reine Personalkredite (Blankokredite),
   b) verstärkte Personalkredite (Diskontkredite, Kredite, die durch Bürgschaft bzw. Zession gesichert sind),
   c) dinglich gesicherte Kredite (Kredite, die durch Pfandrechte an beweglichen Sachen bzw. Sicherungsübereignung gesichert sind, und Kredite, die durch Grundpfandrechte – Hypotheken, Grundschulden – gesichert sind).

In welcher Form werden Lieferantenkredite gewährt, und wie sind sie kostenmäßig zu beurteilen?

Lieferantenkredite werden in der Form von Warenkrediten gewährt. Der Kreditnehmer kann über Ware verfügen, die er erst zu einem späteren Zeitpunkt zu bezahlen hat. Die Lieferantenkredite sind sehr teure Kredite. Es ist in der Regel günstiger, mit Hilfe eines Bankkredites die Mittel zu beschaffen und die Lieferantenrechnungen unter Abzug von Skonto bar zu bezahlen.

Welche Kreditinstitute betätigen sich vornehmlich im kurzfristigen Kreditgeschäft, welche Institute gewähren mittel- und langfristige Kredite?

Kurzfristige Kredite gewähren die Kreditbanken, Sparkassen und Genossenschaftsbanken.

Mittel- und langfristige Kredite werden vor allem von Sparkassen, Realkreditinstituten, Genossenschaftsbanken und den Kreditinstituten mit Sonderaufgaben (z.B. der Ausfuhrkredit-Gesellschaft m.b.H. und der Kreditanstalt für Wiederaufbau) zur Verfügung gestellt. In den letzten Jahren haben auch die mittel- und langfristigen Ausleihungen der Kreditbanken zugenommen.

Weshalb ist der Kontokorrenkredit der am meisten in Anspruch genommene Bankkredit?

Der Kontokorrentkredit gewährt dem Kreditnehmer bis zur vereinbarten Höchstgrenze (Kreditlinie) die größte Bewegungsfreiheit. Der Kreditnehmer kann über den eröffneten Kredit in beliebigen Beträgen, zu beliebiger Zeit und in verschiedenen Formen (Abheben, Überweisen, Trassieren) verfügen. Ebenso kann der Kreditnehmer beliebig hohe Rückzahlungen in verschiedenen Formen (Einzahlungen, Kundenüberweisungen, Gutschriften von Schecks und Wechseln) leisten, ohne daran gehindert zu sein, den Kredit in der ihm eingeräumten Höhe von neuem zu benutzen.

In welchen Formen gewähren die Banken kurzfristige Darlehen?

Die Banken gewähren kurzfristige Darlehen als:

1. Lombardkredite;
2. Kleinkredite und Anschaffungsdarlehen.

Welches sind die Wesensmerkmale des Lombardkredites?

Der Lombardkredit wird:

1. in einer bestimmten Kredithöhe zur einmaligen Ausnutzung gewährt;
2. durch ein bestimmtes Pfand gesichert, das kurzfristig beliehen ist.

Welche Gegenstände werden von den Banken als lombardfähig angesehen?

Als lombardfähig gelten bei den Banken börsengängige Wertpapiere, Inkassodokumente, Wechsel, gemünzte und ungemünzte Edelmetalle, börsengängige Waren wie Zucker, Kaffee, Getreide und Waren, die eine hohe Lagerfähigkeit aufweisen und marktgängig sind wie Tabak, Holz.

In der Praxis hat nur noch die Verpfändung von Wertpapieren Bedeutung. Waren und Warendokumente werden in der Regel sicherungsübereignet; Forderungen werden nicht verpfändet, sondern sicherungsweise abgetreten.

Wonach richtet sich die Höhe der Beleihungsgrenze beim Lombardkredit?

Die Beleihungsgrenze beim Lombardkredit richtet sich hauptsächlich nach der Marktgängigkeit und Preisbeständigkeit der verpfändeten Gegenstände. Je leichter sich das Pfand realisieren läßt und je geringer die Preisschwankungen sind, desto höher liegt die Beleihungsgrenze.

Inwiefern gewährt die Bank mit der Diskontierung von Wechseln einen Kredit?

Mit der Diskontierung von Wechseln gewährt die Bank insofern einen Kredit, als sie dem Wechseleinreicher (Diskontant) den Barwert des Wechsels am Ankaufstag zur Verfügung stellt und ihrerseits die Zahlung der Wechselsumme erst am Verfalltag fordern kann.

Warum sind die Kreditinstitute bemüht, möglichst bundesbankfähige Wechsel zu diskontieren?

Für die Kreditinstitute ist die Rediskontierung von Wechseln bei der Bundesbank eine wichtige Refinanzierungsmöglichkeit. Sie sind daher bestrebt, durch den Ankauf von bundesbankfähigen Wechseln eine Liquiditätsreserve zu schaffen.

Welches sind die wichtigsten sachlichen und förmlichen Voraussetzungen, von denen die Bundesbank den Ankauf von Wechseln abhängig macht?

1. Die Wechsel sollen gute Handelswechsel sein.
2. Aus den Wechseln müssen mindestens drei als zahlungsfähig bekannte Verpflichtete haften.
3. Die Wechsel dürfen beim Ankauf eine Laufzeit von höchstens drei Monaten haben.
4. Die Wechsel müssen bei einer Landeszentralbank oder bei einem anderen Kreditinstitut an einem Bankplatz zahlbar sein.
5. Das Indossament an das Kreditinstitut muß ein Vollindossament sein. Das Indossament des Kreditinstitutes an die Bundesbank muß ebenfalls ein Vollindossament sein, darf jedoch nicht das Land und die Stelle der Bundesbank enthalten (nur „an Landeszentralbank“).

Was ist unter einer Kreditleihe zu verstehen?

Unter einer Kreditleihe ist eine Kreditgewährung zu verstehen, bei der das Kreditinstitut dem Kunden seine eigene Kreditwürdigkeit in Form einer Bürgschaft oder einer Akzeptleistung zur Verfügung stellt.

Wodurch ist der Akzeptkredit gekennzeichnet?

Das Wesen des Akzeptkredites besteht darin, daß die Bank einen von dem Kreditnehmer auf sie gezogenen Wechsel akzeptiert und sich damit verpflichtet, an seine Order die Wechselsumme bei Fälligkeit zu zahlen. Mit dem Akzeptkredit stellt die Bank keine Barmittel zur Verfügung, sondern leiht ihre Kreditwürdigkeit. Der Kreditnehmer kann das Bankakzept weitergeben oder diskontieren lassen.

Worin besteht das Wesen des Avalkredites?

Ein Avalkredit ist ein Kredit, den eine Bank durch Übernahme der Haftung für Verbindlichkeiten (Bürgschaft) oder durch Stellung einer Garantie gewährt.

Für welche Zwecke gewähren die Banken Avalkredite?

Avalkredite werden von den Banken gewährt:

1. als Sicherheitsleistung für gestundete Steuern und Zölle (Steuer- und Zollaval);
2. als Sicherheitsleistung für gestundete Kaufgelder (Kaufgeldaval);
3. als Sicherheitsleistung für gestundete Bahnfrachten (Frachtenaval);
4. als Anzahlungsgarantien (Garantie, daß der Lieferer bei Nichterfüllung des Vertrages die erhaltene Anzahlung zurückgibt);
5. als Bietungsgarantien (Garantie, daß der Bietende sein Angebot aufrechterhält, wenn er den Zuschlag erhält; im anderen Fall zahlt die Bank die im Garantieversprechen genannte Summe);
6. als Leistungs- und Lieferungsgarantien (Garantie, daß vertragsgemäß geliefert oder geleistet bzw. anderenfalls eine Konventionalstrafe gezahlt wird).

Worin unterscheiden sich Personalkredit und Realkredit?

Bei dem Personalkredit (Blankokredit) werden der Ruf, die wirtschaftliche Leistungsfähigkeit und die Vermögensverhältnisse des Kreditnehmers berücksichtigt, ohne daß eine besondere Sicherheitsleistung verlangt wird.

Beim Realkredit (Sachkredit) werden besondere Sachwerte zur Sicherung des Kredites dem Kreditgeber zur Verfügung gestellt.

Welche Sicherheiten kann der Kreditnehmer der Bank anbieten?

Als Sicherheiten kann der Kreditnehmer anbieten:

1. Stellung von Bürgschaften;
2. Abtretung von Forderungen;
3. Verpfändung von beweglichen Sachen und Rechten;
4. Sicherungsübereignungen;
5. Bestellung von Grundpfandrechten.

Worin besteht der wesentliche Unterschied zwischen einer Ausfallbürgschaft und einer selbstschuldnerischen Bürgschaft?

Bei der Ausfallbürgschaft steht dem Bürgen das Recht zur Einrede der Vorausklage zu. Der Bürge kann verlangen, daß der Gläubiger zunächst alle außergerichtlichen und gerichtlichen Maßnahmen ergreift, um vom Hauptschuldner die Zahlung zu erhalten. Erst nach Abschluß dieser Maßnahmen hat der Bürge in Höhe des Ausfalles Zahlung zu leisten.

Bei der selbstschuldnerischen Bürgschaft steht dem Bürgen die Einrede der Vorausklage nicht zu. Der selbstschuldnerische Bürge muß auf Verlangen des Gläubigers bei Fälligkeit sofort zahlen.

Welche Formvorschrift gilt für die Bürgschaft?

Zur Gültigkeit des Bürgschaftsvertrages ist eine schriftliche Erteilung der Bürgschaftserklärung erforderlich. Diese Vorschrift gilt nicht für Vollkaufleute.

In der Praxis verlangen die Banken aus Sicherheitsgründen stets schriftliche Bürgschaftserklärungen.

Was ist erforderlich, um das Pfandrecht an einer beweglichen Sache zu bestellen?

Zur Bestellung des Pfandrechtes ist erforderlich, daß der Eigentümer die Sache dem Gläubiger übergibt und beide darüber einig sind, daß dem Gläubiger das Pfandrecht zustehen soll. Ist der Gläubiger bereits im Besitz der Sache, so genügt die Einigung über die Entstehung des Pfandrechtes.

Worin besteht das Wesen der Sicherungsübereignung?

Durch die Sicherungsübereignung wird der Kreditgeber Eigentümer, der Kreditnehmer aber bleibt Besitzer der Gegenstände, die als Sicherheit für einen Geldkredit dienen sollen.

Wie wird das Sicherungseigentum auf den Kreditgeber übertragen?

Das Sicherungseigentum wird durch Einigung und Vereinbarung eines Besitzkonstituts (Leih- oder Verwahrvertrag) übertragen. Die sicherungsübereigneten Gegenstände müssen bestimmbar gemacht werden (getrennte Lagerung, Kennzeichnung).

Welche Vorteile bietet die Sicherungsübereignung als Kreditsicherungsmittel?

Der Kreditnehmer hat den Vorteil, daß die übereigneten Gegenstände in seinem Besitz bleiben und in seinem Betrieb verwendet werden können.

Der Kreditgeber hat den Vorteil, daß er als Eigentümer der Gegenstände diese verhältnismäßig leicht verwerten kann, falls der Kreditnehmer seiner Zahlungsverpflichtung nicht nachkommt.

Wie wird eine Forderung abgetreten?

Eine Forderung wird vom Gläubiger durch Vertrag mit einem Dritten auf diesen übertragen (Abtretung). Mit dem Abschluß des Vertrages tritt der neue Gläubiger (Zessionar) an die Stelle des bisherigen Gläubigers (Zedent). Zur Rechtsgültigkeit der Abtretung (Zession) braucht der Schuldner aus der Forderung (Drittschuldner) nicht benachrichtigt zu werden. Schriftlicher Vertragsabschluß ist nicht erforderlich.

Zur Sicherung eines Kredites kann der Kreditnehmer Forderungen an die kreditgebende Bank abtreten. In welcher Weise kann die Abtretung erfolgen?

Die Abtretung kann erfolgen als:

1. stille Zession – der Drittschuldner wird nicht benachrichtigt und zahlt an den Kreditnehmer; dieser ist verpflichtet, den Forderungseingang an die Bank abzuführen;
2. offene Zession – sie liegt vor, wenn der Drittschuldner von der Abtretung benachrichtigt wird; er kann nur an die Bank mit schuldbefreiender Wirkung zahlen.

Welche Gefahren können sich für die Bank aus einer stillen Zession ergeben?

1. Die Forderung kann bereits an eine andere Bank oder einen Lieferanten abgetreten worden sein;
2. der Kreditnehmer führt Zahlungseingänge nicht an die Bank ab;
3. die Abtretbarkeit der Forderung war vertraglich ausgeschlossen worden;
4. die Forderung existiert nicht.

Welche Einwendungen kann der Schuldner bei einer Forderungsabtretung dem neuen Gläubiger gegenüber geltend machen?

Der Schuldner (Drittschuldner) kann bei der Forderungsabtretung dem neuen Gläubiger alle Einwendungen entgegenhalten, die zur Zeit der Abtretung der Forderung gegen den bisherigen Gläubiger begründet waren, z.B. Aufrechnung der Forderung, mangelhafte Lieferung.

Worin besteht die Kreditsicherung durch eine Hypothek?

Die Kreditsicherung durch eine Hypothek besteht darin, daß:

1. der Kreditnehmer persönlich mit seinem gesamten Vermögen haftet (persönliche Haftung);
2. der Kreditgeber das Pfandrecht an einem Grundstück erwirbt (dingliche Sicherung).

Wodurch unterscheidet sich die Grundschuld von der Hypothek?

Die Grundschuld unterscheidet sich von der Hypothek dadurch, daß für ihre Bestellung keine Forderung bestehen muß. Deshalb besteht bei der Grundschuld auch keine persönliche Haftung, sondern nur eine dingliche Sicherung durch das Grundstück.

Eine besondere Finanzierungsform ist das Leasing. Was ist unter Leasing zu verstehen?

Leasing ist die Vermietung oder Verpachtung von beweglichen oder unbeweglichen Gütern durch Finanzierungsinstitute (Leasing-Gesellschaften) oder durch die Hersteller der Güter. An die Stelle von Kauf tritt Miete oder Pacht.

Welche Vorteile bietet das Leasing für den Leasing-Nehmer?

Vorteile für den Leasing-Nehmer können sein:

1. kein Liquiditätsabfluß;
2. schnelle Anpassung an den technologischen Fortschritt unter weitgehender Ausschaltung des Investitionsrisikos;

3. Steuervorteile, soweit die Mietraten steuerlich absetzbar und höher als die zulässigen Abschreibungsbeträge sind.

Welche Nachteile können mit dem Leasing verbunden sein?

Nachteile des Leasing können sein:

1. relativ hohe Mietkosten;
2. feste Bindung des Leasing-Nehmers an die Leasing-Gesellschaft während der Grundmietzeit.

Was ist unter Factoring zu verstehen?

Factoring ist ein kombiniertes Finanzierungs- und Dienstleistungssystem, bei dem ein Finanzierungsinstitut (Factor) auf Grund eines Rahmenvertrages Forderungen aus Warenlieferungen oder Leistungen eines Betriebes ankauft.

Welche Funktionen übernimmt der Factor?

Der Factor übernimmt:

1. Die Finanzierungsfunktion. Die angekauften Forderungen werden sofort bis zu 90 % bevorschußt.
2. Die Delcrederefunktion. Übernahme des Ausfallrisikos bei Zahlungsunfähigkeit des Schuldners.
3. Die Dienstleistungsfunktion. Übernahme der Debitorenbuchhaltung, der Rechnungserstellung, des Forderungsinkassos, des Mahnwesens für den Kunden.

Welche Vorteile bietet Factoring?

Durch Factoring können sowohl die Liquidität als auch die Rentabilität eines Unternehmens verbessert werden:

1. Kapital, das in Forderungen gebunden wäre, kann für andere Zwecke eingesetzt werden;
2. kostenintensive Verwaltungsarbeiten können aufgegeben werden, z.B. Fakturierung, Debitorenbuchhaltung, Mahnwesen;
3. Verluste durch Debitorenausfälle werden begrenzt;
4. evtl. Zinsgewinne, wenn die Kosten des Factoring niedriger sind als die Kosten für Lieferanten- und Bankkredite.

Welche Möglichkeiten hat die Bank, die Kreditwürdigkeit des Kreditnehmers zu prüfen?

Die Bank kann die Kreditwürdigkeit des Kreditnehmers prüfen, indem sie:

1. das bestehende Bankkonto des Kreditnehmers beobachtet (Kontostand, Umsätze, Zahlungsgewohnheiten);
2. Auskünfte bei anderen Banken und gewerbsmäßigen Auskunfteien einholt;
3. einen Einblick in öffentliche Register nimmt (Handelsregister, Grundbuch);
4. Bilanzen sowie Gewinn- und Verlustrechnungen mehrerer aufeinanderfolgender Geschäftsjahre prüft;
5. die Betriebseinrichtungen besichtigt und einen Einblick in die Geschäftsbücher nimmt.

VII. Die Individualversicherung

Wodurch ist die Versicherung gekennzeichnet?

Die Versicherung ist dadurch gekennzeichnet, daß sich viele von der gleichen Schadensmöglichkeit bedrohte Personen oder Wirtschaften vereinigen, um einen künftigen Schaden, der einzelne von ihnen wirklich trifft, gemeinsam zu tragen. Die Zahl der wahrscheinlichen Schadensfälle läßt sich berechnen (Gesetz der großen Zahl).

Wodurch unterscheidet sich die Sozialversicherung von der Individualversicherung (Vertragsversicherung)?

In der Sozialversicherung besteht ein gesetzlicher Versicherungszwang für einen bestimmten Personenkreis für bestimmte Risiken. In der Individualversicherung besteht die Möglichkeit, sich gegen die verschiedensten Gefahren zu versichern auf Grund frei vereinbarter Versicherungsverträge.

Welches sind die Zweige der Individualversicherung?

Die Zweige der Individualversicherung sind:

1. die Personenversicherung, bei der Versicherungsgegenstand eine Person ist;
2. die Sachversicherung, bei der Versicherungsgegenstand eine Sache ist;
3. die Vermögensversicherung, bei der Versicherungsgegenstand ein Vermögenswert ist.

Wodurch unterscheiden sich die Schadensversicherung und die Summenversicherung?

Bei der Schadensversicherung zahlt der Versicherer Leistungen höchstens bis zur Höhe des tatsächlich entstandenen Schadens. Eine typische Schadensversicherung ist die Kraftfahrzeugversicherung. Bei der Summenversicherung wird eine bestimmte Summe versichert, die im Versicherungsfall unabhängig von der tatsächlichen Höhe des Schadens gezahlt wird. Eine typische Summenversicherung ist die Lebensversicherung.

Welche Besonderheiten bestehen hinsichtlich der Unternehmungsform der Individualversicherer?

Um den Versicherten einen größeren Schutz zu geben, sind in Deutschland für Lebens-, Unfall-, Haftpflicht-, Feuer- und Hagelversicherung nur Aktiengesellschaften, Versicherungsvereine auf Gegenseitigkeit (VVaG) und juristische Personen des öffentlichen Rechts als Versicherer zugelassen. Einzelversicherer spielen in Deutschland keine Rolle.

Welche Aufgaben erfüllt die Versicherungsaufsicht?

Die Aufgaben der Versicherungsaufsicht, die durch das Bundesaufsichtsamt für das Versicherungs- und Bausparwesen ausgeübt wird, bestehen in:

1. der Zulassung von Versicherungsunternehmen;
2. der laufenden Beaufsichtigung des Geschäftsbetriebes und der Geschäftsführung (z.B. der Rechnungslegung, der Liquidität, der Ertragskraft und der Bonität) der Versicherungsunternehmen.

Erläutern Sie die Begriffe Versicherer, Versicherungsnehmer, Versicherter, Versicherungsfall.

Der Versicherer ist die Versicherungsgesellschaft, mit der der Versicherungsvertrag abgeschlossen wird und die das Risiko trägt.

Der Versicherungsnehmer ist die Person, die mit dem Versicherer den Vertrag abschließt.

Der Versicherte ist die Person, die versichert ist. Der Versicherungsnehmer und der Versicherte können identisch oder zwei verschiedene Personen sein.

Der Versicherungsfall ist das Ereignis, das die Leistungspflicht auslöst, z.B. in der Unfallversicherung ein Unfall, in der Lebensversicherung der Tod.

Welche Pflichten entstehen dem Versicherungsnehmer gegenüber dem Versicherer aus dem Versicherungsvertrag?

Der Versicherungsnehmer ist auf Grund des Versicherungsvertrages verpflichtet:

1. die Prämie zu zahlen als Entgelt für die Risikoübernahme durch den Versicherer;
2. dem Versicherer alle Veränderungen des Risikos, insbesondere Gefahrenerhöhungen mitzuteilen;
3. dem Versicherer nach Eintritt des Versicherungsfalles jede Auskunft zu erteilen, die zur Feststellung des Versicherungsfalles oder des Umfanges der Leistungspflicht erforderlich ist;

4. bei Eintritt des Versicherungsfalles soweit als möglich für die Minderung des Schadens zu sorgen (Rettungspflicht).

Welche Pflichten übernimmt der Versicherer gegenüber dem Versicherungsnehmer aus dem Versicherungsvertrag?

Der Versicherer ist auf Grund des Versicherungsvertrages verpflichtet:

1. den Versicherungsschutz für den Versicherungsfall bereitzuhalten;
2. bei Eintritt des Versicherungsfalles den tatsächlich entstandenen Schaden zu ersetzen oder die vereinbarte Summe zu zahlen.

1. Die Personenversicherung

Welche einzelnen Versicherungen umfaßt die Personenversicherung?

Die Personenversicherung umfaßt die Lebensversicherung, die Unfallversicherung und die Krankenversicherung.

Welche Versicherungsarten gibt es innerhalb der Lebensversicherung?

Innerhalb der Lebensversicherung gibt es:

1. die Todesfallversicherung, bei der der Versicherungsfall mit dem Tod der versicherten Person eintritt;
2. die Erlebensfallversicherung, die zu einem bestimmten Zeitpunkt fällig wird, sofern der Versicherte ihn erlebt;
3. die gemischte Lebensversicherung, bei der die Versicherungsleistung fällig wird, wenn ein bestimmter, vertraglich vereinbarter Zeitpunkt erreicht worden ist; stirbt der Versicherte vorher, so leistet die Versicherungsgesellschaft sofort;
4. die Versicherung mit festem Auszahlungstermin, bei der die Versicherungsleistung ohne Rücksicht auf Leben oder Sterben des Versicherten zu einem bestimmten, vertraglich vereinbarten Zeitpunkt fällig wird; stirbt der Versicherte vorher, so enden die Prämienzahlungen, ohne daß die Versicherungsleistung deshalb geringer wird.

Welche Gründe können zum Abschluß einer Lebensversicherung führen?

Die Motive für den Abschluß einer Lebensversicherung sind vielfältig. Die wichtigsten Gründe sind:

1. Schutz der Hinterbliebenen beim Tode des Ernährers;
2. Vorsorge für den eigenen Lebensabend;
3. das Versicherungssparen für bestimmte Ereignisse, z.B. Berufsausbildung der Kinder, Heirat der Tochter, Rückzahlung einer langfristigen Schuld.

Wodurch unterscheiden sich die Kapital- und die Rentenversicherung?

Bei der Kapitalversicherung wird im Versicherungsfall die Versicherungssumme (das Kapital) ausgezahlt. Bei der Rentenversicherung erhält der Versicherte lebenslänglich eine bestimmte Rente.

Worin bestehen die Leistungen des Versicherers im Rahmen der privaten Unfallversicherung?

Die Leistungen der Unfallversicherer sind:

1. bei Verletzungen Ersatz der Heilbehandlungskosten;
2. bei Arbeitsunfähigkeit Zahlung eines Tagegeldes, wenn der Versicherte vorübergehend arbeitsunfähig ist, oder Zahlung eines Kapitals bzw. einer Rente bei dauernder Beeinträchtigung der Arbeitsfähigkeit (Invalidität);
3. im Todesfall Zahlung einer Summe zur Versorgung der Hinterbliebenen.

Was ist Gegenstand der Versicherung in der privaten Krankenversicherung?

Gegenstand der Versicherung im Rahmen der privaten Krankenversicherung ist der Ersatz des Vermögensschadens, der durch Krankheit des Versicherten entsteht.

Welcher Personenkreis kommt für die private Krankenversicherung in Betracht?

Die Versicherten in der privaten Krankenversicherung sind vor allem die Personen, die nicht krankenversicherungspflichtig in der Sozialversicherung sind. Aber auch die Pflichtversicherten können einer privaten Krankenversicherung beitreten, um ihren Versicherungsschutz zu ergänzen oder zu verbessern.

Welche Versicherungsarten sind in der privaten Krankenversicherung zu unterscheiden?

Die Versicherungsarten in der privaten Krankenversicherung sind:

1. die Krankheitskostenversicherung, bei der die Kosten für die Erkennung und Behandlung von Krankheiten voll oder teilweise ersetzt werden;
2. die selbständige Teilversicherung als Ergänzung zu einem bereits bestehenden Versicherungsschutz (z.B. Erstattung der Kosten einer höheren Pflegeklasse im Krankenhaus);
3. die Krankentagegeldversicherung, durch die bei Arbeitsunfähigkeit z.B. der Verdienstausfall ersetzt wird.

Wonach richtet sich die Höhe der Prämie in der privaten Krankenversicherung?

Die Höhe der Prämie richtet sich nach dem gewählten Tarif, nach dem Geschlecht und dem Eintrittsalter. Nachträgliche Prämienerhöhungen, weil der Versicherte älter geworden ist, sind nicht zulässig.

2. Die Sachversicherung

Welche einzelnen Versicherungen umfaßt die Sachversicherung?

Die Sachversicherung umfaßt in der Hauptsache die Feuer-, Einbruchdiebstahl-, Leitungswasser-, Glas-, Maschinen-, Sturm-, Hagelversicherung sowie die Transportversicherung.

Welche Gefahren sind im Rahmen der Feuerversicherung versichert?

Die Feuerversicherung umfaßt den Schutz gegen Sachschäden durch Brand, Blitzschlag, Explosionen aller Art sowie herabstürzende Luftfahrzeuge und deren Teile.

Wofür leistet der Versicherer Ersatz bei der Einbruchdiebstahlversicherung?

Bei der Einbruchdiebstahlversicherung wird Ersatz geleistet für aus einem Gebäude entwendete, beschädigte oder zerstörte Gegenstände. Ebenso werden Schäden am Raum oder Gebäude, soweit sie durch den Einbruch verursacht worden sind, ersetzt.

Was ist Gegenstand der Leitungswasserversicherung?

Gegenstand der Leitungswasserversicherung ist der Schutz vor Schäden, die durch regelwidriges Auslaufen von Leitungswasser aus der Wasserleitung, Warmwasserversorgung, Zentralheizungsanlage oder Behältern entstehen.

Welche Versicherungsarten sind bei der Leitungswasserversicherung zu unterscheiden?

Zu unterscheiden sind die Gebäudeversicherung, die Hausratsversicherung, die Versicherung der Geschäftseinrichtung, die Versicherung von Waren, Maschinen und gewerblichen Einrichtungen.

Welchen Zweck erfüllt die Glasversicherung?

Die Glasversicherung erfüllt den Zweck, vor Bruchschäden an Schaufenster-, Fenster-, Türscheiben usw. zu schützen. Der Schadensersatz erfolgt in natura; es wird also eine neue Scheibe kostenlos geliefert und eingesetzt.

Wogegen ist der Versicherte bei der Maschinenversicherung versichert?

Der Versicherte ist gegen Schäden an Maschinen, maschinellen Einrichtungen und Apparaten versichert, die z.B. durch Zerbrechen von Maschinenteilen, Kurzschlüsse, Heißlaufen von Kolben entstehen. Der Versicherte muß jedoch einen bestimmten Mindestselbstbehalt tragen.

Welche zwei Versicherungsarten umfaßt die Transportversicherung?

Die Transportversicherung umfaßt die Versicherung der Transportmittel (Kaskoversicherung) und die Versicherung der Güter (Warenversicherung).

Welche Gütertransporte fallen unter die Binnentransportversicherung und welche unter die Seetransportversicherung?

Unter die Binnentransportversicherung fallen die Land- und Flußtransporte sowie die Lufttransporte, sofern der größte Teil der Reise über Land führt. Unter die Seetransportversicherung fallen Güterbeförderungen mit Seeschiffen sowie mit Flugzeugen, wenn die Hauptstrecke der Reise über See führt.

Welche allgemeinen Versicherungsbedingungen bilden die vertragliche Grundlage für die Binnentransportversicherung?

Die vertragliche Grundlage für die Binnentransportversicherung sind die „Allgemeinen Deutschen Binnentransportversicherungsbedingungen“ (ADB), wonach grundsätzlich alle Gefahren der Beförderung zu Lande, auf Binnengewässern oder mit Luftfahrzeugen gedeckt sind, denen die Güter während der Dauer der Versicherung ausgesetzt sind.

Welche Schäden sind nach den ADB nicht in den Deckungsschutz eingeschlossen?

Nicht in den Deckungsschutz eingeschlossen sind z.B. Schäden, die durch die natürliche Beschaffenheit der Güter entstanden sind, Schäden durch inneren Verderb, Bruch, Leckage, mangelhafte Verpackung,

Schäden, die durch Verladung der Güter in offenen, nicht ordnungsgemäß bedeckten Eisenbahnwagen oder sonstigen Landfahrzeugen entstanden sind, sowie Schäden durch Verstöße gegen Zoll- oder sonstige behördliche Vorschriften.

In der Binnentransportversicherung bestehen keine festen Prämientarife. Wovon wird die Höhe der Prämie im Einzelfall abhängen?

Die Höhe der Prämie hängt in der Binnentransportversicherung z.B. ab von der Warenart, der Verpackung, dem Transportmittel, dem Reiseweg, der Reisedauer und der Jahreszeit.

Welche allgemeinen Versicherungsbedingungen werden in der Regel den Seeversicherungsverträgen zugrunde gelegt?

Auf die Seeversicherungsverträge mit deutschen Versicherern finden außer den gedruckten bzw. geschriebenen Bedingungen der Versicherer die „Allgemeinen Deutschen Seeversicherungsbedingungen" (ADS) nebst den Besonderen Bestimmungen für die Güterversicherung (1984) Anwendung. Wird der Versicherungsvertrag zu englischen Bedingungen abgeschlossen, so bilden die „Institute Cargo Clauses" (ICC) die Grundlage.

Durch welche Klauseln wird der sachliche Umfang des Versicherungsschutzes nach den ADS bestimmt?

Der sachliche Umfang des Versicherungsschutzes wird nach den ADS bestimmt durch die Klauseln:

1. Volle Deckung – Der Versicherer leistet ohne Franchise Ersatz für Verlust oder Beschädigung der versicherten Güter als Folge einer versicherten Gefahr;
2. Strandungsfalldeckung – Der Versicherer leistet ohne Franchise Ersatz für Verlust oder Beschädigung der versicherten Güter als Folge bestimmter Ereignisse, z.B. Strandung des Seeschiffes, Brand, Explosion auf dem Seeschiff, Überbordwerfen, Unfall eines die Güter befördernden anderen Transportmittels.

Wodurch unterscheiden sich die Integralfranchise und die Abzugsfranchise?

Die Integralfranchise, z.B. „frei, wenn unter 3 %", besagt, daß der Versicherer erst dann einen Schaden in voller Höhe zu vergüten hat, wenn er 3 % der Versicherungssumme überschreitet. Ist eine Abzugsfranchise vereinbart, z.B. „frei von den ersten 3 %", so hat der Versicherer lediglich den Schaden zu vergüten, der 3 % übersteigt.

Wodurch lassen sich die Nachteile, die dem Versicherten aus den Franchiseklauseln erwachsen können, mindern?

Die Nachteile der Franchiseklauseln lassen sich mindern durch Klauseln wie „jeder Ballen eine Taxe", „jeder Sack eine Taxe", „je 10 Kartons eine Serie". Die Franchise gilt in diesen Fällen nicht für die gesamte Sendung, sondern für das einzelne Packstück bzw. eine Serie von Packstücken.

In welchem Fall wird als Versicherungsdokument eine Güterpolice ausgestellt?

Eine Güterpolice wird ausgestellt, wenn einzelne Warentransporte von Fall zu Fall versichert werden sollen. Die Güterpolice bietet für einen einzelnen Transport in dem beantragten Umfang Versicherungsschutz. Sie ist als Originaldokument eine vollgültige Beweisurkunde über den Versicherungsvertrag.

Wann ist es zweckmäßig, eine „Laufende Versicherung" abzuschließen?

Sind laufend Transporte zu gleichen oder ähnlichen Bedingungen zu versichern, ist es für den Versicherungsnehmer zweckmäßig, eine Laufende Versicherung abzuschließen, die für einen längeren Zeitraum gilt (ein bis zwei Jahre). Der Versicherungsnehmer verpflichtet sich, jede Warensendung zur Versicherung anzumelden (zu deklarieren), sobald sie zum Versand gebracht und damit das Transportrisiko ausgelöst worden ist. Die Urkunde über die Laufende Versicherung ist die Laufende Police (Generalpolice).

Mit welchem Dokument kann die Versicherung der einzelnen Warentransporte im Rahmen einer Laufenden Versicherung nachgewiesen werden?

Auf Verlangen wird für die Versicherung der einzelnen Warentransporte im Rahmen einer Laufenden Versicherung ein Versicherungszertifikat ausgestellt. Es nimmt Bezug auf die Laufende Police und enthält genaue Angaben über die Einzelheiten der unter Versicherungsschutz genommenen Sendung.

Was ist unter einer Einheitsversicherung zu verstehen?

Die Einheitsversicherung faßt mehrere Risiken für bestimmte Waren in bestimmten Wirtschaftszweigen zusammen und erstreckt sich auf sämtliche Beförderungen und Lagerungen vom Rohstofflieferer bis zum Abnehmer der Fertigware.

Gegen welche Gefahren ist der Versicherte bei der Einheitsversicherung geschützt?

Der Versicherungsschutz erstreckt sich bei der Lagerung auf Schäden durch Brand, Blitz, Explosion, Einbruchdiebstahl und Leitungswasser; während des Transportes auf Transportmittelunfall, Abhandenkommen, Brand, Blitz, Explosion u.a.

3. Die Vermögensversicherung

Welche einzelnen Versicherungen umfaßt die Vermögensversicherung?

Die Vermögensversicherung umfaßt in der Hauptsache die Kreditversicherung, die Haftpflichtversicherung und die Rechtsschutzversicherung.

Wodurch ist die Warenkreditversicherung gekennzeichnet?

Die Warenkreditversicherung schützt den Kaufmann vor Schäden, die dadurch entstehen, daß Forderungen aus Warenkreditgeschäften uneinbringlich werden.

Welche Sicherheits- und Gewährleistungen für Ausfuhrgeschäfte kann der Bund übernehmen?

Der Bund kann zur Förderung der deutschen Ausfuhr übernehmen:

1. Ausfuhrgarantien und Garantien zur Deckung von Fabrikationsrisiken bei Geschäften deutscher Exporteure mit privaten ausländischen Unternehmen;
2. Ausfuhrbürgschaften und Bürgschaften zur Deckung von Fabrikationsrisiken bei Geschäften deutscher Exporteure mit ausländischen Regierungen und Körperschaften des öffentlichen Rechts.

Welche Werte sind durch Garantien und Bürgschaften des Bundes gedeckt?

Gegenstand der Deckung sind:

1. bei Ausfuhrgarantien und Ausfuhrbürgschaften die im Vertrag mit dem ausländischen Schuldner für Lieferungen und Leistungen als Preis vereinbarte Geldforderung;
2. bei Garantien und Bürgschaften zur Deckung von Fabrikationsrisiken die Selbstkosten der im Liefervertrag mit dem ausländischen Besteller vereinbarten Lieferungen und Leistungen.

Gegen welche Risiken ist der Exporteur bei den Ausfuhrgarantien geschützt?

Der Exporteur ist bei den Ausfuhrgarantien geschützt gegen:

1. das wirtschaftliche Risiko, das darin besteht, daß die Forderung infolge Zahlungsunfähigkeit des ausländischen Schuldners uneinbringlich werden kann;
2. das politische Risiko, das darin besteht, daß die Forderung infolge allgemeiner staatlicher Maßnahmen des Schuldnerlandes oder bestimmter politischer Ereignisse oder infolge von Stockungen bei der Durchführung oder Abwicklung von Zahlungs- oder Verrechnungsabkommen oder ähnlichen Vereinbarungen uneinbringlich werden kann.

Welches Risiko ist bei den Garantien und Bürgschaften zur Deckung von Fabrikationsrisiken gedeckt?

Gedeckt ist das Risiko, daß dem deutschen Hersteller der Ware wegen eines Vermögensverfalles des ausländischen Bestellers oder aus im Ausland liegenden politischen Gründen die Fertigstellung und Versendung der Ware unmöglich wird oder nicht mehr zugemutet werden kann und er bei der anderweitigen Verwertung der in Fertigung begriffenen oder nicht versandten Ware einen Ausfall an seinen Selbstkosten erleidet.

Wogegen schützt sich der Versicherte mit einer Haftpflichtversicherung?

Der Versicherte ist mit einer Haftpflichtversicherung geschützt gegen Haftpflichtansprüche von Geschädigten.

Welche Versicherungsarten gibt es bei der Haftpflichtversicherung?

Bei der Haftpflichtversicherung kann es sich z.B. handeln um:

1. eine Privat-Haftpflichtversicherung (z.B. für Ansprüche aus der Pflicht zur Beaufsichtigung minderjähriger Kinder);
2. eine Gebäude- und Grundstücks-Haftpflichtversicherung (z.B. für Ansprüche aus der Streu- und Reinigungspflicht);
3. eine Tierhalter-Haftpflichtversicherung (für Schäden, die z.B. durch einen Hund verursacht werden können);

4. eine Betriebs-Haftpflichtversicherung;

5. die Kraftfahrt-Haftpflichtversicherung.

Wen verpflichtet das Pflichtversicherungsgesetz zum Abschluß einer Kraftfahrt-Haftpflichtversicherung?

Das Pflichtversicherungsgesetz verpflichtet den Halter eines Kraftfahrzeuges, für sich und den berechtigten Fahrer eine Haftpflichtversicherung abzuschließen, die alle durch den Gebrauch des Fahrzeuges verursachten Sach- und Personenschäden deckt.

Was ist unter einer Rechtsschutzversicherung zu verstehen?

Mit der Rechtsschutzversicherung wird dem Versicherten Rechtsschutz gewährt, indem der Versicherer Vorschüsse und Kosten einer Prozeßführung übernimmt. Rechtsschutzversicherungsarten sind: Kraftfahrzeugrechtsschutz, Betriebsrechtsschutz, Arbeitsgerichtsrechtsschutz.

VIII. Die Steuern des Kaufmannes

Welche Funktionen erfüllen die Steuern?

Die Steuern sind:

1. die Haupteinnahmequelle von Bund, Ländern und Gemeinden;
2. ein wirksames Mittel, um im sozialen Rechtsstaat bestimmte sozial- und gesellschaftspolitische Ziele zu verwirklichen;
3. ein wirtschaftspolitisches Lenkungsmittel, z.B. in der Konjunktur-, Investitions- und Außenhandelspolitik.

Worin liegt das Wesen der Steuern begründet?

Steuern sind einmalige oder laufende Geldleistungen, die nicht eine Gegenleistung für eine besondere Leistung darstellen und von einem öffentlich-rechtlichen Gemeinwesen zur Erzielung von Einnahmen allen auferlegt werden.

Welche sonstigen Einnahmequellen des Staates können unterschieden werden?

Neben den Steuern stehen dem Staat als Einnahmequellen zur Verfügung:

1. Einnahmen aus wirtschaftlicher Tätigkeit des Staates, z.B. im Bergbau, in der Industrie, im Bankwesen;
2. Einnahmen aus Gebühren und Beiträgen;
3. Einnahmen aus Monopolen.

Wie können die Steuern nach dem Empfänger eingeteilt werden?

Nach dem Empfänger können die Steuern eingeteilt werden in:

1. Bundessteuern (z.B. Verbrauchsteuern mit Ausnahme der Biersteuer, Kapitalverkehrsteuern, Versicherungsteuer, Wechselsteuer);
2. Ländersteuern (z.B. Vermögensteuer, Erbschaftsteuer, Kraftfahrzeugsteuer, Biersteuer);
3. Gemeindesteuern (z.B. Gewerbesteuer, Grundsteuer, Vergnügungsteuer);

4. Gemeinschaftssteuern, die dem Bund und den Ländern gemeinsam zustehen (z.B. Einkommensteuer, Körperschaftsteuer und Umsatzsteuer).

Wie können die Steuern nach dem Gegenstand der Besteuerung eingeteilt werden?

Nach dem Gegenstand der Besteuerung können unterschieden werden:

1. Besitzsteuern, bei denen der Besitz oder das Einkommen als Grundlage der Besteuerung dient (z.B. Einkommen-, Lohn-, Körperschaft-, Kapitalertrag-, Gewerbe-, Grundsteuer);
2. Verkehrsteuern, bei denen die Übertragung von Vermögenswerten oder Rechten die Besteuerungsgrundlage darstellt (z.B. Umsatz-, Kapitalverkehr-, Wechsel-, Grunderwerb-, Vergnügung-, Kraftfahrzeugsteuer);
3. Verbrauchsteuern, durch die eine Reihe von Verbrauchsgütern belastet werden (z.B. Branntwein-, Kaffee-, Tabak-, Salz-, Zucker-, Tee-, Zündwaren-, Mineralölsteuer).

Welche Gesetze bilden die Grundlage des allgemeinen Steuerrechts?

Die wichtigsten Gesetze im Rahmen des allgemeinen Steuerrechts sind:

1. die Abgabenordnung, welche allgemeine Bestimmungen für alle Steuern enthält;
2. das Bewertungsgesetz, in dem die Bestimmungen über die Bewertung der einzelnen Vermögen festgelegt sind.

Welche Verfahren werden für die Erhebung der Steuern angewendet?

Für die Erhebung der Steuern werden angewendet:

1. das Veranlagungsverfahren, bei dem der Steuerpflichtige auf Grund seiner eigenen Steuererklärung vom Finanzamt veranlagt wird; in einem Steuerbescheid wird dem Steuerpflichtigen die Höhe der Steuerschuld mitgeteilt;
2. das Abzugsverfahren, das in erster Linie die Einziehung der Lohnsteuer vereinfachen und sichern soll. Dem Arbeitnehmer als Steuerpflichtigem wird die

Lohnsteuer von seinem Bruttolohn bzw. -gehalt vom Arbeitgeber abgezogen. Der Arbeitgeber ist verpflichtet, die einbehaltenen Lohnsteuerbeträge an das Finanzamt abzuführen.

1. Die Einkommen-, Lohn- und Körperschaftsteuer

Wer ist nach dem Einkommensteuergesetz steuerpflichtig?

Einkommensteuerpflichtig sind natürliche Personen. Sie sind unbeschränkt einkommensteuerpflichtig, wenn sie ihren Wohnsitz im Inland haben. Die unbeschränkte Einkommensteuerpflicht erstreckt sich auf sämtliche Einkünfte. Bei natürlichen Personen, die ihren Wohnsitz nicht im Inland haben, beschränkt sich die Steuerpflicht auf die inländischen Einkünfte.

Welche Einkünfte unterliegen der Einkommensteuer?

Der Einkommensteuer unterliegen:

1. die Einkünfte aus Land- und Forstwirtschaft;
2. die Einkünfte aus Gewerbebetrieb;
3. die Einkünfte aus selbständiger Arbeit;
4. die Einkünfte aus nichtselbständiger Arbeit;
5. die Einkünfte aus Kapitalvermögen;
6. die Einkünfte aus Vermietung und Verpachtung;
7. die sonstigen Einkünfte, z.B. Leibrenten.

Was ist Gegenstand der Besteuerung bei den einzelnen Einkunftsarten?

Gegenstand der Besteuerung ist:

1. bei den Einkünften aus Land- und Forstwirtschaft, Gewerbebetrieb und aus selbständiger Arbeit der Gewinn;
2. bei allen übrigen Einkunftsarten der Überschuß der Einnahmen über die Werbungskosten.

Was ist unter Werbungskosten zu verstehen?

Werbungskosten sind Aufwendungen zur Erwerbung, Sicherung und Erhaltung der Einnahmen. Sie sind bei der Einkunftsart abzuziehen, bei der sie erwachsen sind.

Welche Beträge zählen zu den Werbungskosten?

Zu den Werbungskosten zählen u.a.:

1. Schuldzinsen und auf besonderer Verpflichtung beruhende Renten, sofern sie mit einer Einkunftsart in Verbindung stehen;
2. Steuern vom Grundbesitz, sonstige öffentliche Abgaben und Versicherungsbeiträge, wenn sich diese Beträge auf Gebäude oder Gegenstände beziehen, die mit der Erzielung von Einnahmen in Verbindung stehen;
3. Beiträge zu berufsständischen Organisationen;
4. bestimmte Aufwendungen für die Fahrten zwischen Wohnung und Arbeitsstätte;
5. Aufwendungen für Arbeitsmittel, z.B. Fachliteratur, Werkzeug, Berufskleidung;
6. Absetzungen für Abnutzung und Substanzverringerung bei Gebäuden und sonstigen Wirtschaftsgütern, sofern die Gebäude und sonstigen Wirtschaftsgüter der Einnahmeerzielung dienen;
7. notwendige Mehraufwendungen für doppelte Haushaltsführung (bei auswärtiger Beschäftigung).

Wodurch sind die Sonderausgaben gekennzeichnet?

Sonderausgaben sind Aufwendungen, die in der Regel nicht mit einer Einkunftsart in Zusammenhang stehen, die also weder Betriebsausgaben noch Werbungskosten sind, deren Abzug dem Steuerpflichtigen jedoch aus wirtschafts- oder sozialpolitischen Gründen erlaubt wird.

Welche Sonderausgaben sind unbeschränkt und welche beschränkt abzugsfähig?

Unbeschränkt abzugsfähige Sonderausgaben sind:

1. Renten und dauernde Lasten, die mit den Einkünften nicht in einem wirtschaftlichen Zusammenhang stehen:
2. gezahlte Kirchensteuer;
3. Steuerberatungskosten.

Beschränkt abzugsfähige Sonderausgaben sind:

1. Versicherungsbeiträge, z.B. für die Kranken-, Unfall- und Lebensversicherung;

2. Beiträge zu Bausparkassen;
3. bestimmte Aus- und Fortbildungskosten;
4. Spenden zur Förderung mildtätiger, kirchlicher, religiöser, wissenschaftlicher, gemeinnütziger und staatspolitischer Zwecke;
5. Unterhaltsleistungen an den geschiedenen oder dauernd getrennt lebenden Ehegatten bis zu 27.000,— DM.

Wie hoch sind z.Z. die Pauschbeträge für die Werbungskosten und Sonderausgaben?

Die Pauschbeträge betragen:

1. Für Werbungskosten bei Einkommen aus
   a) nichtselbständiger Arbeit 2.000,— DM
   b) Kapitalvermögen 100,— DM
   c) wiederkehrenden Bezügen 200,— DM
2. für Sonderausgaben mit Ausnahme der Versicherungs- und Bausparverträge 108,— DM
3. für Vorsorgeaufwendungen der Lohn- oder Gehaltsempfänger 9 % der Bemessungsgrundlage, dem maßgebenden Arbeitslohn, höchstens 2 340,— DM, zuzüglich 9% der Bemessungsgrundlage, höchstens 1 170,— DM.

Welche Steuerklassen gibt es bei der Lohnsteuer?

Bei der Lohnsteuer gibt es:

1. Steuerklasse I für Unverheiratete (Ledige, Geschiedene, Verwitwete)
2. Steuerklasse II für Unverheiratete mit Kind;
3. Steuerklasse III für Verheiratete, wenn nur ein Ehegatte in einem Dienstverhältnis steht;
4. Steuerklasse IV für Verheiratete, wenn beide Ehegatten Lohn oder Gehalt beziehen;
5. Steuerklasse V für verheiratete Arbeitnehmer, bei denen an sich die Steuerklasse IV zu erteilen wäre; in diesem Fall wird auf der Steuerkarte des Ehegatten die Steuerklasse III eingetragen;
6. Steuerklasse VI für weitere Arbeitsverhältnisse.

Bis zu welchem Termin muß die vom Betrieb einbehaltene Lohnsteuer an das Finanzamt abgeführt werden?

Die Lohnsteuer ist wie folgt abzuführen:

1. spätestens am zehnten Tag nach Ablauf eines jeden Kalendermonats, wenn die abzuführende Lohnsteuer im vorausgegangenen Kalenderjahr mehr als 6 000,— DM betragen hat;
2. spätestens am zehnten Tag nach Ablauf eines jeden Kalendervierteljahres, wenn die abzuführende Lohnsteuer im vorangegangenen Kalenderjahr mehr als 600,— DM, aber nicht mehr als 6 000,— DM betragen hat;
3. spätestens am zehnten Tag nach Ablauf eines jeden Kalenderjahres, wenn die abzuführende Lohnsteuer im vorangegangenen Kalenderjahr nicht mehr als 600,— DM betragen hat.

In welchen Fällen wird der Arbeitnehmer für die Abführung der Lohnsteuer an das Finanzamt in Anspruch genommen?

Der Arbeitnehmer (Steuerschuldner) wird nur in Anspruch genommen, wenn:

1. der Arbeitgeber den Arbeitslohn nicht vorschriftsmäßig gekürzt hat oder
2. der Arbeitnehmer weiß, daß der Arbeitgeber die einbehaltene Lohnsteuer nicht vorschriftsmäßig abgeführt hat und dies dem Finanzamt nicht unverzüglich mitteilt oder
3. der Arbeitnehmer eine Verpflichtung, seine Lohnsteuerkarte berichtigen zu lassen, nicht rechtzeitig erfüllt oder
4. eine Nachversteuerung durchzuführen ist.

In welchem Fall erfolgt ein Lohnsteuerjahresausgleich?

Bei zeitweiliger Arbeitslosigkeit, schwankendem Arbeitslohn oder Änderungen im Familienstand ist es möglich, daß die im Laufe des Kalenderjahres einbehaltende Lohnsteuer höher ist als die auf den Jahresarbeitslohn entfallende Jahreslohnsteuer. In diesem Falle wird der Unterschiedsbetrag auf Antrag vom Finanzamt erstattet.

Wann muß der Arbeitgeber den Jahresausgleich vornehmen?

Hat der Arbeitgeber am 31. Dezember zehn oder mehr Beschäftigte, ist er verpflichtet, den Lohnsteuerjahresausgleich durchzuführen, wenn sich für den Arbeitnehmer eine Steuerrückzahlung ergibt. Der Jahresausgleich ist bis zum 31. März vorzunehmen.

Der Arbeitgeber darf den Lohnsteuerjahresausgleich nicht durchführen, wenn der Arbeitnehmer zusammen mit seinem Ehegatten den gemeinsamen Jahresausgleich oder die Veranlagung zur Einkommensteuer beantragen will.

In welchen Fällen darf ausschließlich das Finanzamt den Jahresausgleich durchführen?

Das Finanzamt ist zuständig, wenn u.a.

1. der Arbeitnehmer erhöhte Werbungskosten oder Sonderausgaben oder außergewöhnliche Belastungen geltend macht;
2. mehrere Lohnsteuerkarten ausgeschrieben waren;
3. am 31. Dezember kein Arbeitsverhältnis bestand;
4. der Arbeitnehmer im Ausgleichsjahr Kurzarbeitergeld, Schlechtwettergeld oder Zuschuß zum Mutterschaftsgeld bezogen hat;
5. die unbeschränkte Steuerpflicht nicht während des ganzen Jahres bestand.

Welches Finanzamt ist für den Jahresausgleich zuständig?

Der Antrag ist bis zum 31. Dezember des 2. Folgejahres bei dem Finanzamt einzureichen, in dessen Bezirk der Arbeitnehmer am Schluß des Ausgleichsjahres seinen Wohnsitz hatte.

In welchen Fällen tritt die Veranlagung zur Einkommensteuer an die Stelle des Jahresausgleichs?

1. Eine Veranlagung zur Einkommenssteuer ist immer vorzunehmen, wenn das Einkommen mehr als 27 000,— DM bzw. bei Zusammenveranlagung mehr als 54 000,— DM beträgt.
2. Bei einem kleineren Einkommen wird nur zur Einkommensteuer veranlagt, wenn u.a.:
   a) die Einkünfte, von denen der Steuerabzug vom Arbeitslohn nicht vorgenommen worden ist, mehr als 800 DM betragen;
   b) der Arbeitnehmer oder sein Ehegatte getrennte Veranlagung beantragen;

c) wenn der Steuerpflichtige nebeneinander von mehreren Arbeitgebern Arbeitslohn bezogen hat.

Wie lassen sich die Einkommen- und die Körperschaftsteuer gegeneinander abgrenzen?

Die Körperschaftsteuer ist die Einkommensteuer der juristischen Personen (Körperschaften). Körperschaftsteuer und Einkommensteuer schließen sich gegenseitig aus, anders als die Einkommen-, Lohn- und Kapitalertragsteuer.

Welche gesetzlichen Bestimmungen gelten für die Körperschaftsteuer?

Für die Körperschaftsteuer gelten neben dem Körperschaftsteuergesetz (KStG) und der Durchführungsverordnung (KStDV) alle Grundsätze des Einkommensteuerrechts, soweit diese nicht nur natürliche Personen betreffen.

Wer ist nach dem Körperschaftsteuergesetz steuerpflichtig?

Körperschaftsteuerpflichtig sind:

1. Kapitalgesellschaften;
2. Erwerbs- und Wirtschaftsgenossenschaften;
3. Versicherungsvereine auf Gegenseitigkeit;
4. sonstige juristische Personen des privaten Rechts;
5. nichtrechtsfähige Vereine, Anstalten, Stiftungen und andere Zweckvermögen;
6. Betriebe gewerblicher Art von juristischen Personen des öffentlichen Rechts.

Nennen Sie einige Körperschaften, die von der Körperschaftsteuer befreit sind.

Von der Körperschaftsteuer sind z.B. befreit Bundesbahn, Bundespost, Deutsche Bundesbank, ferner gemeinnützigen, mildtätigen und kirchlichen Zwecken dienende Körperschaften, soziale Betriebskassen, Unternehmen des sozialen Wohnungsbaus.

2. Die Vermögensteuer

Wodurch ist die Vermögensteuer gekennzeichnet?

Die Vermögensteuer ist eine Besitzsteuer und gehört zu den Personensteuern. Sie ist eine laufende Steuer, deren Ertrag den Ländern zufließt.

Welche Arten der Vermögensteuerpflicht unterscheidet das Vermögensteuergesetz?

Das Vermögensteuergesetz kennt die unbeschränkte und die beschränkte Vermögensteuerpflicht.

Unbeschränkt vermögensteuerpflichtig sind:

1. natürliche Personen, die im Inland einen Wohnsitz oder ihren gewöhnlichen Aufenthalt haben;
2. Körperschaften, Personenvereinigungen und Vermögensmassen, die im Inland ihre Geschäftsleitung oder ihren Sitz haben.

Sofern natürliche Personen im Inland keinen Wohnsitz oder gewöhnlichen Aufenthalt haben bzw. Körperschaften, Personenvereinigungen und Vermögensmassen im Geltungsbereich des Grundgesetzes oder in Berlin (West) weder ihre Geschäftsleitung noch ihren Sitz haben, sind sie beschränkt steuerpflichtig.

Welche Grundlage gilt für die Bemessung der Vermögensteuer?

Die Vermögensteuer wird bei unbeschränkt Steuerpflichtigen nach dem Gesamtvermögen, bei beschränkt Steuerpflichtigen nach dem Inlandsvermögen bemessen. Gesamt- und Inlandsvermögen sind auf volle 1 000 DM abzurunden.

Wie wird das steuerpflichtige Vermögen ermittelt?

Berechnungsgrundlage für die Vermögensteuer ist das steuerpflichtige Vermögen. Als solches gilt:

1. bei unbeschränkt Steuerpflichtigen
   a) bei natürlichen Personen das Gesamtvermögen, vermindert um die Freibeträge;
   b) bei unbeschränkt steuerpflichtigen Körperschaften, Personenvereinigungen und Vermögensmassen das Gesamtvermögen, wenn es mindestens 20 000 DM (Besteuerungsgrenze) beträgt;
2. bei beschränkt Steuerpflichtigen das Inlandsvermögen, wenn es mindestens 20 000 DM beträgt.

Welche allgemeinen Freibeträge kommen für den Steuerpflichtigen, seine Ehefrau und seine Kinder in Betracht?

Unbeschränkt steuerpflichtige natürliche Personen können von ihrem Gesamtvermögen folgende Freibeträge abziehen:

1. für den Steuerpflichtigen selbst 70 000 DM bzw.
2. bei Zusammenveranlagung von Ehegatten 140 000 DM;

3. für jedes Kind, das mit einem Steuerpflichtigen oder mit Ehegatten zusammen veranlagt wird, weitere 70 000 DM. Kinder im Sinne des Gesetzes sind eheliche Kinder, für ehelich erklärte Kinder, nichteheliche Kinder, Stiefkinder, Adoptivkinder und Pflegekinder.

Wann wird ein Altersfreibetrag gewährt?

Ein zusätzlicher Freibetrag von 10 000 DM wird gewährt, wenn der Steuerpflichtige oder – im Fall der Zusammenveranlagung – sein Ehegatte:

1. das 60. Lebensjahr vollendet hat oder eine Behinderung von mehr als 90 % vorliegt und

2. das Gesamtvermögen nicht mehr als 150 000 DM, bei Ehegatten nicht mehr als 300 000 DM beträgt.

Unter bestimmten Voraussetzungen erhöht sich dieser Freibetrag auf 50 000 DM.

Wie hoch ist zur Zeit der Steuersatz für die Vermögensteuer?

Der Steuersatz für die Vermögensteuer beträgt seit 1.1.1984 für natürliche Personen 0,5 % und für Kapitalgesellschaften u.ä. 0,6 % des steuerpflichtigen Vermögens je Jahr.

3. Die Gewerbesteuer

Wodurch ist die Gewerbesteuer gekennzeichnet?

Die Gewerbesteuer ist eine Realsteuer (Sach- oder Objektsteuer). Sie ist neben der Grundsteuer die einzige Realsteuer, die nach deutschem Steuerrecht besteht. Persönliche Verhältnisse des Inhabers (Familienstand, Kinder u.a.) bleiben unberücksichtigt. Die Leistungsfähigkeit des Steuergegenstandes, des Gewerbebetriebes, ist Grundlage für die Bemessung der Steuerschuld. Die Gewerbesteuer ist eine Kostensteuer und schmälert als Betriebsausgabe den Gewinn.

Wer unterliegt der Gewerbesteuer?

Der Gewerbesteuer unterliegt jeder stehende Gewerbebetrieb, soweit er im Inland betrieben wird, sowie das Reisegewerbe.

Wer ist Steuerschuldner für die Gewerbesteuer?

Steuerschuldner für die Gewerbesteuer ist der Unternehmer, d.h. der, für dessen Rechnung das Gewerbe betrieben wird. Wird das Gewerbe für Rechnung mehrerer Personen betrieben, so sind die Gesellschafter Gesamtschuldner.

Welche Besteuerungsgrundlagen gelten für die Gewerbesteuer?

Als Besteuerungsgrundlagen für die Gewerbesteuer gelten:

1. der Gewerbeertrag, dessen Grundlage der nach dem Einkommensteuerrecht ermittelte Gewinn des Betriebes ist;
2. das Gewerbekapital, dessen Grundlage der nach den Richtlinien des Bewertungsgesetzes vom Finanzamt festgestellte Einheitswert ist.

Um den Gewinn zum Gewerbeertrag umbilden zu können, sind Hinzurechnungen und Kürzungen notwendig. Was muß zum einkommen- bzw. körperschaftsteuerpflichtigen Gewinn hinzugerechnet werden?

Zum einkommen- bzw. körperschaftsteuerpflichtigen Gewinn müssen hinzugerechnet werden:

1. die Hälfte der Zinsen für Dauerschulden, die mit der Gründung, Erweiterung oder Verbesserung des Betriebes zusammenhängen, z.B. Hypotheken;
2. Renten und dauernde Lasten, die mit der Gründung oder dem Erwerb des Betriebes zusammenhängen, z.B. Rente an den früheren Inhaber;
3. Gewinnanteile an stille Gesellschafter;
4. die Hälfte der Miet- und Pachtzinsen für gemietete und gepachtete Anlagegüter;
5. Verluste, die aus der Beteiligung an einer Personengesellschaft entstehen;
6. bei körperschaftsteuerpflichtigen Betrieben die abzugsfähigen Spenden mit Ausnahme der für wissenschaftliche Zwecke bestimmten Spenden.

Um welche Beträge kann der einkommen- bzw. körperschaftsteuerpflichtige Gewinn gekürzt werden?

Der einkommen- bzw. körperschaftsteuerpflichtige Gewinn wird gekürzt um:

1. Anteile am Gewinn einer Personengesellschaft;
2. 1,2 % des Einheitswertes der betrieblichen Grundstücke;

3. die Gewinnanteile einer Einzelunternehmung oder Personengesellschaft aus einer mindestens 10prozentigen Beteiligung an einer Kapitalgesellschaft und Erträge aus ausländischen Betriebsstätten;
4. den Gewerbeverlust (ab 1985 zeitlich unbegrenzt) bei Vorliegen einer Buchführung mit Gewinnermittlung durch Vermögensvergleich, sofern der Verlust nicht bei der Ermittlung des Gewerbeertrages für die vorangegangenen Jahre berücksichtigt worden ist.

Was ist unter dem Gewerbekapital zu verstehen?

Das Gewerbekapital ist der Wert der dem Betrieb dauernd gewidmeten Wirtschaftsgüter mit Ausnahme der Betriebsgrundstücke. Als Gewerbekapital gilt der Einheitswert des gewerblichen Betriebes, der durch bestimmte Hinzurechnungen und Kürzungen berichtigt wird.

Wie wird – ausgehend von dem Einheitswert – das Gewerbekapital errechnet?

Zur Errechnung des Gewerbekapitals muß der Einheitswert gekürzt werden um:

1. den Einheitswert der inländischen Betriebsgrundstücke, um eine Doppelbesteuerung zu vermeiden (Grundstücke unterliegen der Grundsteuer);
2. den Wert der Beteiligungen an Personengesellschaften;
3. den Wert einer zum Gewerbekapital eines Einzelunternehmens oder einer Personengesellschaft gehörenden Beteiligung an einer Kapitalgesellschaft, wenn diese Beteiligung mindestens ein Zehntel des Grund- oder Stammkapitals beträgt;
4. das Gewerbekapital ausländischer Betriebsstätten.

Zur Errechnung des Gewerbekapitals sind dem Einheitswert des Betriebes hinzuzurechnen:

1. die Hälfte der Dauerschulden des Betriebes nach Abzug eines Freibetrages von 50 000,— DM;
2. der Wert der gemieteten und gepachteten Gegenstände, soweit sie nicht schon zum Gewerbekapital des Vermieters gehören.

Wie wird die Gewerbesteuer ermittelt?

Die Gewerbesteuer wird dadurch ermittelt, daß das Finanzamt den einheitlichen Steuermeßbetrag festsetzt und die Gemeinde hierauf einen bestimmten Hebesatz anwendet.

Wie wird der Steuermeßbetrag bei der Gewerbesteuer errechnet?

Der Steuermeßbetrag wird durch Anwendung von Steuermeßzahlen auf den Gewerbeertrag und das Gewerbekapital errechnet.

Gewerbeertrag: Dieser ist zunächst auf volle 100 DM abzurunden und bei Einzelunternehmen und Personengesellschaften um einen Freibetrag von 36 000 DM zu kürzen. Die Steuermeßzahl beträgt 5 %. Das Ergebnis ist der Steuermeßbetrag nach dem Gewerbeertrag.

Gewerbekapital: Dieses ist zunächst auf volle 1000 DM abzurunden und um einen Freibetrag von 120 000 DM zu kürzen. Die Steuermeßzahl beträgt 2 ‰. Das Ergebnis ist der Steuermeßbetrag nach dem Gewerbekapital.

Beide Steuermeßbeträge werden addiert. Das ergibt den einheitlichen Steuermeßbetrag.

Welche Bedeutung hat der Hebesatz?

Der Hebesatz, der von den Gemeinden festgesetzt wird, gibt an, wieviel Prozent des einheitlichen Steuermeßbetrages als Gewerbesteuer zu zahlen sind.

Wann ist die Gewerbesteuer zu zahlen?

Der Steuerschuldner hat am 15.2., 15.5., 15.8. und 15.11. Vorauszahlungen zu leisten. Jede Vorauszahlung beträgt grundsätzlich ein Viertel der Steuer, die sich bei der letzten Veranlagung ergeben hat.

4. Die Umsatzsteuer (Mehrwertsteuer)

Welche Arten von Umsätzen unterliegen nach § 1 UStG der Umsatzsteuer?

Der Umsatzsteuer unterliegen:

1. die Lieferungen und sonstigen Leistungen, welche ein Unternehmer im Erhebungsgebiet gegen Entgelt im Rahmen seines Unternehmens ausführt;
2. der Eigenverbrauch;
3. die Einfuhr von Gegenständen in das Zollgebiet (Einfuhrumsatzsteuer).

Was ist unter dem Mehrwert zu verstehen?

Unter dem Mehrwert ist die von den einzelnen Unternehmen (Produktions-, Handels-, Dienstleistungsunternehmen usw.) vollbrachte Eigenleistung (Wertschöpfung) zu verstehen. Der Mehrwert kann vereinfacht als Unterschiedsbetrag zwischen dem Einkaufs- und dem Verkaufspreis bezeichnet werden.

Wie erfolgt die Besteuerung des Mehrwertes?

Die Besteuerung des Mehrwertes erfolgt in der Weise, daß jeder Unternehmer zunächst den einheitlichen Steuersatz von 14 % (bei einigen Waren und Dienstleistungen 7 %) auf seine gesamten Verkäufe eines Monats anwendet. Von dem errechneten Umsatzsteuerbetrag zieht er die von den Vorunternehmern auf den entsprechenden Einkaufsrechnungen desselben Monats offen ausgewiesenen Umsatzsteuerbeträge ab (Vorsteuerabzug). Die Differenz wird als Steuerschuld an das Finanzamt gezahlt.

Geben Sie Beispiele für Lieferungen und Leistungen, die einem ermäßigten Steuersatz von 7 % unterliegen.

Der ermäßigte Steuersatz von 7 % wird z.B. erhoben für landwirtschaftliche Produkte, eine Reihe von Lebensmitteln, für Wasser. Ebenso entfallen 7 % auf die Lieferung von Zeitungen und Zeitschriften sowie auf bestimmte kulturelle Leistungen.

Geben Sie Beispiele für Umsatzsteuerbefreiungen.

Von der Umsatzsteuer befreit sind z.B.:

1. Ausfuhrlieferungen und andere Leistungen für ausländische Auftraggeber;
2. die Umsätze im Geld- und Kapitalverkehr;
3. die Verpachtung und Vermietung von Grundstücken;
4. die Umsätze von Krankenanstalten und Altenheimen;
5. die Umsätze aus ärztlicher Tätigkeit.

Worin besteht die sogenannte „Nachholwirkung“ bei der Umsatzsteuer?

Die „Nachholwirkung“ bedeutet, daß Steuerbefreiungen für einzelne Wirtschaftsstufen sich auf der nächsten Stufe – wenn diese nicht ebenfalls steuerbefreit ist – wieder ausgleichen, daß also die auf einer Stufe ausgesetzte Besteuerung auf der nächsten Stufe nachgeholt wird. Das gleiche gilt für Steuerermäßigungen. Es muß also jeweils die nächste Stufe die Steuer für den befreiten oder niedriger besteuerten Vormann tragen.

Erläutern Sie in bezug auf die Umsatzsteuer
a) Veranlagungszeitraum,
b) Voranmeldung,
c) Vorauszahlung.

a) Veranlagungszeitraum für die Umsatzsteuer ist das Kalenderjahr. Die Umsatzsteuer wird von den Gesamtumsätzen innerhalb eines Kalenderjahres berechnet.

b) Im Laufe des Veranlagungszeitraumes hat der Unternehmer Voranmeldungen abzugeben, und zwar nach Ablauf eines Monats, wenn im Vorjahr die Jahressteuerschuld über 6000,— DM, nach Ablauf eines Vierteljahres, wenn die Jahressteuerschuld im Vorjahr nicht mehr als 6000,— DM betragen hat.

c) Mit der Voranmeldung hat der Unternehmer eine Vorauszahlung auf die Umsatzsteuer zu entrichten, deren Höhe er selbst errechnet. Die Vorauszahlung ist ebenso wie die Voranmeldung am 10. des folgenden Monats fällig. Ergibt sich zugunsten des Unternehmers ein Überschuß, so wird dieser ohne besonderen Antrag vom Finanzamt zurückgezahlt.

Welche Umsätze und Einkäufe eines Monats sind in der Voranmeldung zugrunde zu legen, die Soll- oder die Istzahlen?

Die Umsatzsteuer wird regelmäßig von den Soll-Umsätzen eines Monats berechnet. Davon ist die auf allen Einkaufsrechnungen desselben Monats ausgewiesene Umsatzsteuer (= Vorsteuer) abzusetzen, auch wenn die Lieferantenrechnungen noch nicht bezahlt sind. Eine Istbesteuerung kommt bei der Mehrwertsteuer nur in Ausnahmefällen in Betracht.

Welche Situation ergibt sich für die Umsatzsteuerzahlung, wenn die Einkäufe eines Monats die Verkäufe des gleichen Zeitraumes übersteigen?

Übersteigen die Einkäufe die Verkäufe, so ist die Vorsteuer höher als die auf die Verkäufe entfallende Umsatzsteuer. In Höhe der Differenz entsteht ein Erstattungsanspruch gegenüber dem Finanzamt. Der Unternehmer kann die „Überzahlung" mit anderen Steuern oder der Umsatzsteuer des folgenden Monats verrechnen lassen.

Wie sind die Vorsteuern und Umsatzsteuern auf die Umsätze buchhalterisch zu erfassen?

In der Buchhaltung sind die Vorsteuern aus den verschiedenen Eingangsrechnungen zu entnehmen und getrennt auf ein Vorsteuerkonto zu verbuchen. Ebenso sind auf Grund der Ausgangsrechnungen die den Abnehmern berechneten Umsatzsteuern herauszuziehen und auf das Umsatzsteuerkonto zu verbuchen. Die Steuerkonten werden am Ende des Voranmeldungszeitraumes saldiert, um die Umsatzsteuerschuld – bzw. das Umsatzsteuerguthaben – gegenüber dem Finanzamt zu ermitteln.

Inwiefern wirkt die Mehrwertsteuer im Gegensatz zur Allphasen-Brutto-Umsatzsteuer konzentrationsneutral?

Bei der Allphasen-Brutto-Umsatzsteuer sind Konzerne, die vom Rohstoff bis zum Fertigerzeugnis alles im eigenen Bereich abwickeln, steuerlich begünstigt, weil Lieferungen innerhalb der Gesamtunternehmung nichtsteuerbare Innenumsätze darstellen. Solche Konzerne können ihre Erzeugnisse billiger anbieten als Konkurrenzunternehmen, die nicht organschaftlich gebunden sind. Die Allphasen-Brutto-Umsatzsteuer fördert die Konzentration. Bei der Mehrwertsteuer bleiben die Lieferungen innerhalb der Gesamtunternehmung auch nichtsteuerbare Umsätze. Die nichtsteuerbaren Vorlieferungen erlauben aber keinen Vorsteuerabzug, da keine Steuer entrichtet wurde. Die Mehrwertsteuer stellt somit organschaftlich gebundene und nicht gebundene Unternehmen steuerlich gleich; sie wirkt konzentrationsneutral.

Stichwortverzeichnis

A

Abandonrecht 28
Ablageformen 69 f.
Absatz 99
ADS 191
Aktenplan 70
Aktie 23
Aktiengesellschaft 22 ff.
Akzept 169 f.
Akzeptkredit 179
Altablage 70
Anfechtung 100
Annahme 100, 102
Annahmeverzug 109
Antrag 100, 102
Anwenderprogramm 76
Arbeit 40
Arbeitsablaufplan 97
Arbeitsgericht 50
Arbeitslosenversicherung 54 f.
Arbeitsplatzbesetzung 56 f.
Arbeitsplatzbewertung 56
Arbeitsplatzgestaltung 62 f.
Arbeitsrecht 46
Arbeitsteilung 12 f.
Archiv 69
Artvollmacht 43
Aufbewahrungsvorschriften 68
Aufsichtsrat 23, 25 f., 30
Aufwand 86
Ausbildungsvertrag 43
Ausfuhrbürgschaft 193 f.
Ausfuhrgarantie 193 f.
Ausgaben 86
Ausnahmetarife 136 f.
Avalkredit 179

B

Banküberweisung 162 f.
Bargeldzahlung 161
Bedarf 11
Bedürfnisse 11
Beförderungsentgelt 135 ff., 144, 147 ff., 153
Beförderungspflicht 132
Behälterverkehr 135
Belegarten 83
Berufsverbände 46 f.
Beschäftigungsgrad 94
Beschaffung 99
Beteiligungsfinanzierung 175
Betriebe 12
Betriebsabrechnungsbogen 88
Betriebsbuchführung 83 f.
Betriebsorganisation 59 ff.
Betriebsplan 92
Betriebsrat 47 f.
Betriebsverfassung 47
Bewertung 117
Beziehungszahlen 90
Bezugsquellenkartei 68
Bilanz 82
Bildschirmtext 129
Binnenschiffahrt 143 ff.
Binnentransportversicherung 190 f.
Briefpost 123
Bringschuld 104
Buchführung 79 ff.
Buchstabiertafel 127
Bürgschaft 180
Bürgschaften zur Deckung von Fabrikationsrisiken 193 f.
Büromaschinen 71 ff.

C

Chartervertrag 146 f.
Code 125
Computer 74 ff.
CPU 75

D

Darlehen 177
Datenerfassungsprotokoll 84
Datenschutz 78
Datensicherung 78
Datenverarbeitung, automatisierte 85
Datenverarbeitung, dezentrale 77 f.
Datenverarbeitung, elektronische 74 ff.
Datenverarbeitung, integrierte 84 f.
Datenverarbeitung, zentrale 77
Datowechsel 170
Dauerüberweisung 163
Dienstvertrag 41 f., 102
Diktiergeräte 72
Diskontkredit 177
Domizilwechsel 171
Durchschnittswert 91

E

Eigenfinanzierung 175
Eigentumsübertragung 105
Eigentumsvorbehalt 105 f.
Einbruchdiebstahlversicherung 189
Einheitsversicherung 192 f.
Einkommensteuer 198 ff.
Einsatzüberwachung 58
Einzelunternehmung 15
Einzugsquittung 163
Einzelvollmacht 43
Eisenbahn 132 ff.
Eisenbahnfracht 135 f.
Eiserner Bestand 115 f.
Erfüllungsort 105
Eurocheque 168

F

Factoring 183
Fernschreibverkehr 125 f.
Fernsprechdienst 127 f.
Feuerversicherung 189
Finanzierung 175 ff.
Firma 15 f.
Firmenbeständigkeit 16
Fixgeschäft 103 f., 108
Forderungsabtretung 181
Formatnormung 64 f.
Formkaufmann 39
Formulargestaltung 66
Formvorschriften 101
Frachtbrief 138 ff., 142, 144
Frachtbriefdoppel 140 f.
Frachtführer 131 f.
Frachtstundung 136
Franchiseklauseln 191 f.
Frankiermaschinen 73
Fremdfinanzierung 175 ff.
Funkverkehr 130

G

Garantien zur Deckung von Fabrikationsrisiken 193 f.
Gattungskauf 103
Geld 160 f.
Gemeinkostenzuschlag 95
Generalvollmacht 43
Genossenschaft 31
Geschäftsbuchführung 83 f.
Gesellschaft bürgerlichen Rechts 22
Gesellschaft mit beschränkter Haftung 27 ff.
Gesellschafterversammlung 29 f.
Gewerbesteuer 205 ff.
Gironetze 162
Glasversicherung 190
Gliederungszahlen 90
Grenzspediteur 158
Grundsätze ordnungsmäßiger Buchführung 81
Grundschuld 182
Güter 11
Güterpolice 192

H

Haftpflichtversicherung 194 f.
Haftung 137 f., 143, 149, 153
Handelskauf, einseitiger 103

Handelskauf, zweiseitiger 103
Handelsmakler 122 f.
Handelsregister 17
Handelsspanne 95
Handelsvertreter 118 f.
Hardware 75
Hauptversammlung 26 f.
Haus-zu-Haus-Verkehr 134 f.
Havarie-grosse 150
Haverei, besondere 149
Haverei, kleine 149
Holding-Company 33
Holschuld 104
Hypothek 182

I

Indexzahl 90 f.
Individualversicherung 185 ff.
Indossament 171
Inventar 82
Inventur 81 f.

J

Jugendarbeitsschutz 49

K

Kaduzierungsverfahren 28
Kannkaufmann 39
Kalkulation 88
Kalkulationszuschlag 95
Kapitalgesellschaften 19, 22 ff.
Kartei 67 f.
Kartell 32 f.
Kassenverwaltung 95 f.
Kauf auf Probe 103
Kauf, bürgerlicher 103
Kaufmann 39 f.
Kauf nach Probe 103
Kaufvertrag 102 ff.
Kauf zur Probe 103
Kennzahlenrechnung 93 ff.
Klageverfahren 111
Körperschaftsteuer 203
Kommanditgesellschaft 20 f.
Kommanditgesellschaft auf Aktien 31
Kommissionär 120 ff.
Konkurs 34 ff.
Konnossement 147, 150 f.
Kontenplan 82 f.
Kontenrahmen 82 f.
Kontokorrentkredit 177
Konzern 32 f.
Kopierverfahren 72 f.
Kosten 86 ff.
Kostenartenrechnung 87
Kostenrechnung 86 ff.
Kostenstellenrechnung 87
Kostenträgerrechnung 88
Kraftfahrt 141 ff.
Krankenversicherung, gesetzliche 50 f.
Krankenversicherung, private 189 f.
Kreditarten 176 ff.
Kreditleihe 179
Kreditwürdigkeit 184
Kündigungsfristen 42
Kündigungsschutz 48

L

Ladeschein 144 f.
Lagerarten 113
Lagerbestand 117
Lager-Empfangsschein 159
Lagerfachkarte 116
Lagerhalter 159 f.
Lagerhaltung 113 ff.
Lagerkarte 117
Lagerkennzahlen 94 f.
Lagerkontrolle 116
Lagerkosten 115
Lagerschein 159 f.
Lagerverwaltung 113 f.
Lastschrift 163
Laufende Police 192
Leasing 182 f.
Lebensversicherung 187 f.
Leistungsverzug 107 f.

Leitungswasserversicherung 189 f.
Lieferantenkredit 176
Lieferungsverzug 107 f.
Lieferwert 138
Linienschiffahrt 146
Liniensystem 60
Liquidation 34
Liquidität 93
Lohn 45 f.
Lohnsteuer 200 ff.
Lombardkredit 177 f.
Luftfahrt 151 ff.
Luftfracht 153
Luftfrachtbrief 154 f.
Luftfrachtspediteur 158

M

Mängelrüge 106 f.
Mahnverfahren, gerichtliches 110 f.
Mahnverfahren, kaufmännisches 110
Marketing 99
Markt 99
Marktwirtschaft 13
Marktwirtschaft, soziale 14
Maschinenversicherung 190
Materialintensität 94
Mehrwertsteuer 208 ff.
Meldebestand 116
Mikrofilmverfahren 70
Minderkaufmann 40
Mindestbestand 115 f.
Mindestbuchführung 80 f.
Mußkaufmann 39

N

Nachnahme 124 f., 139, 153
Nachrichtenverkehr 123 ff.
Nachsichtwechsel 170
Namenslagerschein 159
Nebenbücher 85
Nichtigkeit 100
Normung 63 ff.

O

Offene Handelsgesellschaft 19 f.
Off-line-Eingabe 74
On-line-Eingabe 74
Orderladeschein 145
Orderlagerschein 159 f.
Ordnungssysteme 69 f.
Outsider 146

P

Paketpostdienst 155 f.
Personalabteilung 55 ff.
Personalakte 58
Personalkredit 179 f.
Personalgesellschaften 18 ff.
Pfandrecht 132, 148, 180
Planung 92
Postaufträge 161
Postfach 124
Postscheckverkehr 163 f.
Postschließfach 124
Postsendungen 123 f.
Programmieren 77
Programmiersprachen 77
Prokura 43 f.

Q

Quittung 96

R

Rationalprinzip 12
Realkredit 179 f.
Rechnungswesen 79 ff.
Rechtsgeschäft 100
Rechtsschutzversicherung 195
Registratur 68 ff.
Rentabilität 94
Rentenversicherung 53 f.
Risiken 38 f., 184 ff.
Rohrpost 129
Rückgriff 172

S

Sachmängel 106
Sachversicherung 189 ff.
Schadensberechnung 108
Schadensversicherung 185
Scheck 164 ff.
Schickschuld 105
Schulung 58
Seefracht 148 f.
Seefrachtvertrag 146 ff.
Seehafenspediteur 158
Seeschiffahrt 145 ff.
Seetransportversicherung 190 ff.
Selbsteintrittsrecht 120, 157
Selbstfinanzierung 175
Selbsthilfeverkauf 109
Sicherungsübereignung 181
Sichtwechsel 170
Software 75 f.
Solawechsel 168
Sollkaufmann 39
Soziale Marktwirtschaft 14 f.
Sozialgerichte 54
Zozialversicherung 50 ff., 185 ;
Spediteur 156 ff.
Spezifikationskauf 103
Stabsystem 60
Stab-Liniensystem 60
Statistik 89 ff.
Steuern 196 ff.
Stille Gesellschaft 21
Stückgutvertrag 147
Summenversicherung 185
Systemprogramm 76

T

Tagwechsel 170
Tarifvertrag 47
Telefax 73
Telegramm 125
Teletex 126
Terminplanung 97 f.
Terminüberwachung 97 f.
Textverarbeitungsanlage 73
Trampschiffahrt 146
Transportdokumente 130
Transportversicherung 190 ff.
Tratte 168
Trend 91
Trust 33

U

Überweisung 162 f.
Umsatzkostensatz 95
Umsatzsteuer 208 ff.
Umschlagshäufigkeit 95
Unfallversicherung, gesetzliche 53
Unfallversicherung, private 188
Unternehmer 38 ff.
Unternehmung 15 ff.
Unternehmungsformen 18 ff.
Unternehmungszusammenschlüsse 32 f.

V

Verfügung, nachträgliche 139 f., 151
Vergleich, außergerichtlicher 36
Vergleich, gerichtlicher 36 f.
Verjährung 111 f., 168, 174
Verkehrsträger 130 ff.
Vermögensteuer 203 ff.
Vermögensversicherung 193 ff.
Versandarten 133 f.
Verschuldungsgrad 94
Versicherer 186 f.
Versicherter 186
Versicherung 185
Versicherungsaufsicht 186
Versicherungsfall 186
Versicherungsnehmer 186 f.
Versicherungszertifikat 192
Vertrag 100 ff.
Vervielfältigungsverfahren 72 f.
Verwaltung 61
Vollkaufmann 40
Vollmacht 43 f.
Vollmachtsindossament 171
Vordrucknormen 65 f.
Vorstand 23 f.

W

Warenkreditversicherung 193
Wechsel 168 ff.
Wechselmahnbescheid 172 f.
Wechselprotest 172 f.
Wechselprozeß 172 f.
Werklieferungsvertrag 102
Werkvertrag 102
Wettbewerbsabrede, vertragliche 41 f.
Wettbewerbsverbot 24, 41
Willenserklärung 100 f.
Wirtschaften 11
Wirtschaftsausschuß 48
Wirtschaftssysteme 13 f.
Wirtschaftszweige 12

Z

Zahlstellenwechsel 171
Zahlung, bargeldlose 161 ff.
Zahlung, bargeldsparende 161
Zahlungsverkehr 160 ff.
Zahlungsverzug 109
Zentraleinheit 74 f.
Zentralverwaltungswirtschaft 14
Zession 181
Zivilmakler 122
Zwangsvergleich 37